LES DÉBRIS DE QUIBERON

LES DÉBRIS

DE QUIBERON

SOUVENIRS DU DÉSASTRE DE 1795

SUIVIS DE LA

LISTE DES VICTIMES

Rectifiée d'après les documents de la collection HERSART DU BURON
et tous autres titres contemporains et authentiques

PAR

EUGÈNE DE LA GOURNERIE

NANTES

LIBRAIRIE CATHOLIQUE LIBAROS

CARREFOUR CASSERIE, 3

—

1875

LES DÉBRIS DE QUIBERON

I

L'histoire de Quiberon est faite depuis longtemps, et nous n'avons nulle intention de la refaire. Notre unique pensée serait d'ajouter un appendice à tout ce qui a été publié jusqu'ici, appendice qui nous permettrait de rectifier certaines erreurs, de préciser quelques dates, et d'appeler l'attention sur des noms et des héroïsmes peu connus. Nous ne parlerons donc point, ou nous parlerons très-peu, de ce que tout le monde sait; mais nous nous étudierons à recueillir les dévouements ignorés, les souffrances qui n'ont point eu d'écho; nous le ferons avec un sentiment d'autant plus vif, qu'il s'agira d'événements accomplis dans notre Bretagne et le plus souvent de noms et de gloires qui lui appartiennent. Puis, et ce sera la fin, nous compterons, autant qu'il nous sera possible, les familles éteintes à la suite des épouvantables massacres de Vannes, d'Auray et de Quiberon.

La liste en sera longue, et cependant elle sera fort incomplète. Qui nous dira, par exemple, ce que sont devenues les familles de ces ouvriers, de ces laboureurs, de ces pauvres prêtres, dont les noms réunis forment la majorité de ceux des victimes? Nous avons voulu le savoir pour quelques-uns; mais après tant d'années, nos peines ont été perdues. Déjà, les mêmes recherches avaient été faites, il y a quarante ans, par un de nos compatriotes les plus dévoués à toutes les saintes causes, le chevalier

Charles Hersart du Buron, et ses recherches, poursuivies avec un intérêt qui était presque devenu une passion, ont été, en ce qui concerne les plus humbles, trop souvent infructueuses. Il est tel de ces héros, Louis Jégu, par exemple, un simple domestique, fusillé à Auray, dont les traces et les parents ont été cherchés sur tous les points par M. Hersart, comme s'il eût été un Rieux ou un Tinténiac. Justice rare, mais justice bien due! car le dévouement du soldat est d'autant plus beau, qu'il n'a même pas à attendre la gloire.

Les tentatives de M. Hersart n'ont pas d'ailleurs toutes été vaines. Pendant plus de vingt ans, il a entretenu une correspondance assidue, infatigable, avec les survivants de Quiberon, quelque part qu'ils fussent, et avec les proches ou amis des morts. Son fils, M. Louis Hersart du Buron, a bien voulu nous permettre de compulser cette volumineuse correspondance, et c'est elle qui nous a donné l'idée du travail que nous entreprenons aujourd'hui. M. Hersart n'avait d'abord eu d'autre pensée que de s'assurer des noms et prénoms des victimes, noms et prénoms trop souvent inexactement reproduits sur le monument élevé près du *Champ des Martyrs;* mais peu à peu il voulut connaître les détails de chaque mort, l'état des familles, les lettres qui avaient pu être écrites par les condamnés, les circonstances des évasions de ceux qui étaient parvenus à sauver leur vie. On lui répondait le plus souvent avec peu de netteté, peu de précision; on donnait pour des faits des ouï-dires; la lecture de ces lettres est souvent désespérante; mais, au lieu de se rebuter, M. Hersart écrivait de nouveau, mettait les points sur les i, formulait un questionnaire, et parvenait ainsi, non sans peine, à obtenir quelque chose de clair et d'authentique.

En définitive, ses vingt ou trente dossiers peuvent se réduire facilement à un seul, dont je voudrais pouvoir condenser les documents principaux dans la *Revue.*

Parmi les correspondants qui avaient fourni à M. Hersart les renseignements les plus sûrs, il en était un que je connaissais beaucoup et dont j'avais bien des fois provoqué les récits: il se nommait Jacquier de Noyelle [1]. Né à Loches, le 17 septembre 1775, il s'est éteint le 24 décembre 1864, dans sa gracieuse habitation de Montain, sur l'un des riants coteaux dont est entourée sa ville natale. Il avait donc vécu près de quatre-vingt-dix ans, et, jusque dans cette extrême vieillesse, les événements dont il avait failli être victime se représentaient à sa mémoire avec une vivacité d'impression qui rendait sa conversation singulièrement attachante. J'ai retrouvé ses souvenirs dans les papiers de M. Hersart, et j'en reproduirai une partie.

Fils d'un ancien capitaine d'infanterie d'origine canadienne, M. de Noyelle avait émigré dès l'âge de seize ans et était entré comme volontaire ou chasseur noble dans la légion de Damas. Avec elle, il avait fait la campagne de 1794 en Hollande, et se trouvait avec elle à Stade, dans le Hanovre, lorsqu'elle fut embarquée pour l'Angleterre, puis de là, pour Quiberon. Arrivé avec M. de Sombreuil, il ne put prendre part au combat du 16 juillet, seule affaire importante de la campagne, et il se trouvait sur la côte de Port-Haliguen, lors des pourparlers du général royaliste avec le général Hoche. Comme tous les émigrés, M. de Noyelle crut à la capitulation. Et en effet, comment ne pas y croire, lorsque le général républicain demandait qu'on fît taire le feu des navires anglais, et qu'on obtempérait à son désir; lorsque son subordonné, le général Humbert, obtenait la parole de Sombreuil que les prisonniers ne s'échapperaient pas sur la route de Quiberon à Auray, malgré toutes les facilités que donnaient la nuit, l'orage et le peu de soldats de l'escorte, et que presque aucun ne s'échappait? Est-ce qu'un homme d'honneur et de cœur songe à demander quelque chose, et surtout une telle abnégation, à des malheureux qu'il conduit à la mort? Le bourreau lui-même ne l'oserait pas.

[1] *Jean-Baptiste-Joseph*, né à Loches (Indre-et-Loire), le 17 septembre 1775. Echappé au massacre de Quiberon, il servait dans la garde royale, comme major du 6ᵉ régiment d'infanterie, en 1830. De son mariage avec *Marie-Euphrasie du Meslier* naquit une fille, *Marie-Céleste-Amélie*, qui épousa, en 1836, le comte *Paul-Henri de Sassenay*; et de cette dernière union sont provenues trois filles : la baronne de Massol, aujourd'hui décédée, et Mᵐᵉˢ de Lespinasse de Bournazel et de Nogaret.

Sans doute il n'y eut pas de capitulation écrite, c'est-à-dire, qu'il n'y en avait pas pour des procureurs, mais pour des soldats il y en avait une. Ils le savaient bien, ces membres de la commission militaire, nommés le 27 pour juger les victimes et qui, malgré le général Lemoine, se déclarèrent incompétents, au risque de briser leur carrière. Il le savait bien, ce généreux commandant Douillard, qui, deux jours après, imita leur exemple : « J'ai prononcé avec *tous* mes camarades le mot de *capitulation*, écrivait-il au général Lemoine... *Je ne puis plus juger ceux que j'ai absous, le sabre à la main.* » Et ces officiers de la 19ᵉ demi-brigade, Pradal, Fayard, Saint-Clair, ces soldats du même corps, qu'on ne put réduire au métier de bourreaux, est-ce qu'ils ne le savaient pas [1] ?

Mais ce que les soldats savaient aussi, c'était le peu de foi que devait inspirer la parole révolutionnaire. Aussi, dans le trajet de Quiberon à Auray, beaucoup d'entre eux disaient-ils aux prisonniers, lorsque la nuit fut venue : « Filez, filez, c'est le plus sûr [2] », et presqu'aucun ne fila, tant l'engagement pris pour eux leur semblait sacré. « Nous nous considérions liés par l'honneur, dit M. de Noyelle : Sombreuil avait répondu de nous ; cela nous suffisait. » Puis il continue ainsi : « Le chevalier Robert de Boisfossé, du Bas-Poitou, crut faire une chose toute simple, lorsque, le lendemain matin, se trouvant dans un fossé où il était tombé de lassitude et de sommeil, il reprit sans hésiter le chemin d'Auray. Des femmes cependant lui disaient : — Jetez-vous dans la traverse, et, à trois quarts de lieue vous trouverez les chouans. — Cela m'est impossible, répondit-il, je suis engagé par la parole de mon chef ; je veux

[1] Que cette capitulation ait été proposée par Sombreuil, dont le seul vœu était de sauver ses camarades en faisant lui-même le sacrifice de sa vie, le fait n'est pas douteux. Que les troupes se soient associées par leurs cris à toute pensée d'une *capitulation honnête*, la lettre de Douillard et cent autres preuves l'attestent. Que Hoche se soit prononcé nettement, ici le doute commence ; mais ce qui est certain, c'est qu'il ne dit pas *non*, et que toute sa conduite, au premier moment, sembla dire *oui*.

[2] Voir, au tome ix de la *Revue*, le *Récit sommaire de la déplorable affaire de Quiberon*, par le chevalier *Berthier de Grandry*, p. 29.

d'ailleurs partager le sort de mes camarades. — Et il arriva dans notre prison, sans paraître même se douter qu'il eût fait une action sublime. C'était un homme de beaucoup d'esprit et d'une grande valeur. Destiné, au moment de la Révolution, à entrer dans les ordres, les circonstances lui firent suivre une carrière bien différente, qu'il parcourut brillamment et qui finit par le martyre. »

Nous sommes d'autant plus heureux de citer ce fait, qu'il s'agit d'un de nos compatriotes et que son nom, joint à ceux de deux autres Robert, sans rien qui le distingue, demeure méconnaissable sur le monument de Quiberon [1].

Les républicains célèbrent avec raison leur Haudaudine. Les royalistes seraient plus embarrassés, parce que les Haudaudines, chez eux, furent sans nombre; et on les tua tous, tandis que l'Haudaudine républicain, le *Régulus nantais*, ne fut pas tué.

Parmi les émigrés il s'en trouvait quelques-uns, Louis de Langle, entre autres, et Louis de Talhouët, qui, de Quiberon à Auray, traversaient les domaines de leur famille, où ils eussent été partout assurés d'un refuge, et ils n'y songèrent même pas. En passant toutefois, à onze heures du soir, près de Kerdrein, qu'habitait une de leurs vieilles et bonnes parentes, Mᵐᵉ de Gouandour, ils ne purent s'empêcher de remarquer combien il leur serait aisé de trouver un asile sous ce toit hospitalier, ou dans son parc, dont ils connaissaient toutes les issues. La nuit était sombre, rien ne pouvait s'opposer à leur fuite; mais à peine se furent-ils communiqué cette pensée et l'eurent-ils communiquée à leur oncle, Armand de Bocosel, chevalier de Saint-Louis, que, d'un commun accord, ils repoussèrent toute idée d'évasion comme une félonie.

Ce n'était pas la première fois, du reste, que Louis de Langle négligeait ou refusait de se sauver. Il faisait partie de l'artillerie, dont plusieurs officiers parvinrent à regagner la flotte

---

[1] *Etienne Robert, François Robert, Henri Robert,* voilà tout ce qu'on lit sur le monument. La famille Robert de Boisfossé est représentée en Bretagne par M. Alexandre Robert de Boisfossé et par ses enfants.

anglaise. Voyant tout perdu, leur commandant, M. de Rotalier, les y engageait lui-même ; mais de Langle déclara que pour rien il ne quitterait la Bretagne, et, ramassant à terre un fusil et des cartouches, il ne cessa de tirer sur les républicains [1]. Un senti-ment analogue animait le noble comte de Senneville, officier-général de la marine, à qui le commandement de la presqu'île avait été donné. Les officiers des chaloupes anglaises voulaient à toute force le faire rembarquer ; il s'y refusa : — « Un comman-dant, disait-il, reste le dernier à son poste. » — Tel était le respect qu'il inspirait, qu'un officier républicain, nommé Bon-neau, au lieu de le conduire à la prison d'Auray, le mena chez M. Renaud, un des plus dignes habitants de cette petite ville. Là, argent et services, tout lui fut offert pour le mettre en po-sition de rejoindre la flotte ; mais tout fut refusé. Il était las, disait-il, d'errer sur la terre étrangère ; et lui et un M. Dupaty allèrent se livrer d'eux-mêmes. Quelques jours après, ils n'exis-taient plus.

On était arrivé à Auray dans la nuit du 21 au 22 juillet. Les jours suivants furent des jours d'incertitude et d'attente, dont une lettre inédite du chevalier de la Violaye nous révèlera toutes les angoisses [2]. Elle était adressée à la femme de son frère aîné, née La Vallée de Pimodan.

                                   « *Auray, 30 juillet.*

» Si ceci vous parvient, ma chère et bonne sœur, je n'existerai plus : il ne nous reste aucun espoir. Nous en avions eu jusqu'à hier, où nous avons vu M. de Sombreuil et les prêtres exécutés. Nous attendons maintenant notre tour pour aller au jugement, six par six, comme cela a lieu tous les jours. Ceux qui ont été interrogés jusqu'à ce moment, depuis le chef (M. de Sombreuil),

---

[1] Louis de Langle était fusillé, quelques jours après, à l'Armor, près de Vannes, sur un domaine de son père.

[2] Jean Henri de Perthou de la Violaye, né à Nantes, le 3 septembre 1766. Il était lieutenant de vaisseau, et servait à Quiberon comme sous-lieutenant dans le régiment d'*Hector* ; il fut fusillé au *Champ des Martyrs*, dans les premiers jours d'août.

sont encore dans une prison où on les met en sortant de celle-ci.
Tout le monde nous avait donné l'espoir que, sous ce règne de
modération (on ne parlait que de modération depuis la chute
de Robespierre), la justice de la Convention aurait eu égard à la
capitulation qui nous avait fait mettre bas les armes ; mais,
hélas ! il en est autrement ! Ceci est un décret bien visible de la
Providence.... Après avoir entendu faire le récit de tant d'exécutions et de tant de personnes dont beaucoup étaient de ma connaissance, me voici arrivé moi-même à ce moment ! Heureusement
que je suis le premier de ma famille ! C'est du moins ce que je
me plais à croire et ce que je désire de tout mon cœur. Qu'il est
cruel, chère sœur, d'en être réduit à un pareil vœu ! si j'avais
de vos nouvelles et qu'elles fussent bonnes, je mourrais content. Après une séparation si longue et si cruelle, ne plus se
revoir ! Devions-nous nous y attendre, au moment de notre
adieu, ce matin, qui a toujours été présent à ma mémoire et que,
j'espère, vous et les miens qui étaient avec vous, vous vous êtes
souvent rappelé !...

» Le bruit public se répand, en ce moment, que quarante-
cinq de nos camarades viennent d'être fusillés près d'ici. Nouvelle certitude de notre sort si précipité et qui ne peut être
changé sans un miracle visible du ciel. J'espère, chère sœur,
que vous voudrez bien faire part de cette lettre à tous mes parents, à cette pauvre petite, près de Saint-Brieuc (il n'ose la nommer) [1], et à celle près de Saint-Germain [2]. Pour celle qui était
avec vous [3] et mes frères, je n'ai pas besoin de vous recomman-
der de leur parler de moi, s'ils sont toujours avec vous. Mais,
hélas ! cette ignorance totale de votre sort vient empoisonner
jusqu'à l'espoir que vous pourrez parler de moi ensemble...

» Je suis bien loin d'oublier, chère sœur, celui par lequel
j'aurais dû commencer. Voudriez-vous lui faire parvenir la nou-

---

[1] Sa sœur *Etiennette*, mariée depuis à M. de la Guérande.

[2] Une autre de ses sœurs, *Agathe*, mariée à M. de Kerouallan, et mère de la comtesse *Mathieu* de Carvoisin.

[3] Sa sœur aînée, *Jeanne-Emilie*, mariée à M. *Joseph* de Monti de Bogat, dont les
deux filles épousèrent dans la suite MM. de Pioger.

velle de mon triste sort, si son grand âge le permet et s'il est
encore de ce monde, car je l'ignore absolument, n'en ayant point
eu de nouvelle depuis deux ans et demi au moins [1]...

» Voici le dixième jour que nous sommes en prison ; un
rayon d'espoir vient de nous être donné. Je suis descendu à
une heure, comme à l'ordinaire, dans la cour. Là, j'ai entendu
dire qu'il était arrivé un sursis à notre interrogatoire, et cela
paraît se confirmer, car les heures s'écoulent et l'on n'est encore
venu prendre personne, bien qu'il soit près de quatre heures.
On ne peut en conclure que nous soyons sauvés ; mais le
Dieu tout-puissant voudrait-il que nous fussions destinés à l'a-
dorer encore ici-bas ? Le moindre revers dans notre espérance
va nous replonger dans notre morne tristesse. Tout le monde,
en général, est ici néanmoins fort résigné à attendre et à subir
son sort, comme on doit le faire. Pour moi, j'y suis résolu et
espère mourir avec fermeté et religion. »

Et, le 31, il reprend la plume : « Ce matin, dit-il, après avoir
assez bien reposé, mauvaise nouvelle. On est venu prendre la
moitié de nous, c'est-à-dire, cent cinquante, pour les mener à
Vannes, où ils seront jugés. Notre corps a été divisé, ce qui est
douloureux ; dans ces derniers moments, on aime à être avec ses
amis...Je voudrais ne remettre ma lettre qu'au dernier moment,
afin de ne pas vous alarmer à tort. En attendant, chère et aimée
sœur, mille et mille fois adieu ! »

Ne sent-on pas, en lisant ces lignes, toutes les pulsations de
cette lente agonie ?

Suivons maintenant les malheureux qui ont été envoyés à
Vannes. Trois convois avaient été dirigés sur cette ville ; le premier, le 27 juillet ; il se composait de l'évêque de Dol, de M. de
Sombreuil et de quelques autres ; le second, le 29 (11 thermidor), il était de cent prisonniers ; M. de Noyelle en faisait partie ;
le troisième, le 31 (13 thermidor) ; nous venons de voir qu'il
était de cent cinquante.

[1] Son père, *Jean-François de Berthou de la Violaye*, ancien capitaine au régiment
du roi.

« Nous fûmes extraits d'une église d'Auray, dit M. de Noyelle, pour être enfermés à Vannes, dans une autre église (Saint-Patern). Le bruit circulait qu'une dame, Mᵐᵉ de Talhouët, veuve du lieutenant-colonel qui avait été tué, le 16, à la tête du régiment de du Dresnay, avait obtenu du représentant Blad, qu'on surseoirait à l'éxécution des jeunes gens émigrés avant l'âge de seize ans [1]. Le lendemain matin, de bonne heure, on appelle, pour les conduire devant des commissions militaires, les prisonniers arrivés de la veille. Nous les voyions partir, mais nous ne voyions revenir personne, ce qui n'était pas de bon augure. J'ai su, depuis, que les condamnés étaient menés dans une autre prison. Enfin, mon tour arriva. Nous étions vingt ensemble, dont plusieurs m'étaient connus, et nos interrogatoires furent si courts que nous nous retrouvâmes, l'instant d'après. On nous conduisit alors dans une prison, au-dessus d'une ancienne porte de la ville (connue depuis sous le nom de Porte-prison) [2]. Il s'y trouvait une tour à deux étages. Au rez-de-chaussée était une espèce de corps de garde éclairé par des embrasures, profondes de six pieds. On y avait établi des lits de camp. Du Buat et moi, nous nous emparâmes de celui de droite, et il me montra tout aussitôt les lignes suivantes, écrites au crayon (suivant d'autres, avec la pointe d'un couteau) : « Le 29 juillet 1795, l'évêque de Dol, le comte Ch. de Sombreuil, seize prêtres et M. de la Landelle, ont passé la nuit dans ce cachot. Ils doivent être fusil-

[1] Voir sur les circonstances dans lesquelles ce sursis fut obtenu par Mᵐᵉ de Talhouët, la *Revue*, t. ɪx, pp. 114-117, — et *Quiberon*, par Alfred Nettement, p. 292.

[2] Cette prison est ainsi décrite dans son journal par l'annotateur de l'administration du Morbihan. Elle est « formée des deux tours qui s'élèvent au-dessus d'une des portes de la ville donnant vers la *Garenne*. » Un jardin y était attenant, formant terrasse sur le rempart et qui servait de préau aux prisonniers. Ce fut du haut de cette terrasse que s'évada, à l'aide d'une corde à nœuds, M. Dupinville ou d'Espinville, neveu du général Canclaux. La Tour de *Clisson ou des Folles*, située, elle aussi, sur les murs de la ville, près de la porte *Poterne*, devint également une prison. Ce fut même là qu'on entassa le plus d'émigrés. La tour du *Bourreau*, près de la porte Saint-Jean, en reçut aussi quelques-uns. Enfin, les églises du Mené, de Saint-Patern, du Père-Éternel, du collège, et l'enclos même des Ursulines, furent également transformés en lieux de détention. Les chouans bivouaquaient dans l'enclos des Ursulines. Il en mourut de maladie un très-grand nombre.

lés demain matin. Priez Dieu pour le salut de leurs âmes. »
Signé, *le comte Ch. de Sombreuil.* »

Ce texte, reproduit de mémoire, trente-sept ans après, contient évidemment quelques inexactitudes. Ainsi, il est incontestable que le meurtre de M⁹ de Hercé et du comte de Sombreuil
eut lieu le 10 thermidor, an III, ce qui ne revient ni au 29 juillet, ni au lendemain, mais au 28 [1].

Voici, au reste, comment un autre prisonnier, M. Le Charron,
reproduit cette inscription : « Charles de Sombreuil, toujours
fidèle à Dieu et au roi, a couché dans ce cachot, d'où il ne va
sortir que pour marcher à la mort. » Au dessous, ajoute M. Le Charron, M⁹ de Hercé, évêque de Dol, avait tracé quelques mots qui
exprimaient sa résignation et son espérance en Dieu.

M⁹ de Hercé, Sombreuil et leurs malheureux compagnons
avaient été envoyés d'Auray à Vannes sur des charrettes, dans la
soirée du 27 juillet, après avoir subi devant une commission
militaire un interrogatoire dont le résultat leur était inconnu.
Ils arrivèrent à Vannes vers minuit et purent entendre les derniers bruits de la fête par laquelle on avait célébré l'anniver-
saire du 9 thermidor. Le lendemain matin, M⁹ de Hercé fit
demander M. Dondel de Kergonano [2], l'un des principaux habitants de Vannes et qui était neveu de M⁹ Jean-François Dondel, son prédécesseur sur le siége de Dol. M. Dondel accourt ; il
trouve les prisonniers dans la plus complète ignorance du sort
qui les attend. Leur opinion était qu'on les amenait à Vannes
pour cause d'encombrement à Auray et, après les premiers épan-

---

[1] M. Nettement, dans son intéressant ouvrage sur Quiberon, place bien ce
meurtre au 10 thermidor; mais il ajoute, par une inadvertance de calcul, que le
10 thermidor répond au 29 juillet, ce qui n'est pas exact, ainsi qu'on peut s'en assurer par le *Manuel de concordance.* De leur côté, l'abbé Guillon et l'abbé Tresvaux re-
culent le crime jusqu'au 30 juillet. Le texte authentique du jugement de condamnation, qui est du 9 thermidor et qui devait être exécuté dans les vingt-quatre heures,
fixe évidemment l'exécution au décadi, 10 thermidor, ou mardi, 28 juillet.

[2] *Jean-François-Ignace* Dondel, ancien capitaine au régiment de Berry, cavalerie,
chevalier de Saint-Louis, né à Vannes, le 13 février 1726, marié à Guérande, le 2
juin 1778, avec *Elisabeth* Roger de Bissin et mort à Baden, près Vannes, le 29 octobre 1803.

chements, ils prièrent M. Dondel de leur faire préparer à déjeuner. Une heure après, c'est-à-dire vers huit heures, M. Dondel
revenait avec des vivres, lorsque l'évêque de Dol lui dit du ton
le plus calme: « Je vous remercie bien, mon cher Monsieur
Dondel, des peines que vous avez prises pour nous faire déjeuner
tous. Ce repas nous devient inutile. A l'instant on vient de nous
annoncer que nous serons fusillés à dix heures. Je me recommande à vos bonnes prières. Il ne me reste que peu de temps
pour me réconcilier avec Dieu. Je vous quitte, adieu. » Et il le
serra dans ses bras.

« Je me retirai, racontait plus tard M. Dondel, dans un état
d'accablement qui, ce me semble, eût été moindre si j'eusse été
moi-même condamné à mort. »

Et à la même heure, le même M. Dondel, qui était chargé, par
voie de réquisition, de loger le général Hoche pendant ses sé-
jours à Vannes, et auquel le général témoignait de la bienveil-
lance, était réduit à trembler pour la vie de l'un de ses fils, âgé
de quinze ans, qui était allé rejoindre les émigrés à Quiberon [1].

M. Crétineau-Joly comprend le comte de Soulanges et
le comte de Rieux parmi les premières victimes jugées et
condamnées avec Sombreuil. M. Nettement nomme, de son
côté, le comte Joseph de Broglie et le comte de Senneville, et
M. l'abbé Tresvaux représente Mgr de Hercé marchant au supplice entre le comte de Sombreuil et le comte de Broglie. Le fait
est que ni M. de Broglie, ni M. de Senneville, ni M. de Rieux, ni
M. de Soulanges ne furent condamnés avec Sombreuil et fusillés
avec lui. Leur exécution n'eut lieu que dans les premiers jours
d'août. Les condamnés du 27 juillet furent (je les cite d'après le
registre du greffe et dans l'ordre du registre) :

---

[1] Ce jeune homme compris dans le sursis fut sauvé ensuite par le père du général Fabre, mais étant allé plus tard rejoindre les chouans, il fut pris pendant un
armistice, et, malgré ses papiers parfaitement en règle, fusillé par ordre de
l'autorité militaire de la Roche-Bernard, en la commune de Férel, le 12 juin 1796.
Son frère, *François-Olivier*, marié à Nantes, le 26 janvier 1815, avec *Marie-Alexan-
drine* de Talhouët-Bonamour, a continué la postérité. Il avait, en outre, une sœur,
Françoise-Perrine, qui épousa *Pierre-Sébastien* marquis de Querhoënt.

1° Urbain-René de Hercé, âgé de soixante-neuf ans, évêque de Dol [1].

2° René de la Landelle, âgé de trente ans, natif de Vannes [2].

3° François Petit-Guyot, soixante-deux ans, capitaine, natif d'Apremont.

4° René Le Lièvre, quarante-six ans, maître d'école, natif de Craon.

5° Julien Gautier, vingt-neuf ans, natif et curé de Plélan.

6° Nicolas Boulard, cinquante-sept ans, curé de Notre-Dame la Riche, à Tours [3].

7° Jacques-Pierre Gourot, cinquante-six ans, curé de Saint-André (Vendée).

8° François Frotin, trente-quatre ans, natif et desservant de Thual [4].

9° Jean-Baptiste Guégué, trente-quatre ans, vicaire de Doix.

10° Pierre-François Bréhéret, trente-sept ans, curé de Bonchamp (Mayenne) [5].

[1] Voir la notice qui le concerne dans l'*Église de Bretagne*, de l'abbé Tresvaux, p. 300. Il était le cinquième des dix-neuf enfants vivants de *Jean-Baptiste* de Hercé et de *Françoise* Tanquerel.

[2] *René-Vincent-Marie*, chevalier de la Landelle-Roscanvec, né à Vannes, le 4 juillet 1765, sous-lieutenant au régiment d'Anjou, puis lieutenant au régiment d'Hervilly. Il était célibataire. Il avait un frère aîné qui ne laissa de son mariage avec une demoiselle Huc de Montaigu qu'une fille, M⁰⁰ de la Choue de la Mettrie, — et trois sœurs, dont une seule, *Pauline*, s'est mariée; elle épousa, en Angleterre, le comte Paul de Gouvello, et n'eut qu'une fille, *Amélie* de Gouvello, qui est morte récemment supérieure des Dames de l'Adoration perpétuelle à Nantes. Le père de la victime de Quiberon se nommait *Armand-René* de la Landelle, et sa mère *Perrine-Vincente-Madeleine-Antoinette* de Quillstre de Bazvalan. *Armand-René* n'avait qu'un frère, capitaine de vaisseau, dont le fils prit part, lui aussi, à l'expédition de Quiberon, parvint à se sauver, et à la descendance duquel appartient l'officier de marine dont la plume nous a si souvent intéressés par ses récits de mer.

[3] L'abbé Boulard était né au village de Montlouis, à cinq lieues de Tours. Il fut successivement curé de Mettray et de Notre-Dame la Riche. Pendant son émigration, il fit à Londres des conférences qui furent très-remarquées.

[4] François Frotin était vicaire et non desservant de la paroisse Saint-Thual. Il était né à Lanen-Pommerit, du mariage de *René* Frotin, riche fermier et de *Mathurine* Guillemer. Il avait plusieurs frères dont la postérité existe.

[5] Il était né au Louroux-Béconnais, fut ordonné prêtre en 1783, devint vicaire de la Trinité d'Angers, puis curé de Bonchamp.

11° Jean Gérard, vingt-neuf ans, curé de Saint-Mervou.

12° Louis-René-Patrice Le Gal, trente-un ans, natif de Brial, prêtre.

13° Dominique Castin de la Magdeleine, cinquante-huit ans, chanoine de Saintes.

14° François-Pierre Rieussec, quarante-un ans, natif de Lyon, grand-vicaire de Luçon [1].

15° René-Vincent Gilart de Larchantel, quarante-six ans, chanoine de Quimper [2].

16° CHARLES DE SOMBREUIL, vingt-cinq ans, né à Limoges, capitaine au régiment d'Esterhazy, hussards [3].

17° François de Hercé, soixante-deux ans, grand-vicaire de Dol [4].

De ces dix-sept, un seul, René Le Lièvre, fut laissé à Auray; les seize autres furent conduits à Vannes et exécutés sur la Ga-

---

[1] Sur le monument de la Chartreuse on a écrit à tort de Reussec. La famille de cette victime était représentée à Lyon, il y a trente-cinq ans, par M. Rieussec, son neveu, président de chambre à la cour royale.

[2] L'abbé de Larchantel était chanoine et grand-vicaire de Quimper. Il fut pris à Quiberon, sur le rivage, ayant son calice à la main. Dans les jours qui suivirent sa mort, l'administration du Huelgoat, où demeurait sa famille, saisit une lettre adressée à sa sœur, Mᵐᵉ Nouvel, et celle-ci fut appelée pour reconnaître l'écriture. Mᵐᵉ Nouvel avait perdu son mari, à la fin de 1793, d'une maladie qu'il avait gagnée dans les prisons de Carhaix. Reconnaissant l'écriture de son oncle, et craignant que cette lettre compromît quelqu'un des siens, elle la jeta brusquement au feu. L'abbé de Larchantel avait deux frères et cinq sœurs. L'un de ses frères était capitaine de vaisseau et est mort sans enfants. L'autre, qui était l'aîné, eut un fils, *François-Esprit-Athanase*, capitaine d'artillerie, amputé d'une jambe en 1811, dont on n'a point oublié à Quimper le franc-parler et l'attitude toute militaire. Des cinq sœurs, quatre furent religieuses. Celle qui se maria, *Marie-Jeanne*, avait épousé, en 1777, *Joseph-Pierre-Thomas-Marie* Nouvel, sieur de la Flèche en Plouider, sénéchal au siége royal de Lesneven, puis maître des eaux, bois et forêts des évêchés de Saint-Pol, Tréguier et Cornouailles. De ce mariage naquit, le 5 avril 1786, *Joseph-François-Charles*, conseiller à la cour de Rennes, démissionnaire en 1830, pour refus de serment, chevalier de la Légion d'honneur, lequel, de son mariage avec *Caroline-Agathe* Huon de Kermadec, a eu, entre autres enfants, Mᵐᵉˢ Carron, Audren de Kerdrel et plusieurs fils, parmi lesquels le pieux évêque que le diocèse de Quimper s'applaudit d'avoir pour pasteur.

[3] Nous parlerons plus tard de sa famille.

[4] Il était frère de l'évêque de Dol et le onzième sur les dix-neuf.

renne. Nous ne donnons point d'ailleurs les détails de leur mort, ils se trouvent partout.

Cependant ceux qui leur avaient succédé à la prison de la tour s'apprêtaient à les suivre. « La nuit était venue, mais nous dormions peu, écrit M. Jacquier de Noyelle, parce que nous reçûmes la visite du geôlier et du sergent de garde au poste de la prison. Ils nous dirent avec la barbarie la plus brutale : — Vous allez mourir, on va venir vous chercher à la pointe du jour; vous n'avez dès lors plus besoin de rien ; donnez-nous l'or, l'argent et les montres que vous possédez. — Je crois que quelques-uns s'y refusèrent. D'autres leur abandonnèrent des choses en effet devenues inutiles. Lor qu'ils eurent fait leur odieux partage, ils revinrent s'acquitter de l'ordre réel qu'ils avaient reçu; car la première opération venait du geôlier, qui n'en a pas joui longtemps : quinze jours après, il était mort. A leur seconde visite, ils nous lièrent les mains derrière le dos, ce qui causa l'erreur dont du Buat et moi faillîmes être victimes. Ils ne devaient laisser que quatre personnes, sans compter deux femmes qui se trouvaient avec nous, Mme de Villavicienso qu'on n'avait pu séparer de son mari, et la fille d'un boulanger de Vannes que l'on accusait de faire passer des lettres aux chouans. Le geôlier comprit ces deux dames parmi les quatre et ne laissa avec elles que Pallet d'Antresse, de la légion de Damas, et d'Hillerin du Boistissandeau, du régiment de Périgord. Du Buat et moi, malgré notre âge qui nous donnait droit au sursis, chose que nous ne savions point encore avec certitude, nous fûmes donc attachés comme ceux dont on préparait le supplice. Le geôlier cependant s'étant éloigné, Mme de Villavicienso parvint à défaire les liens de son mari, et celui-ci, tirant aussitôt un livre de sa poche, nous lut, à la première lueur de l'aurore, dans l'embrasure qui faisait face à celle où nous nous trouvions, du Buat et moi, les prières des agonisants.

» A quatre heures et demie, on vint chercher les victimes (31 juillet, 13 thermidor). Il n'y eut point d'appel ; on ne nous compta même pas. Pallet d'Antresse et d'Hillerin furent jetés dans un autre cachot qui donnait sur le palier de l'escalier, à droite, et nous, réunis au nombre de quatre-vingt-dix ou cent, tant de la prison de la tour que d'une autre prison, nous marchâmes escortés par trois cents baïonnettes. Parmi nous se trouvait un homme d'un nom distingué qui avait commencé par servir la République, puis avait passé en Suisse pendant la Terreur, et s'était trouvé définitivement avec nous, à Quiberon. Je ne sais comment il m'avait dit, l'avant-veille, en prison: — Vous n'échapperez à la mort que par votre âge; mais elle ne sera que différée. — Et vous, lui dis-je, avec votre nom? — Oh! moi, on ne me condamnera pas; j'ai des moyens de défense qui ne me laissent pas à cet égard la plus petite crainte. — Je le vis néanmoins dans nos rangs, à côté de Le Gris, ancien sergent au régiment de Vexin et dernièrement dans la légion de Damas; mais le général Lemoine étant venu à passer, notre homme l'arrêta et lui dit: — Mon général, je suis ici par erreur, j'ai servi la République. — Pas de grâce! répondit le général, en poussant son cheval au galop. — Rentrez dans nos rangs, criait de son côté Le Gris; souvenez-vous, Monsieur, du sang qui coule dans vos veines; allons, un peu de courage! prenez garde que vous vous désanoblissez aujourd'hui et que moi, je m'anoblis. — Une demi-heure après, ils mouraient ensemble.

» Arrivés sur le terrain qui devait être arrosé de notre sang, nous aperçûmes à peu de distance la mer [1] et près de nous une énorme fosse nouvellement creusée, dont il nous était facile de prévoir la destination. On nous plaça sur un rang, la troupe sur trois rangs en face de nous; l'état-major, le général Lemoine en tête, à droite de la troupe. Un officier, faisant l'office de greffier s'avança alors et lut: — « Sont condamnés à mort pour avoir » porté les armes contre leur patrie les nommés un tel, un tel, » etc. » — Je conservai assez de présence d'esprit pour remarquer chaque nom et m'apercevoir que le mien n'était pas articulé. Je me levai donc, lorsque la lecture fut finie, et fis quelques pas en avant. — *Pas de grâce!* cria le général Lemoine. Ce mot

---

[1] L'exécution eut lieu au-dessus de l'Ermitage.

redoubla mon énergie et je criai avec force : — Je ne demande
pas grâce, mais justice ; mon nom n'est pas sur la liste. — Un
de nos compagnons sortait également des rangs et faisait la
même réclamation ; c'était du Buat. L'officier s'avance vers moi,
me demande mon nom, cherche, regarde, s'informe de mon
âge : — Dix-neuf ans, lui dis-je. — Mais alors il y a erreur, ré-
pond-il, vous ne devez pas être ici ; un sursis est accordé à
ceux qui n'ont pas vingt ans. — Tout cela se passa en une mi-
nute et ordre fut donné à un sous-officier de me reconduire en
prison.

» Ce sous-officier me demanda d'attendre jusqu'à la fin. —
Grand Dieu ! lui dis-je, si j'avais de l'or, je vous le donnerais
pour m'arracher au plus vite de ce lieu ; mais on m'a tout pris.
— Je comprends, répondit-il, eh bien ! marchons. — J'allais
aussi rapidement que possible. Hélas ! je n'avais pas fait deux
cents pas qu'une explosion se fit entendre et produisit sur moi
un effet électrique. Je me sentis comme cloué à la terre ; mes
jambes étaient sans force ; j'aurais eu besoin d'être soutenu.
L'idée me vint de m'appuyer sur mon conducteur ; mais je la
repoussai aussitôt, en considérant combien il serait horrible
de donner le bras à un de ceux en qui je voyais les bourreaux de
mes camarades. Cette pensée même suffit pour me rendre toute
mon énergie, et je traversai sans faiblir la ville de Vannes. Des
dames qui me virent passer remarquèrent d'ailleurs que j'avais
le visage bouleversé et pâle comme un mort. Elles me dirent plus
tard que cela les avait d'autant plus frappées qu'une heure
auparavant j'avais toutes mes couleurs. Tel avait été sur moi
l'effet de cette affreuse décharge, qui avait lancé mes malheureux camarades dans l'éternité ! En fallait-il plus pour causer
un changement complet et subit ?

» Nous fûmes bientôt réunis, du Buat, Pallet d'Antresso,
d'Hillerin du Boistissandeau et moi. Trois ouvrières couturières, trois sœurs, de trente à trente-six ans, se chargèrent
de nous donner tous les soins que leur pieuse charité et leur
opinion royaliste pouvaient inspirer à des âmes bonnes et géné-

reuses. Elles nous confièrent que les fonds étaient faits par des
personnes de Vannes et notamment par un négociant qui ne
voulait pas être connu. Des matelas, des draps, nappes, ser-
viettes, chaises, tables furent apportés et distribués entre les
deux chambres de la prison, dont l'une était occupée par nous,
et l'autre par M.m.e de Villavicienso et la jeune fille du boulanger.
Des aliments sains, délicats et même recherchés nous furent
servis, et jusqu'à la fin les soins furent toujours les mêmes.
Lorsque nous fûmes malades, aucun des médicaments prescrits
ne se fit attendre. Une bibliothèque fut, en outre, mise à notre
disposition.

» Le jeune Louis de Talhouët, charmant jeune homme, se joi-
gnit à nous, et on lui apporta de chez sa mère ce qu'il y avait
de meilleur et de plus agréable. Enfin, le lendemain, nous vîmes
venir l'abbé Poullain, ce qui augmenta agréablement notre
petite société. Nous nous procurâmes des cartes et fîmes la
partie de reversis. Hélas ! deux jours après , pendant que nous
prenions cette innocente distraction, on appela cet aimable
prêtre. Nous sortîmes sur la terrasse pour le suivre des yeux, et
nous l'aperçûmes entre des soldats. Bientôt même nous entendîmes les coups de feu qui faisaient de notre nouvel ami un
martyr [1].

» Bien que nous ne nous fissions pas beaucoup d'illusions et
que nous nous attendissions à un sort pareil, l'impression n'en
fut pas moins sur nous des plus vives. On peut même dire qu'elle
détermina une maladie, car nous tombâmes malades le soir
même et fûmes presque immédiatement réunis, tous les quatre,
dans la chambre de Sombreuil. qui était au dessous et dont on fit
une infirmerie. Quant à Talhouët, on lui permit d'aller se faire
soigner chez sa mère. Nous ne l'avons pas revu depuis ; mais

[1] L'abbé Poullain, curé d'Athée en Anjou, faisait partie de l'expédition comme
aumônier du corps d'Hervilly. Il rendit les plus grands services aux prisonniers
tant à Auray qu'à Vannes et savait joindre une grande aménité au zèle le plus
apostolique.

nous avons su, longtemps après, qu'à peine fut-il remis, on l'arracha des bras de sa mère et de sa sœur pour le conduire à la mort. »

Qu'on nous permette maintenant d'interrompre ce récit où se peint si bien le caractère français, si vif dans ses impressions, si prompt à se distraire, si léger peut-être, mais si ferme et si énergique, pour rappeler d'autres scènes où il se révèle avec une incomparable grandeur. Ces prières des agonisants, que M. de Villavicienso récitait à ses compagnons d'infortune et que sa noble femme disait avec lui, étaient récitées dans d'autres prisons par M. de Kergariou, un capitaine de vaisseau, par le comte de Soulanges, un chef d'escadre. Le comte de Soulanges, blessé à l'affaire du 16, était couché sur des fagots. On lui offrit de la paille à lui et à ses compagnons d'infortune: — « Nous n'avons besoin, répondirent-ils, que de lumière pour prier. »

Ailleurs, c'était un humble domestique, qui exhortait à la mort tous ces hommes dont la position jusque là avait été si supérieure à la sienne, et qui le faisait en de tels termes et avec un tel sentiment que les plus indifférents (il y en avait toujours dans ce monde du XVIIIe siècle) en étaient émus et convertis. Pourrions-nous oublier ce modeste apôtre? Il se nommait Malherbe.

Plusieurs des condamnés purent écrire à leur famille avant de mourir. Nous avons cité la lettre du chevalier de la Violaye; qu'on nous permette d'en reproduire quelques autres.

« Ma chère sœur, écrivait l'intrépide Gesril [1] à sa sœur *Angélique*, mariée depuis à M. Le Roy de la Trochardais, je te fais mes adieux ainsi qu'au reste de ma famille. Console mon malheureux père, je ne quitte la vie avec regret qu'à cause de vous tous. La mort ne m'effraie point; tu me connais assez pour en être persuadée. Les malheureux sont ceux qui existent. Adieu, je vais être fusillé. Console-toi; adieu, mon amie; nous nous

---

[1] Voir, sur Gesril du Papeu, les *Mémoires d'outre-tombe* de M. de Châteaubriand et tous les livres d'histoire qui ont parlé de Quiberon. Voir spécialement, dans la *Revue de Bretagne et de Vendée*, le *Sommaire historique*, du chevalier Berthier de Grandry, t. IX, p. 21. — Nous reviendrons sur lui et sur sa famille.

rejoindrons dans la patrie céleste. **Je n'ai pas le temps d'écrire au reste de ma famille ; je suis pris au dépourvu. Fais passer cette lettre à Metaër.   Ton frère, GESRIL. »**

Dans sa lettre au chevalier Le Metaër, qui épousa plus tard sa plus jeune sœur, Gesril disait : — « Je vais périr, mon cher ami ; mais je pardonne ma mort à ceux qui vont me la donner. Ils ne connaissent pas les émigrés et croient, en exécutant les ordres qu'on leur donne de nous fusiller, remplir leur devoir. Ils sont trompés et malheureux de l'être. *Si, un jour, il en tombe entre les mains, pardonne-leur comme je leur pardonne, et tâche d'inspirer ces mêmes sentiments à nos braves compagnons d'armes.* »

Voilà ce qu'étaient les victimes !

Écoutons maintenant un jeune et brave marin, qui avait fait brillamment, sous les ordres du bailli de Suffren, toutes les campagnes de l'Inde.

« Ma pauvre femme, écrivait-il à celle qu'il avait épousée loin de sa patrie moins de quatre ans auparavant [1], ma pauvre femme, Dieu a disposé de moi, mais c'est dans sa plus grande miséricorde, puisqu'il m'a donné le temps de reconnaître mes fautes, et j'espère qu'il m'a fait la grâce de m'en repentir. J'ai trouvé et reçu tous les secours spirituels que je pouvais désirer. Ce sera pour toi un grand motif de consolation. Que ce'en soit un aussi d'éternelles actions de grâces envers ce Dieu plein de bonté ; il te frappe d'un coup bien dur, ma tendre amie ; mais j'espère que tu le supporteras en femme chrétienne et en mère qui se doit à deux petites filles, fruit d'une union qui m'a fait goûter tout le bonheur dont on peut jouir ici-bas... mon sacrifice en est rendu bien plus pénible, mais il ne saurait l'être trop, si Dieu le compare à mes fautes et qu'il veuille le recevoir en expiation... Quand mes filles seront grandes, parle-leur quelque-

---

[1] *Marie-Louise-Laurence* Ménard, née à Saint-Domingue, paroisse Saint-Louis du Quartier-Morin, le 14 décembre 1767, mariée à Jersey, le 19 novembre 1792, à *Gabriel-Pierre-Louis* du Rocher du Quengo, né le 3 février 1761, d'écuyer *Gabriel, Bon-Alexis* du Rocher, seigneur du Quengo, et de dame *Marie-Anne* de la Marche, sœur du dernier évêque de Saint-Pol de Léon.

fois de leur pauvre père; dis-leur qu'il leur enjoint de faire tout ce qui dépendra d'elles pour contribuer à ton bonheur. Je t'engage à leur inculquer, dès qu'elles auront l'âge de raison, cette pensée, qu'en mille occasions de la vie, on ne trouve de consolations vraies et solides que dans notre sainte religion, et que, par conséquent, elles n'en sauraient être trop instruites, ni remplir leurs devoirs avec trop d'exactitude.... Adieu, je t'embrasse de toute mon âme ainsi que mes pauvres petites. Puissions-nous mériter tous de nous trouver un jour réunis! »

Du Rocher du Quengo, qui écrivait ces admirables lignes, fut fusillé le samedi 1er août (14 thermidor). Au nombre des condamnés du 3 (16 thermidor), nous en remarquons un dont les adieux à sa famille ne furent ni moins dignes ni moins touchants. Il appartenait à la Touraine et se nommait Le Boucher de Martigny; c'était un ancien lieutenant au régiment de Boulonnais [1]. Prévoyant son sort, il avait écrit à sa femme, dès les 30 et 31 juillet, la lettre dont j'extrais les passages suivants:

« Lorsque cette lettre te parviendra, ma bonne et chère amie, j'aurai déjà comparu devant le tribunal redoutable de Dieu et l'éternité aura commencé pour moi. Ce ne sont pas des larmes que je te demande, ce sont des prières... Hélas! dans ces derniers instants qui me restent, je cherche à exciter dans mon cœur un sincère, un véritable repentir de toutes les fautes dont je me suis rendu coupable. Au moment où je vais paraître devant mon Créateur, où je vais lui rendre mon âme, les jugements des hommes ne sont rien pour moi; ceux de Dieu me font seuls trembler!

» Je vais périr d'une mort violente; ce sont des hommes qui vont prononcer mon arrêt; mais je ne m'abuse pas, tous ensemble ne m'enlèveraient pas un cheveu de la tête sans la volonté de Dieu. Ainsi je me confie en lui seul; j'adore, je bénis les dé-

---

[1] Louis-Étienne-Ambroise Le Boucher de Martigny, né le 16 mai 1767, à Saint-Maurice-sur-l'Aveyron, dans le Gâtinais, était fils de Louis Le Boucher, marquis de Martigny, commune de Fondettes, près de Tours, et de Catherine Méhée de l'Étang. Il épousa, le 2 novembre 1784, Louise-Agathe Hurault de Saint-Denys et en eut deux fils et trois filles.

crets de sa providence. Il eût pu m'appeler à lui plus tôt ou plus tard, d'une manière imprévue et subite, au milieu des combats, à la suite d'une maladie aiguë, qui ne m'eût pas laissé l'usage de ma raison : je n'ai donc que des actions de grâce à lui rendre. Il me présente la mort dans un temps où je puis encore me donner tout à lui ; il me la demande comme un sacrifice pénible, à la vérité, puisqu'il faut me séparer pour toujours d'une femme que j'aime et d'enfants que je porte dans mon cœur ; mais aussi ce sacrifice qu'il exige de moi est, à mon égard, une œuvre de miséricorde, puisqu'il me procure toutes les grâces et tous les moyens de le rendre méritoire... Je m'abandonne donc avec une entière confiance entre ses bras ; mon unique espérance est dans sa croix.

» Chère épouse, je t'embrasse, je t'arrose de mes larmes ; je pardonne du fond de mon cœur à ceux qui prononcent l'arrêt et à ceux qui en seront les exécuteurs. Puisse Dieu me pardonner toutes les peines que j'ai pu t'occasionner, ainsi qu'à ma mère, mes sœurs, ma tante, en un mot, à mes proches, mes amis et mes ennemis ! Priez tous pour moi ! »

Et s'adressant à ses enfants : — « C'est peut-être aujourd'hui, mes chers enfants, que je vais comparaître devant le tribunal des hommes pour entendre un arrêt de mort... Puisse mon repentir de mes fautes être pour vous une leçon utile et profitable !... Soyez bons chrétiens ; c'est un père qui vous le crie du fond de son tombeau. Aimez et respectez votre mère ; elle est pour vous l'image de Dieu sur la terre ; elle vous donnera, j'en suis certain, des exemples de piété et de toutes les vertus qui opéreront, avec la grâce, sa sanctification et prépareront la vôtre.

» Adieu, mes chers enfants, soyez fermes dans la foi et fuyez le crime ! Ces derniers conseils d'un père sont le plus précieux héritage qu'il puisse vous laisser. Suivez-les, mes bons amis, et vous assurerez votre bonheur dans ce monde-ci et bien plus sûrement encore dans l'autre. Faites-vous un devoir de les lire souvent ; priez pour moi chaque jour... Au nom de Dieu, je vous donne ma bénédiction paternelle. Je souhaite que vous viviez toujours dans la grâce de Dieu et que nous soyons tous réunis un jour dans le sein de sa miséricorde. »

Voilà comment parlaient et écrivaient de vieux militaires. On a souvent cité la dernière nuit des Girondins, vaine parade d'une incrédulité qui aspire au néant ; phrases, théâtre, rien de plus ; ce sont des acteurs qui finissent un rôle. Ici c'est l'âme elle-même dans ce qu'elle a de plus humble et ce qu'elle a de plus grand, sa misère originelle, sa vive sensibilité et ses divines espérances [1].

Ecoutons maintenant un jeune homme, on pourrait presque dire un enfant, car il n'était qu'élève de la marine lorsqu'il quitta la France, Charles de Viart :

« Ma chère maman, je me flattais, lorsque je vous ai écrit ma dernière lettre, que je ne subirais qu'un temps de détention ; mais Dieu en a décidé autrement ; il me demande la vie et je me soumets d'autant plus volontiers à ses décrets que je sais que Jésus-Christ est mort pour nous. Je remercie le Ciel de ce qu'il a bien voulu me donner une mère qui m'a élevé dans les principes de la vraie religion et qui n'avait pour but que de faire mon bonheur. Si je m'en suis écarté, ne croyez pas que l'incrédulité en fût le motif, c'était autant le respect humain que les mauvais exemples que j'avais sous les yeux ; mais le temps m'ayant ramené, j'espère beaucoup en la miséricorde de Dieu. C'est pourquoi je vous demande pardon de tous les mécontentements, les impatiences et les scandales que je vous ai occasionnés, à vous, ma chère maman, à mon cher papa, à ma chère sœur et à toutes les personnes qui me connaissent, comme je pardonne à mes ennemis ce qu'ils m'ont fait. Oui, je fais encore ma profession de foi, je meurs dans la religion catholique, apostolique et romaine. Adieu, ma chère maman, et vous, ma chère sœur. Je mourrais encore content, si j'avais le bonheur de vous serrer dans mes bras, en vous exprimant ma reconnais-

[1] Je pourrais citer des lettres du chevalier de Tredern de Lézerec, de M. le Vicomte de la Houssaye, de M. Dubois de Beauregard, du comte de Roquefeuil, où des sentiments analogues sont exprimés avec une piété non moins touchante.

sance de votre tendresse. Mon cousin partage le même sort et meurt dans les mêmes sentiments que moi [1]. Adieu, encore une fois, chères amies. Quand vous recevrez cette lettre, je ne serai plus. »

Encore une citation, elle sera la dernière. Louis de la Villeloays, lieutenant de vaisseau et chevalier de Saint-Louis, écrivit à son vieux père ces quelques lignes : — « Quel que soit, ô mon père, le sort de votre malheureux fils, sa résignation aux décrets de la Providence est entière, et j'espère en la miséricorde de Dieu. Les motifs de ma mort adouciront vos regrets ; je me recommande à vos prières et à celles de mes sœurs, et vous assure de ma tendresse et de mon respect jusqu'à mon dernier soupir. »

Ce billet, remis à ses geôliers, fut envoyé par eux aux administrateurs de Pontivy, où le vieillard demeurait. On le mande aussitôt au district : — « Sais-tu, lui dit-on, où est ton fils le marin ? » Et sur sa réponse qu'il l'ignore : — « Eh bien ! ajoute le citoyen magistrat, tu n'en seras plus inquiet. » — Et il donne au malheureux père le billet fatal [2].

Le même genre de délicatesse avait fait écrire au dos d'une lettre qu'une des victimes, *Bernard-Marie* Jouan de Kervenoaël, écrivait à son frère : — « Citoyen, ton malheureux frère a été *expédié selon la loi*. Il est mort à Quibéron, le 12 thermidor, à 9 heures du soir [3]. »

---

[1] Henri de Viart, élève de marine comme lui. Charles de Viart eût pu profiter du sursis en se rajeunissant de quelques mois. Il ne voulut pas tromper ses juges. Son oncle le comte de Viart, major de vaisseau, mourut avec eux.

[2] *Innocent-Anne-Louis* de la Villeloays de la Villéon, né à Pontivy, le 20 août 1753, était fils de *Jean-Marie*, ancien sénéchal de Rostrenen, et de demoiselle *Reine du Taya*. Nous reviendrons sur sa famille.

[3] La lettre de Bernard de Kervenoaël, lettre dans laquelle il annonçait sa mort pour le soir même, et il ne se trompait pas, contient le passage suivant: « Le gouvernement anglais, nous ayant fait prendre les armes, a eu la barbarie, après nous avoir dit que nous allions à Jersey, de nous jeter sur les côtes de ma province, où je ne comptais rentrer qu'à la paix, au moyen d'un décret d'amnistie que la générosité française ne refusera pas à des malheureux qui n'ont que trop souffert depuis qu'ils en sont éloignés. Mais la Providence en a décidé autrement; il faut se sou-

Nous avons vu ce qu'étaient les victimes; voilà ce qu'étaient les bourreaux !

Et c'était surtout dans les rangs des administrations civiles que se manifestait cette froide, cette insultante cruauté. Laissée à elle-même l'armée eût été généreuse, et, à part un petit nombre, elle le fut autant qu'elle pouvait l'être. La générosité est la compagne habituelle de la bravoure. Aussi les soldats se prêtaient-ils aux évasions ; les officiers, ceux mêmes qui se soumirent au rôle odieux des commissions militaires, murmuraient hautement. — « Je ne trouve plus, dans la garnison, écrivait le général Lemoine, le 28 thermidor, aucun officier pour remplacer les juges-commissaires que j'ai été forcé de destituer. » — Et que lui répondaient les représentants du peuple? — Jugez et fusillez toujours. — Ce fut même quelques jours après cette lettre que la Convention donna l'ordre de conduire à la mort tous les jeunes gens émigrés avant l'âge de seize ans, pour lesquels il y avait eu jusque-là sursis.

« On a fait un reproche à la Convention, dit froidement Le Bas, d'avoir fait passer par les armes les prisonniers de Quiberon ; mais *pouvait-elle agir autrement ? Devait-elle* hésiter à châtier sévèrement ces hommes *impies* qui venaient, à l'aide de l'étranger, porter la guerre civile dans leur pays, et ne craignaient pas de répandre eux-mêmes le sang de leurs concitoyens [1] ? »

Nous voudrions bien savoir qui avait commencé à verser le sang, si c'étaient ceux qu'on appelait des *impies* ou ceux qui se donnaient apparemment pour des saints ! Nous aimerions à savoir ce que ces rudes justiciers eussent écrit de l'Assemblée actuelle, si, après les horreurs de la Commune, elle eût fait passer par les armes, suivant leur mot, tous ceux qui avaient

mettre. » Je remarque également dans la lettre du chevalier de la Violaye, ces mots : « amenés en France sans le savoir. » Le but vrai de l'expédition était donc ignoré.

La lettre de Bernard de Kervenoaël se distingue d'ailleurs, comme les autres, par la vivacité des sentiments de famille et le calme de la résignation.

[1] *Univers. — France. — Dictionnaire encyclopédique.* V. *Quiberon.*

profité de la ruine de la France et de la présence de l'étranger
pour porter une main parricide sur la patrie. Resterait ensuite
une seconde question à résoudre. Où était, il y a quatre-vingts
ans, au temps de la déesse Raison et de Tallien, lorsqu'il n'y
avait de permis, en fait de religion, que la chasse aux prêtres,
et qu'à peine sorti de la Terreur, on était en pleine marche
vers Sinnamari, où était la liberté et où était l'esclavage ? où
étaient les impies et où étaient les autres ?

II.

Reportons maintenant nos regards sur de plus touchants
tableaux. Les grandes crises ne mettent pas seulement en relief
des passions et des égarements, — les égarés sont fort nombreux
alors parmi les acteurs, ne l'oublions jamais, — mais elles font
briller, d'un éclat particulier, toutes les vertus. Nous avons dit
quelques mots de celles des victimes ; pourrions-nous oublier
maintenant le dévouement, le courage, la charité compatissante,
qui s'étudièrent à adoucir leurs maux ? Les femmes ici brillent
au premier rang. On a souvent parlé des trois héroïnes d'Auray,
M*** Émilie Vial, mariée depuis à M. Le Saint, M*** Marie-Françoise Béard du Dézert, mariée à M. Léon de Tréveret, et M***
Marie-Louise Lauzer. Non-seulement elles visitaient les prisonniers, elles leur portaient des effets et des vivres, — toutes
les dames d'Auray en faisaient autant, — mais elles facilitaient
les évasions, au risque de leur vie.

Et elles ne furent pas les seules. Tandis qu'elles assuraient la
fuite de MM. de Montbron, de la Villegourio, du Bois-Berthelot,
M*** Gert***le Kerdu n'était pas étrangère à celle de M. de Chaumareix ; une ancienne religieuse des cordelières d'Auray, sœur
Sainte-Avoie (M*** Le Normand), sauvait M. de Lantivy [1] ; les

---

[1] *Isidore* de Lantivy-Kerveno. On comptait quatre Lantivy à Quiberon : 1° Lantivy-
Trédion, qui fut fusillé à Vannes, ainsi que nous le verrons ci-après ; 2° Lantivy du
Rest, lieutenant de vaisseau en 1786, qui commandait une division royaliste chargée
d'opérer sur les derrières de l'ennemi : il survécut à la catastrophe, mais fut tué à
la fin de mars 1796 ; 3° *Paul* de Lantivy-Kerveno, commandant, lui aussi, une

familles Guérin, Bosquet et Leconte adoptaient et protégeaient le jeune Berthier de Grandry; enfin il n'était pas d'assistance que les prisonniers ne trouvassent chez les généreuses Alréennes, chez Mᵐᵉˢ Humphry, notamment Hémon, Brunet, Guillevin, Glain, Duparc, etc. Une femme du peuple, nommée Tanguy, faisait confectionner, à ses frais, des vêtements pour les prisonniers. Citons enfin une modeste lingère, Marie-Anne Thomas, « à qui sont plus ou moins redevables la plupart des émigrés, pour elle inconnus, qui sont parvenus à s'échapper ». C'est une des plus dévouées qui lui rendait ce témoignage [1].

Les hommes, de leur côté, ne restaient pas inactifs; un des principaux habitants d'Auray, M. Bloyet, portait lui-même des vivres. Un jour qu'il revenait chargé de vaisselle vide, la sentinelle voulut visiter une soupière que recouvrait une pile d'assiettes. Or, dans cette soupière se trouvait un billet que M. de la Houssaye y avait glissé. M. Bloyet jette aussitôt toute la vaisselle par la fenêtre, et le billet, tombant dans le préau des prisonniers, y disparaît pour toujours.

Moins sévère que la sentinelle susdite, M. Ulysse Brachet, lieutenant au bataillon du Bec d'Ambez, fermait facilement les yeux, non-seulement sur les billets, mais sur les évasions, et subit, par suite, plusieurs jours d'emprisonnement. Un sergent de la 41ᵉ demi-brigade, *Jean-César-Auguste* Casson, natif de Cahors, ne peut non plus être oublié : il sut faire vivre deux émigrés, pendant quelques jours, sur les rations de la compagnie, et finit par les conduire lui-même hors de la ville.

Les récits de ces évasions sont souvent des plus dramatiques; celle de M. de Lanjégu n'a pas été racontée, que je sache, et elle mérite de l'être. M. Lamour de Lanjégu était enfermé à Auray dans la chapelle de la Congrégation des hommes, qui est devenue une dépendance du presbytère. Il avait avisé une

division royaliste, et qui fut fusillé à Auray; et 4° un frère de ce dernier, nommé *Isidore*, qui fut sauvé par la sœur Sainte-Avoie; mais qui périt, six semaines après, en combattant parmi les chouans.

[1] Lettre de Mᵐᵉ Béard du Dézert, née Lauzer.

fenêtre par laquelle il lui semblait possible de se sauver ; mais une sentinelle veillait. M. de Lanjégu l'aborde et lui demande de lui prêter la pierre de son fusil pour pouvoir faire du feu avec de l'amadou et fumer une dernière pipe. Le soldat donne la pierre ; mais aussitôt son prisonnier le renverse d'un coup de poing, et, ne craignant plus d'arquebusade, saute par la fenêtre; il tombe dans un jardin appartenant à M. Philippe-Kerarmel, chirurgien de l'hôpital ; une porte de sortie lui est empressément ouverte et il se réfugie à Kerzo, demeure bénie de la famille Lauzer, d'où il put ensuite rejoindre les chouans [1].

Cette habitation de Kerzo, qui s'élève à gauche de la rivière d'Auray, en face du *Champ des Martyrs*, était le point de mire de tous les malheureux. Arriver à Kerzo, c'était être sauvé. M. de Lanjégu, M. du Bois-Berthelot et bien d'autres y passèrent. Le comte de Rieux, dernier représentant d'une famille illustre, et M. du Bouëtiez crurent aussi, au moment d'être fusillés, pouvoir y trouver un refuge; mais les balles républicaines vinrent les atteindre avant qu'ils en eussent franchi le seuil. Kerzo est séparé du *Champ des Martyrs* par la rivière d'Auray et par ce qu'on appelle les *Prateaux,* c'est-à-dire par la plaine marécageuse que recouvre la marée, des deux côtés de la rivière. L'eau était basse ; le comte de Rieux, qui avait déjà traversé le chenal, s'embourbe dans les roseaux et reçoit une balle dans la tête [2]. Le soldat qui l'avait tué ne craint pas ensuite de s'embourber lui-même pour aller le dépouiller. M. du Bouëtiez tomba mort avant d'avoir pu atteindre la rivière [3].

---

[1] J'emprunte ces détails à deux lettres de M⁰⁰ Béard du Dézert et de M. Bloyet.

[2] *Louis-Charles-Marie*, comte de Rieux, né à Paris, le 11 septembre 1768, était fils de *Louis-François*, colonel du régiment de Berry, cavalerie, puis maréchal de camp en 1786, qui avait perdu une jambe dans les combats, et de *Marie-Anne* de Saulx-Tavannes. A Quiberon, il servait, comme lieutenant, dans le régiment de *Rohan.* Devant ses juges, il prit le nom d'Assérac, nom d'un marquisat érigé pour sa famille.

[3] *Jacques-Joseph-Fortuné* du Bouëtiez, né à Hennebont, le 27 juin 1771, était fils de *Jacques-François* et de *Catherine-Sainte-Fortunée* du Bahuno de Kerolain; il avait un frère qui n'a pas laissé de postérité. La branche de Kerorguen continue seule aujourd'hui la famille.

Qu'on juge des impressions qui agitaient alors les habitants de Kerzo. Ne pouvant sauver des vivants, ils sauvaient un cadavre et donnaient au dernier des Rieux une honorable sépulture [1].

De l'autre côté d'Auray, dans l'angle formé par la rivière et par la mer, se trouvait une autre demeure constamment ouverte aux proscrits. C'était Kerantré, qu'habitait une femme, jeune encore, cruellement éprouvée, dont la maison comme le cœur ne repoussa jamais l'infortune. Mᵐᵉ de Gouvello était sœur du célèbre général Picot de Dampierre, qu'elle avait vu, avec une double tristesse, mourir d'un coup de canon, à la tête des armées de la république. Son mari était émigré; un oncle de ses enfants, Siméon-Paul de Gouvello, après avoir perdu sa femme, massacrée dans la déroute du Mans, venait de faire partie de l'expédition de Quiberon, et n'avait dû son salut qu'à une blessure, qui l'avait fait transporter sur la flotte anglaise [2]. Un autre Gouvello, frère de celui-ci, accompagnait le comte d'Artois, qui faisait voile vers l'île d'Yeu [3]. De tous les côtés, ne venaient à Kerantré que des douleurs ou des inquiétudes; mais on semblait y oublier ses propres maux pour s'associer aux maux des autres. Ce fut là que MM. Le Charron et de Villeneuve se réfugièrent après leur évasion de Vannes et d'Auray. On était toujours sûr d'y trouver des soins, si on était malade, des émissaires, si on voulait aller rejoindre les chouans ou la flotte.

---

[1] La famille Lauzer se composait de M. *Philippe-Nicolas* Lauzer, marié à sa cousine *Eulalie-Marie-Joseph-Anne* Lauzer, et de leurs six enfants. Les deux filles aînées, MMᵉˢ Lucas-Bourgerel et Boullé, étaient déjà mariées et ne devaient plus habiter Kerzo. Les quatre autres étaient : 1° un fils, *Jean-Pierre*, mort, en 1812, capitaine cavalerie, dans la retraite de Russie ; 2° *Marie-Louise*, née en 1771, décédée célibataire en 1814 ; 3° *Marie-Vincente*, née en 1777, mariée en 1799 à *Joseph-François* Béard du Dézert, et 4° *Anne-Armelle*, née en 1778, mariée, en 1799, à *Jacques-Auguste* Martin. Le célèbre P. Martin, de la compagnie de Jésus, était son fils, et le très-honorable M. Martin, d'Auray, député du Morbihan, est son petit-fils. On ne saurait trop conserver le souvenir de ces pieuses et courageuses femmes.

[2] C'est celui qui épousa plus tard Mᵐᵉ de la Landelle. Sa première femme était une demoiselle de la Motte-Fouquet.

[3] Il se nommait *Louis*, devint plus tard maréchal de camp, cordon rouge, et épousa une demoiselle de Bourbon-Busset, dont il n'a eu qu'un fils, mort avant lui, et deux filles.

La branche des Gouvello de Kerantré est aujourd'hui éteinte; mais les pieux souvenirs qui s'attachent à leur hospitalière demeure s'y perpétueront avec d'autres Gouvello.

On a souvent raconté l'histoire d'une jeune paysanne de Quiberon, qui avait sauvé un condamné en le cachant dans une étable, à l'insu de son père, ardent républicain; mais jamais on n'a dit le nom de cette énergique jeune fille, et l'on a tellement défiguré le nom du proscrit qu'il est devenu presque méconnaissable. On me permettra donc de revenir sur ce fait et d'en reproduire les détails d'après les acteurs eux-mêmes et les gens du pays. M. Auguste d'Oyron, et non d'*Houaron*, comme M. de Montbron l'a écrit [1], venait d'être condamné par la commission militaire qui siégeait au village de Kerraud, à l'est de la presqu'île, et déjà on l'avait conduit avec vingt-neuf autres sur le bord de la mer, derrière le port Orange, pour y recevoir le coup mortel. Les trente condamnés furent alors placés sur un même rang, à quelques pas les uns des autres, avec quatre soldats devant chacun d'eux pour le fusiller. On craignait, non sans raison, les coups en l'air. En bandant les yeux d'Auguste d'Oyron, ses quatre exécuteurs lui demandèrent son argent. Il leur jeta les pièces qui lui restaient; mais, au moment où ils se baissaient pour les ramasser, le commandement de *feu* se fait entendre. Les quatre soldats sont en retard d'une seconde; d'Oyron, qui avait déjà un genou en terre, en profite pour se débarrasser de son bandeau et franchir un petit mur à côté duquel il se trouvait. Il tombe en sautant; mais cette chute même semble providentielle, parce que les balles qu'on dirige sur lui n'atteignent que le mur derrière lequel il est tombé. Reprenant aussitôt ses jambes de vingt-sept ans, il traverse des champs, des clôtures, et, profitant de la nuit qui se fait — il était neuf heures, — il finit par se blottir dans un champ de blé. Les soldats viennent jusque là; d'Oyron les voyait, les entendait, mais, le crépuscule aidant,

---

[1] *Pierre-Auguste* Fournier de Boisayrault d'Oyron, ancien officier de carabiniers, né à Saumur le 1er juillet 1768, mort au château d'Oyron, en 1837. Il avait épousé, en janvier 1802, *Amélie-Constance* Lefebvre de la Falluère, dont il a eu trois fils et une fille.

il ne fut pas aperçu. Le lendemain matin, dès la pointe du jour, il se rend au village de *Petit-Rohu*, qu'il avait habité avant le désastre, et s'arrête devant une étable où il avait vu plusieurs fois une jeune fille allant de grand matin traire ses vaches. Cette jeune fille, *Marie-Anne* Belz, vint, en effet, comme de coutume. Le proscrit n'avait point oublié son nom. *Marie-Anne* eut un moment d'effroi, en l'apercevant, puis, saisissant une petite échelle, elle le fit monter dans un fenil, où elle lui recommanda de ne faire aucun bruit, son père étant fort peu disposé à sauver des royalistes.

Et le royaliste demeura caché, pendant cinq jours, dans cette maison ennemie, toujours pleine de soldats; la jeune fille prenait sur ses repas pour le nourrir. Elle lui ménagea ensuite un refuge plus sûr chez une femme nommée Julienne Leguennec, veuve Véry, qui lui avait préparé une cache; puis, au bout de six semaines, chez une veuve Guégan, qui parvint, le 16 novembre, à lui faire gagner l'armée de Georges [1].

M. d'Oyron est du très-petit nombre de ceux qui sont parvenus à se sauver du lieu même de l'exécution. Nous nous rappelons le sort du comte de Rieux et de M. du Bouëtiez. Le jeune de Penvern ne fut pas plus heureux. Dernier représentant, comme Louis de Rieux, d'une famille qui, moins illustre sans doute, avait marqué néanmoins en Bretagne, il se montra jusqu'au bout digne de son nom. Il fut, en effet, de ceux qui ne voulurent pas du sursis au prix d'un mensonge [2]. Conduit vers

[1] On désire peut-être savoir ce que sont devenues ces courageuses femmes. *Marie-Anne* Belz épousa dans la suite un nommé *Joseph* Bertin, dont elle eut deux filles. Elle est morte le 7 octobre 1841. Depuis plusieurs années, elle était aveugle. *Julienne* Leguennec est décédée le 13 janvier 1824, et *Marie-Françoise* Guégan en 1832, laissant deux fils, l'un d'un premier mariage avec *Jean* Le Cloirec, l'autre d'un second avec *Fortuné* Moisan.

[2] *Jean-François-Paul* du Perenno de Penvern (et non *Penvert*, comme on lit sur le monument de la Chartreuse), était né à Vannes; son père demeurait avec ses deux filles à son château de Penvern, en Persquen, entre le Blavet et le Scorf. Mais son grand-père et sa grand'mère, M. et M⁰ᵉ de la Chapelle, habitaient Vannes; ils étaient fort riches, et, si leur petit-fils eût été du sursis, ils l'eussent probablement fait évader.

l'Armor pour être fusillé, Penvern se jeta tout à coup à l'eau, vis-à-vis de Trussac, et plongeant rapidement, il échappa aux premiers coups; mais, ayant reparu un instant, pour prendre haleine, une balle l'atteignit et le tua.

L'hôtel de Penvern, qui était celui de sa famille, se trouvait à Vannes, sur les douves, près de l'hôtel de Gouvello, où s'était établie une des commissions militaires; mais, à la différence de celui-ci, il n'avait pas été souillé par la révolution. Tandis que les arrêts de mort se succédaient du matin au soir, à l'hôtel de Gouvello, des prêtres se tenaient cachés à l'hôtel de Penvern, pour absoudre au passage les condamnés. Cet hôtel était, en effet, la demeure de trois de ces pieuses femmes, dont le dévouement et la charité sont la vie : Mme la vicomtesse du Couëdic et ses deux filles. Veuve du héros de la *Surveillante*, elle avait dû, tout au moins, à ce titre, l'avantage de ne pas être emprisonnée. On était venu chez elle sous prétexte de faire une de ces visites domiciliaires, qui étaient ordinairement le prélude des arrestations. Mme du Couëdic se borna à montrer le tableau de la *Surveillante :* — « C'est ainsi, dit-elle aux brigands, que votre compatriote a servi la patrie. » — Et, à la vue de cette frégate rasée par les boulets, de cet équipage écharpé, de ce commandant à qui trois blessures n'ont pu faire quitter son banc de quart, les farouches républicains s'éloignent.

Chaque jour, Mmes du Couëdic visitaient les prisons, et elles étaient loin d'être les seules. M. de Noyelle parle de trois sœurs, couturières, qui l'avaient pris, lui et les prisonniers de sa chambrée, sous leur protection. Il est à regretter que leurs noms soient inconnus; mais nous pouvons en citer bien d'autres. Ainsi, Françoise et Nanon Savin, l'une tailleuse, l'autre brodeuse, sauvèrent M. Auguste de Trémault, de Vendôme, un petit-fils de Racine par sa mère, qui cherchait dans la poésie un adoucissement à ses tristes pensées[1]. Ce fut chez Mme Couyard, qui

---

[1] M. de Trémault s'étant fait passer pour Belge, n'avait pas été condamné ; mais, comme tous les acquittés, il devait être incorporé dans un régiment. Mmes Savin le firent évader.

étaient elles aussi des ouvrières, que MM. de Saint-Georges,
d'Antrechaux, de Chaumareix, du Bouëxic de la Driennais et
Walzer trouvèrent leur premier refuge, après s'être évadés de
la tour de Clisson. Mlles Marie-Louise et Colette Métrot venaient
également en aide aux condamnés. Nommons encore Mmes Hau-
mont, Keréden, Chanu de Limur, Mme du Bois de Beauchesne,
Mme et Mlle Paviot, et enfin Mme du Portail, qui procura des ha-
bits de femme à M. de Tressac et au chevalier du Houssay.

Ce chevalier du Houssay devait être d'autant moins embar-
rassé sous ce déguisement, que c'était son costume naturel.
Quoique portant l'uniforme, le sac et le mousquet, et s'en ser-
vant comme les plus braves, ce n'était cependant qu'une femme
qui n'avait pas voulu se séparer de son mari. Son mari ayant
été tué en Hollande, elle ne quitta pas le rang pour cela, et demeura fidèle à la légion de Damas où elle avait servi avec lui.
« Nous avions pour elle, dit M. Jacquier de Noyelle, tous les
égards dus à son sexe, à son noble caractère et à son beau courage. »

Et il poursuit ainsi : « Un jour que je me promenais sur la
terrasse de notre prison, je jetai les yeux au bas du mur, qui
avait plus de cinquante pieds de hauteur, et vis à la porte d'une
église où se trouvaient des détenus [1], un grand nombre de soldats de *Royal-Louis*, très-faciles à reconnaître, à leur habit
rouge. Je détournais les yeux pour ne pas voir les traîtres qui
nous avaient livrés, lorsque j'aperçus tout à coup quelqu'un
qui, sous le porche de l'église, confondu avec ces misérables, je
ne sais comment, me faisait des signes d'où je compris qu'il souffrait de la faim. Je reconnus le chevalier du Houssay. Personne,
à Vannes, ne songeait à secourir les prisonniers qui nous avaient
si indignement trahis, et, la troupe ayant à peine ses rations de
vivres, on en distribuait très-peu aux prisonniers. Le jour même,
je prévins des dames généreuses et pleines de courage, que
j'avais un camarade dans cette église, que c'était une femme et

[1] Probablement Saint-Patern. Nous ne voyons que cette église qui pût être aper-
çue de la terrasse de la *Porte-Prison*.

qu'elle souffrait de la faim. Indiquer une occasion de faire le
bien à ces dames, c'était leur rendre service. Elles allèrent de
suite lui porter quelque nourriture, puis, le lendemain soir,
elles lui remirent des vêtements de femme, sous lesquels elle
sortit avec elles. On la fit passer ensuite à l'escadre anglaise.

» Vingt-cinq ans après, en 1820, comme je me rendais à la
voiture publique qui devait me conduire à mon régiment dans
le Midi, je rencontrai une dame qui m'aborda en me demandant
si je n'étais pas M. Jacquier de Noyelle. Sur ma réponse affir-
mative, elle m'embrassa et me remercia avec effusion du service
que je lui avais fait rendre. C'était *le chevalier du Houssay*. Elle
me parla ensuite de ses enfants. J'ignorais qu'elle en eût. Elle
m'apprit alors qu'elle les avait laissés en France, lorsque son
mari et elle avaient émigré. C'étaient les enfants de ces enfants
qui l'amenaient, dans ce moment, à Paris. J'aurais bien voulu
différer mon départ pour consacrer quelques heures à mon ancien camarade ; mais j'étais à jour fixe. »

Nous avons vu que les fusillades avaient commencé à Vannes
le 10 thermidor (28 juillet). Onze jou   après, le 21 (8 août), on
comptait déjà 500 fusillés dans cette seule ville, et l'on fusillait,
en même temps, à Quiberon, à Auray, et une épidémie enlevait
par centaines les chouans qu'on avait parqués à Vannes dans
l'enclos des Ursulines. Etait-ce assez de morts, assez d'horreurs?
non ; un massacre plus odieux encore allait commencer. Nous
nous rappelons qu'un sursis avait été accordé, sur les instances
de Mᵐᵉ de Talhouët, aux jeunes gens qui avaient émigré avant
l'âge de seize ans. Vingt-six jours s'étaient écoulés depuis l'ob-
tention de ce sursis, et l'on était d'autant plus fondé à le
croire définitif, que les mesures de surveillance étaient devenues moins rigoureuses. Ainsi on avait autorisé des sorties sous
la garde d'un planton ; on avait permis à des malades d'aller se
faire soigner dans leurs familles. C'est ainsi que le jeune Talhouët avait été transporté chez Mᵐᵉ de Besné, sa parente, rue
du Pot-de-Fer, où sa famille était venue le rejoindre. Mais voilà
que tout à coup, le 25 août au matin, qui était le jour de la

Saint-Louis, jour de sa fête, lorsqu'à peine convalescent il es-
sayait ses forces, en s'appuyant sur le bras de sa sœur, un gendarme se présente pour le reconduire en prison. Le planton, qui
était chargé de sa surveillance, ne veut pas se contenter d'un
ordre verbal ; le gendarme insiste, le planton résiste énergiquement. Une dispute s'engage, qui menace de dégénérer en rixe ;
et la mère était là ! Quel temps et quelle scène ! « Je me vois
toujours près de Louis au moment où on vint nous l'enlever,
écrivait, quelques jours après, M⁰ˢ de Talhouët. Il était calme,
tranquille, et regardait de sang-froid deux hommes en colère et
prêts à se tuer, parce que l'un voulait le conduire en prison et
que l'autre ne voulait pas consentir qu'il n'eût vu l'ordre. »

Le gendarme finit par retourner à l'état-major et revint bientôt avec un ordre écrit. Louis de Talhouët demanda alors simplement son livre d'heures, et, franchissant le seuil derrière lequel il laissait ce qu'il avait de plus cher au monde, il l'ouvrit
à la *recommandation de l'âme à Dieu*, et suivit son geôlier en
priant.

« Il était très-connu à Vannes, où il avait été élevé chez une
demoiselle Kerpart, puis au collège, raconte une de ses cousines ¹, et très-aimé pour sa grande douceur. On ne pouvait retenir ses larmes dans les rues où il passait, de le voir, son livre
ouvert, priant de toute son âme. Sa faiblesse et sa pâleur ajoutaient à l'intérêt qu'il inspirait. A peine pouvait-il se soutenir. »

Pour faire connaître, au reste, ses sentiments à cette heure
fatale, il suffit de citer quelques phrases d'une lettre qu'il écrivait, peu auparavant, à cette même parente :

« Je vous remercie bien, ma bonne cousine, de l'intérêt que
vous voulez bien prendre à mon sort. Hélas ! qu'on est malheureux de survivre à tant de martyrs ! Ils sont heureux ; oui, ils le
sont, je n'en doute pas. C'est vous, c'est moi, qui sommes mal-

---

¹ Ursule Feydeau de Vaugien, mariée, le 9 novembre 1798, à *Pierre-Michel-
François-Marie-Toussaint* Hersart de la Villemarqué, et mère de notre excellent col-
laborateur, l'auteur du *Barzaz-Breiz*, de *Myrdhinn*, des *Bardes Bretons*, des *Romans
de la Table-Ronde*, etc., etc.

heureux, qui sommes obligés de souffrir, sans savoir quand finiront nos maux, sans savoir si la mort nous prendra dans un bon moment. Quelle idée ! qu'on est heureux de voir venir la mort ! mais, quand elle nous surprend, grand Dieu ! ma cousine, quelle idée ! »

Lorsque Louis de Talhouët arriva dans la prison, la *fournée* était déjà complète, et il dut attendre un autre jour pour qu'on eût le temps de formuler sa condamnation. Je dis *fournée*, et c'est malheureusement bien le mot. Soixante et quelques jeunes gens, dont beaucoup de mineurs, étaient, en ce moment devant leurs juges, les uns au palais, vis-à-vis de la cathédrale, les autres à l'hôtel de Gouvello, sur les douves. Au nombre de ceux qui avaient été conduits au palais, se trouvait le chevalier de Coataudon, qui, remarquant une petite fenêtre donnant sur une cour déserte[1], s'élança tout à coup par elle, traversa la cour, passa dans la rue et se réfugia dans l'hôtel de la Landelle[2]. Malheureusement il fut aperçu par une fruitière, et cette femme, démentant la générosité habituelle à son sexe, démentant les exemples que lui donnaient toutes les habitantes de Vannes, signala aux soldats le lieu de sa retraite. Les soldats, fatigués de tant d'horreurs, cherchèrent négligemment et ne trouvèrent pas. Mais alors cette furie les poursuit des cris de *bandits*, de *scélérats*, menace de les dénoncer, et les contraint de rentrer dans l'hôtel. Coataudon y fut enfin découvert et reconduit au palais, d'où il ne sortit que pour aller au supplice[3]. Hâtons-nous d'ajouter que l'affreuse mégère qui l'avait dénoncé vécut et finit misérablement.

Parmi les victimes de ce fatal jour de la Saint-Louis 1795, je remarque le jeune Le Lart[4], un enfant à qui la prison n'avait rien

---

[1] La cour du menuisier Bocquet.

[2] Devenu plus tard un hôtel public sous le nom d'*Hôtel de France* ou *Hôtel Guini*.

[3] *François-Vincent* de Coataudon ou Coëtaudon, officier de marine, lieutenant dans *Hector*, était fils de *Jean-Baptiste-Marie*, ancien colonel d'infanterie, et de *Marie-Anne* Le Chaussec du Froutven. Un de ses frères, Coataudon de Kerannou, avait reçu deux balles dans le combat du 16 et était néanmoins parvenu à se sauver.

[4] *Armand-Marie*, fils de *René-Anne* Le Lart et de *Armande-Françoise-Emmanuelle* du Haffont. Son père avait été fusillé avant lui. Nous savons par Mme de Lantivy

ôté de la gaieté de son âge; Louis de Vélard, qui semblait presque aussi jeune que lui[1]; Lanjamet, qui, la veille, exprimait ses tristes pensées dans une touchante romance, malheureusement perdue pour nous[2], les deux Savatte de Genouillé, dont le plus âgé ne porte dans le texte de l'arrêt que seize ans[3], les deux du Laurens de la Barre que dix-huit et dix-neuf[4], Clinchamp et Rossel, tous les deux dix-neuf ans; Coustin du Masnadau, un jeune créole de la Guadeloupe, marié en Bretagne[5]; Kermoysan, Lantivy, Vauquelin, Botherel, Champsavoy, La Noue, de Cotte, Colin de la Biochaye, etc., etc.

A l'entrain de la jeunesse, qui ne les avait pas abandonnés sous les verroux, ils joignaient tous les pensées sérieuses d'un âge plus mûr, et René de Lantivy avait prié sa sœur, qui habitait Vannes, de leur envoyer un prêtre pour les préparer à la mort. Mais, contre l'usage, l'exécution dut, ce jour-là, suivre immédiatement l'arrêt, de sorte que toute visite aux condamnés fut interdite. M⁽ˡˡᵉ⁾ de Lantivy revint éplorée porter cette triste nouvelle à son frère; elle trouva l'escalier du palais encombré

(M⁽ᵐᵉ⁾ de Kerenor), qui l'avait souvent vu en prison, qu'il fut condamné avec son frère. On ne conçoit donc pas qu'il ne soit ni sur la liste des condamnés, ni sur le monument. Son père y est inscrit sous le nom de *Lelargue*. Le jeune Le Lart n'avait que quinze ans.

[1] Fils de *Louis-Gaspard* de Vélard, ancien cheval-léger, et d'*Henriette* Prouvansal de Saint-Hilaire. Il avait dix-neuf ans, mais le jugement ne porte que dix-sept.

[2] Il était fils de *Germain-Pierre-Georges* de Vaucouleurs, marquis de Lanjamet, et de *Rosalie-Pauline* Ogier d'Ivry.

[3] Ils étaient les deux seuls fils de *Louis-Mathurin-François* Savatte, seigneur de Genouillé, gendarme de la garde du roi, et de *Marie-Suzanne-Henriette* de Bosquevert de Bois-des-Prés.

[4] On comptait trois du Laurens de la Barre à Quiberon. L'un d'eux, *Claude-Antoine-Jean*, blessé grièvement le 16, parvint néanmoins à se sauver. Les deux victimes du 25 août, *Florentin* et *Fidèle*, étaient fils de *Florentin-Marie*, capitaine au régiment de Foix, chevalier de Saint-Louis, et de *Mathurine-Nicolas* Duval de la Potherie. Un de leurs cousins a continué la postérité, parmi laquelle la *Revue de Bretagne et de Vendée* est heureuse de compter un de ses rédacteurs.

[5] Il appartenait à une famille du Limousin, mais était né à la Guadeloupe, d'une mère créole. Son père, le comte du Masnadau, exerçait les fonctions de major général dans l'île. Lui-même se maria à Tréguier avec une demoiselle de Kervéatoux, qui, devenue veuve, s'allia dans la maison Andrieu de Kerdrel. Elle est décédée à Morlaix, sous la Restauration, sans laisser de postérité.

et ne put communiquer avec lui que par un des soldats de garde. Son malheureux frère lui écrivit alors le billet suivant :

« Je n'aurais jamais cru, ma pauvre et bien-aimée sœur, qu'on m'eût refusé la seule consolation qui me restât, qui eût été de voir un prêtre pour me préparer à mes derniers instants. Enfin, ma bonne amie, il faut en passer par toutes ces bizarreries du sort. Peut-être serai-je plus heureux que ceux qui me survivent. Ma mort te sera sûrement toujours présente ; mais pense que je suis mort en honnête homme et que je ne regrette que ma pauvre famille. Prie pour moi à chaque instant ; j'en ai besoin. Écris à mon père que mes derniers instants sont cruels par rapport à la douleur que je sais que ma mort lui causera... N'oublie jamais ma pauvre bonne, ni les braves gens qui ont bien voulu s'intéresser à moi... On me presse... je suis obligé de finir... Adieu ! N'oublie jamais que je te fus cher... dis aux dames de Kermoysan que je sens toute l'étendue de leur perte, et que Kermoysan et moi mourons ensemble, toujours amis et nous consolant mutuellement du chagrin que nous vous causons. *Ton trop malheureux frère*, LANTIVY [1]. »

Cette lettre est datée de trois heures. A quatre, la colonne se mettait en marche ; elle allait rejoindre les condamnés de l'hôtel Gouvello, et tous furent dirigés ensuite vers le Bondon. On avait pu les prévenir que des prêtres, cachés dans des maisons indiquées, les absoudraient au passage. Ce fut leur dernière et unique consolation.

Où sommes-nous, grand Dieu ! Nous sommes en France, non point sous la Terreur, mais un an après la mort de Robespierre ! La seconde moitié du XVIIIe siècle fut cependant, par

---

[1] *René-Joseph* de Lantivy, né à Ploërmel, le 12 juin 1776, était fils du vicomte de Lantivy-Tredion et de *Marie-Françoise* Tuault de la Bouverie. Il était élève de la marine et servait dans le régiment de *Léon*. Sa sœur, dont il est question ici, se nommait *Marie-Françoise-Joséphe* ; elle était née le 15 août 1770. Mariée en premières noces, en 1803, à M. Karuel de Merey, qui mourut au bout d'un an, elle épousa en 1809, *Louis-Cyprien-Marie* de Kérénor, capitaine de frégate, chevalier de Saint-Louis. La lettre de René de Lantivy à sa sœur a déjà été publiée, je le sais, par M. Levot. On me pardonnera facilement de l'avoir reproduite.

excellence, l'ère de l'*humanité*, de la *sensibilité*, de la *liberté!* Ces mots étaient dans toutes les bouches; on légiférait les *Droits de l'homme*, et l'homme n'avait pas même le droit d'avoir un consolateur à ses derniers moments ! On n'écrivait pas vingt lignes sans y mettre le mot *sensible*, et l'on poussait la sensibilité jusqu'à fusiller en masse. Étiez-vous hors u'état de marcher au supplice, pour cause de blessures? On vous fusillait dans un fauteuil ou sur un matelas. Ainsi périrent M. Prévost de la Voltais, qui avait été amputé d'une jambe, M. de Baraudin, atteint d'une balle à l'attaque des lignes de Sainte-Barbe [1], M. Urvoy de Portzamparc que ses blessures empêchaient également de marcher. Son exécution eut lieu dans la cour des cordelières d'Auray. M. de Gouzillon de Bélizal, brigadier des armées navales et l'un des glorieux blessés du 16, fut même, dit-on, fusillé sur un fumier [2].

Quant à la *liberté*, nous savons ce qu'elle fut depuis les dernières années du règne de Louis XVI jusqu'à Louis XVIII.

L'exécution des malheureux jeunes gens eut lieu dans un pré voisin du Bondon, vers quatre heures et demie. Puis, le soir venu, des individus de toutes sortes se répandirent sur le champ du carnage. Venaient-ils tous pour piller ? Non, sans doute, car l'un d'eux, Lagadec, du village de Kerbihan, ayant rencontré un vivant parmi les morts, l'emmena chez lui et l'y cacha jusqu'à

[1] Louis de Baraudin, enseigne de vaisseau, était né en 1772. Il était fils de *Didier-François-Honorat*, marquis de Baraudin, chevalier de Saint-Louis, chef d'escadre, et de *Jeanne de Nogérée*. Il avait deux sœurs: *Marie-Élisabeth-Sophie*, chanoinesse de l'ordre de Malte, et *Jeanne-Marie-Amélie*, épouse de *Léon-Pierre*, comte de Vigny, chevalier de Saint-Louis, ancien capitaine d'infanterie, dont elle eut quatre fils. Un seul a vécu, c'est Alfred de Vigny, de l'Académie française. La famille de Baraudin est aujourd'hui éteinte. (*Note du comte de Pierres*.)

[2] Le v** de Gouzillon de Bélizal avait reçu, le 16, une balle dans la poitrine. Son neveu, *Charles-Julien-Michel* de Gouzillon, qui fut blessé le 21 et se sauva néanmoins à la nage, supposait qu'il avait été fusillé dans son lit. « Il était en effet, dit-il, hors d'état d'être transporté. » Qu'il l'ait été dans son lit, qu'il l'ait été sur un fumier, comme Bailly, ainsi que le veut la tradition, le fait reste toujours atroce. Le nom de Bélizal du moins n'a pas péri. Les lecteurs de la *Revue* sont heureux de le connaître. La noble victime de Quiberon avait un fils, qui a continué la postérité, et une fille, M** de la Noue.

ce qu'il pût rejoindre les chouans. Par un heureux hasard, les balles ne l'avaient même pas atteint. Ce fait fut longtemps ignoré ou tout au moins peu connu : Lagadec avait intérêt à garder le silence ; puis il vint à mourir, et le nom de la victime, s'il le savait, se perdit avec lui. On prétendit alors qu'il s'agissait du chevalier de Lantivy et l'on disait même qu'il était passé en Allemagne. Sa famille avait quitté Vannes immédiatement après la catastrophe. Lorsqu'elle y revint, Mlle de Lantivy alla elle-même interroger les habitants des villages voisins du Bondon ; son cœur lui disait que si son frère eût survécu, il aurait bien su l'en faire prévenir, et cependant elle questionnait, elle cherchait ; son père, d'un autre côté, écrivait partout en Allemagne. Cruelle anxiété et vaine attente ! Mlle de Lantivy resta convaincue qu'il s'agissait du jeune Ferret, camarade de son frère, qui avait, sans doute, rejoint les chouans pour gagner ensuite son pays, la Normandie. Fut-il tué parmi les chouans ? On ne sait ; mais ses parents n'eurent jamais de ses nouvelles. D'autres ont parlé, sans fondement, d'un M. Gigault de Bellefonds [1]. Le mystère continue et ne sera probablement jamais dévoilé.

Le massacre des jeunes gens dura trois ou quatre jours. Au nombre des victimes des 26 et 27, je vois Joseph Panou de Faymoreau [2], Maurice de Bonafous [3], Louis de Talhouët, Joseph Gesril [4], Paul de l'Isle [5], Joseph de la Chevière [6], Henri de Charbonneau.

---

[1] Voici ce qui est vrai : le marquis de Bellefonds avait reçu, en combattant parmi les chouans, une balle en plein visage et avait été laissé pour mort. Un paysan, s'apercevant qu'il ne l'était pas, le recueillit et le soigna si bien qu'il a vécu jusqu'en 1826. Mais cette aventure est antérieure d'un an à Quiberon. Je sais bien qu'un autre Bellefonds figura à Quiberon, mais il fut condamné le 1er août et non le 25.

[2] Né à Nantes, le 10 mai 1776, petit-fils de M. Dominique Deurbroucq.

[3] Ancien page, officier au régiment de Noailles-dragons. Il servait à Quiberon dans le régiment d'Hervilly. Sa famille était du Rouergue.

[4] L'arrêt porte *Joseph Jéril*, lieutenant de vaisseau, âgé de vingt-huit ans. C'est évidemment l'illustre *Joseph-François-Anne Gesril*. Comment, n'étant pas du sursis, ne fut-il jugé que le 26 août ? Nous ne saurions l'expliquer.

[5] *Jean-Louis* de l'Isle de la Ferté et de Barsauvage, né à Nantes, le 17 juillet 1774, fils de Jean-Baptiste et de *Fidèle-Françoise-Monique* Razeau de Beauvais.

[6] On comptait trois La Chevière à Quiberon, le père et les deux fils. Le second fils fut tué le 16. Le père fut fusillé dans les premiers jours d'août et son fils aîné,

Suivant la femme Robert, concierge de la prison, Henri de Charbonneau [1], Maurice de Bonafous et Louis de Talhouët furent fusillés au Grador.

Les domestiques avaient profité du sursis, quel que fût leur âge ; mais, à partir de la révocation, on les envoya tous à la mort. Nommons quelques-uns de ces hommes qui portèrent le dévouement jusqu'à l'héroïsme : Gégu, Noblet, de la Planche, Hemery, Perigeaux, Poche, Avril, Lefranc, Riou, Malherbe, Gauthier, Landu, Maurice, domestique de M. de la Houssaye, qui fut fusillé avec lui. Nous en remplirions une page. N'oublions pas néanmoins cet Adolphe Lemoine, domestique du comte de Périgord, à qui le président de la commission militaire disait : — Votre maître ne vous a-t-il pas forcé de le suivre ? — Et qui répondait : — Je l'ai suivi par attachement, et la mort seule pourra me séparer de lui. — M. de Tronjoly, de son côté, plaidait, devant la commission, la cause de Jean Levêque, son fidèle serviteur. Vains efforts ! l'un et l'autre moururent à quelques jours de distance [2].

Et ces paysans, ces chouans, qui avaient l'audacieuse prétention de garder leur foi et qui bravaient, pour la défense de leur liberté, jusqu'à la mort : Guillemot, Le Bouche, Jehanno, Elec, Kerbellec, Le Touze, Le Bihan, Ezano, Blaize, Berienne, Grela, Saniter, et ces deux Thomazeau, père et fils, ces deux forgerons de Baden, qu'on accusa d'être les armuriers des royalistes et qui marchèrent à la mort, liés l'un à l'autre. La liste en serait infinie.

Les commissions militaires avaient d'ailleurs tellement tra-

---

le 26. Le père, *Benjamin-Louis-Michel*, officier dans Bourbon-infanterie, avait épousé le 10 février 1772, *Agathe de Freslon*, dont il avait eu deux fils et une fille.

[1] *Henri de Charbonneau*, sr de la Pilotière en Vieillevigne, lieutenant de vaisseau en 1786, avait perdu son père dans le combat du 16. Son père était chevalier de Saint-Louis ; il se nommait *Charles-Marie-Gabriel*, et sa mère *Marie-Henriette* de Ghaisne de Bourmont. Elle était tante du maréchal.

[2] *François-Vincent L'Ollivier de Tronjoly*, lieutenant de vaisseau en 1786, fils de *François-Jean-Baptiste*, chef d'escadre, et de *Françoise-Guillemette* de Quélen. Sa famille n'est plus aujourd'hui représentée que par les descendants de ses deux sœurs, Mmes Rouxel de Lescouët et de Kermel.

vaillé, qu'à la fin d'août il ne restait plus en prison que les malades. Ceux-là, en effet, n'étaient pas portés à la mort comme les blessés. Ils étaient laissés en prison jusqu'à convalescence. Nous allons voir ce qu'ils devenaient ensuite. M. Jacquier de Noyelle, nous nous le rappelons, et ses trois compagnons de chambre, du Buat, Pallet d'Antraize et d'Hillerin du Boistissandeau, étaient tombés gravement malades dans les premiers jours d'août. « Les soins de notre bon docteur, raconte M. Jacquier, étaient admirables. Il multipliait ses visites, et souvent nous l'avons vu tomber de lassitude; mais son zèle n'en était pas ralenti. C'était un bien excellent homme. Lorsque l'ordre vint de fusiller les jeunes gens, notre maladie était à son apogée, et il était impossible que nous pussions paraître devant nos juges. Bonafous, qui habitait avec nous, fut donc seul appelé. Il croyait revenir après son interrogatoire, et il m'emprunta ma capote, mais nous ne le revîmes plus.

» Notre bon docteur eut alors avec une de nos bienfaitrices une conversation que je ne puis oublier. J'étais dans un état d'assoupissement qui approchait de la léthargie. — Ne vaudrait-il pas mieux le laisser mourir tranquillement, disait-il, car il m'arrivera pour celui-ci ce qui m'est arrivé pour tant d'autres que j'ai tirés des bras de la mort, pour les voir ensuite conduits au supplice. C'est une position bien pénible pour un médecin qui, comme moi, s'attache à ses malades. Les malheureux chouans qui sont prisonniers périssent chaque jour par vingtaines. Je les soigne de mon mieux et cependant je les trouve heureux de mourir, vu le sort qui leur est réservé. Quand je parviens à les guérir et que je les vois conduire à la mort, je m'accuse de barbarie. N'ai-je pas raison, citoyenne? — Eh! non, répondait la bonne fille, il n'y a de barbare que vos lois sanguinaires. Sauvez-le toujours et Dieu fera le reste. Qui sait si les chouans ne viendront pas le délivrer ?

» En définitive, le bon docteur cherchait à prolonger notre maladie, et, lorsque nous éprouvâmes un mieux sensible, il répéta sans cesse que nous n'étions pas hors de danger, qu'il nous

fallait garder la chambre, même le lit. Nous sentant cependant
la force de nous lever, nous nous avisâmes d'aller prendre l'air
sur la terrasse; mais alors il se fâcha sérieusement. — Vous
vous exposez, nous dit-il, à une rechute pire que la maladie. —
Son but était de gagner du temps, dans l'espoir qu'on finirait
par être moins inhumain. Mais était-il bien facile de gouverner
des têtes de vingt ans que les circonstances avaient volcanisées ?
C'est ainsi qu'il nous retint pendant plus d'un mois, si bien qu'il
ne restait presque plus d'autres prisonniers que nous.

» Un jour que nous avions violé l'ordre du docteur et que,
nous promenant sur la terrasse, que nous appelions notre donjon, nous éprouvions, par une belle matinée des premiers jours
de septembre, le plaisir inexprimable de ressaisir la vie, dans
une douce convalescence, après avoir été si longtemps sous les
étreintes de la mort, un jeune et bel officier républicain se présenta devant nous avec l'air vif et dégagé. — Hier, Messieurs,
votre juge, nous dit-il, et aujourd'hui votre camarade de prison.
Je vous prie de m'accueillir comme un bon enfant. — Nous le
priâmes de s'expliquer. — Ma foi, dit-il, lorsqu'on m'a choisi
pour être membre de la commission militaire nommée pour
vous envoyer tous à la mort, j'ai pris la résolution d'en
sauver le plus que je pourrais ; mais que pouvait ma voix,
si toutes les autres étaient contraires ? Bref, j'ai si bien plaidé
près de mes collègues que je suis parvenu à obtenir qu'à
la moindre explication, au moindre prétexte fourni par un
accusé, nous le renverrions absous. Cela arrivait peu souvent.
J'obtins alors de faire moi-même les interrogatoires, et les fis
de manière à provoquer des réponses favorables. De cette manière, je fus un peu plus heureux. Je déterminai enfin mes
camarades à trouver alternativement un coupable sur deux, au
petit bonheur ; ils y consentirent, et nous avons voté plusieurs
jours ainsi : un condamné, un libéré. — A ces mots, nous nous
regardâmes tous quatre par un pressentiment sinistre et fîmes
un mouvement involontaire. — Eh quoi ! reprit-il, vous n'êtes
pas contents. Dites-moi donc ce que je pouvais faire de mieux !

jugez-en plutôt. Le général Lemoine, surpris de voir que nous trouvions tant d'innocents, se fit apporter nos procédures, lut les interrogatoires et vit dans quel sens ils étaient faits. Aussitôt il casse la commission ; il sut ensuite que tout se faisait à mon instigation et il m'a fait arrêter [1]. Je ne sais ce qu'il veut faire de moi ; cela m'est bien égal ; mais ce qui me fait rire, c'est qu'on prétend que je suis chouan, royaliste, que sais-je ? Moi ! je ne suis rien qu'un bon enfant qui ne demande pas mieux que de se battre ; mais je trouve horrible d'envoyer au supplice de braves gens parce qu'ils ne pensent pas comme nous. Ma conso-lation c'est que ceux que nous avons mis en liberté sont main-tenant hors de danger et qu'il n'en reste plus désormais beau-coup sous les verroux. — Il nous força, le lendemain matin, de manger des huîtres et de boire du vin de Grave, pour payer, disait-il, sa bienvenue ; nous le lui rendîmes le jour suivant ; la fille du boulanger dont j'ai parlé, étant sortie de prison, nous envoya un cent d'huîtres et du vin. Bien entendu, nous ne dîmes rien à notre excellent docteur de cette intempérance épouvantable.

» Notre jeune officier ne resta que trois jours avec nous. Le général Lemoine, s'étant assuré qu'il n'était pas chouan, le ren-dit à la liberté. Beaucoup de militaires, nous dit-il en partant, pensaient comme lui et étaient tout disposés à faire beaucoup pour nous ; mais ils étaient très-surveillés. Ceci n'est pas dou-teux ; ceux même qui condamnèrent eussent voulu ne pas con-damner.

» Quinze jours après ce petit événement qui avait rompu l'uniformité de notre vie, poursuit M. de Noyelle, nous recon-nûmes, en dépit de notre docteur, que nos forces étaient entiè-rement réparées. Nous savions, en outre, que les prisons étaient

[1] Le récit de cet officier républicain, qu'on eût pu prendre facilement pour un espion ou, en termes de police, pour un *mouton*, est, en réalité, confirmé par l'his-toire. « Lemoine, dit Duchatellier, se décida, le 27 thermidor (14 août) à casser les commissions qu'il avait instituées, à *faire détenir un de leurs membres* et à prescrire aux autres de quitter immédiatement la ville. » T. V, p. 162, *Histoire de la Révolu-tion en Bretagne.*

à peu près vides; mais qu'étaient devenus nos camarades? on me laissa croire, pendant quelque temps, que Bonafous avait emporté ma capote à la flotte anglaise; mais Talhouët, Lantivy, Kermoysan, les deux du Laurens, la Chevière et autres jeunes gens qui avaient profité comme nous du sursis, où étaient-ils? Lorsque nous prononcions leurs noms aux dames qui nous visitaient, ou elles ne répondaient pas, ou leurs réponses étaient évasives.

» Enfin nous ressentîmes une vive impatience de voir notre sort fixé d'une manière ou d'une autre, et nous prîmes la résolution de mettre fin à cette terrible incertitude de la vie ou de la mort. Nous venions de prendre cette résolution, lorsque nous reçûmes la visite de Mᵐᵉ du Couëdic, qui était accompagnée de ses deux filles; nous lui dîmes, en riant: — Est-ce qu'on nous oublie? — et nous la priâmes de vouloir bien remettre au général Lemoine la demande que nous fîmes par écrit de passer devant la commission militaire, notre état de santé nous permettant de paraître devant elle. Nous étions tellement déterminés que Mᵐᵉ du Couëdic finit par consentir. Le lendemain, elle nous apporta la réponse. — Ils sont donc bien las de vivre! lui avait dit le général. Eh bien! Madame, je vais expédier l'ordre; s'ils croient en Dieu, vous n'avez qu'à dire pour eux un *De profundis*.

» Mᵐᵉ du Couëdic ajouta: — Sans doute, vous serez appelés demain devant vos juges. Quoi qu'il arrive, je dois vous prévenir qu'un prêtre sera caché dans la troisième maison après celle où se tient la commission militaire, tenez-vous donc prêts à recevoir l'absolution. — Elle nous dit ensuite quelques mots d'espérance; mais j'avoue qu'ils sont restés moins gravés que les autres dans ma mémoire.

» Nous fûmes, en effet, appelés le lendemain à la commission militaire. Notre bon docteur nous avait dit plusieurs fois qu'il fallait cependant bien aider un peu les juges à éluder le texte de la loi, et il nous avait apporté de vieilles gazettes, afin que nous pussions y puiser des faits, des noms, des dates,

de manière à composer chacun une histoire vraisemblable [1].
Les réponses de d'Hillerin furent les seules qui satisfirent la
commission ; car il fut le seul qu'ils mirent en liberté. Quant à
nous, nous fûmes reconduits en prison, non dans celle où nous
avions passé des jours paisibles, mais à la tour (de Clisson ou
des *Folles*) où les jeunes gens qui avaient péri nous avaient précédés.

» En entrant dans la geôle, nous entendîmes la fille du concierge s'écrier, en pleurant : — Oh ! mon Dieu ! je croyais que
c'était fini ! en voilà encore d'autres [2] ! — Nous la question-
nâmes : — Ne le savez-vous donc pas ? nous dit-elle, à cinq
heures on viendra vous chercher pour vous fusiller. — Il était
plus d'une heure ; nous n'en avions donc pas quatre à vivre. Nos
bienfaitrices arrivèrent alors, nous apportant à dîner. Elles
étaient accompagnées d'un homme du peuple qui portait des
pommes dans un panier ; nous fûmes avertis que c'était un
prêtre qui venait nous administrer le sacrement de pénitence,
ce qu'il fit pour chacun, en ayant l'air de causer de choses et
d'autres, et cela en présence de beaucoup de personnes, qui ne
s'en doutèrent pas. En s'en allant, il nous laissa des pommes,
que nous donnâmes à la fille du geôlier.

» Une dame qui nous était inconnue et qui professait une
autre opinion que la nôtre, mais bonne et sensible, s'offrit, en
ce moment, pour tenter de nous faire évader. Nous lui fîmes
remarquer que le temps nous manquait pour une semblable
entreprise. Alors il fut convenu que nous demanderions à être
entendus de nouveau. Je rédigeai une pétition par laquelle nous
réclamions cet acte de justice. Mme Paviot se charge de cette
pétition [3] ; elle va la porter à une de ses amies, femme de l'accu-
sateur public de Brest, laquelle ne perd pas un instant. Elle

---

[1] Il faut bien dire que ces *histoires* ne trompaient personne et surtout ne trompaient pas les juges ; mais plusieurs d'entre eux ne demandaient que des prétextes
pour acquitter.

[2] Le geôlier se nommait Anezo.

[3] Cette même madame Paviot ne contribua-t-elle pas, par son influence, à obtenir
quelques jours d'une certaine liberté pour le jeune Louis de Vélard, pendant la
durée du sursis ? Nous serions porté à le croire, car c'était chez elle, maison Bily,
sur le quai, qu'il faisait adresser sa correspondance. Mme Paviot n'avait que deux
filles, qui ne se sont pas mariées. Toute cette famille est éteinte.

trouve les membres de la commission occupés à mettre leurs papiers en ordre, avant de se séparer. On ne veut pas faire droit à sa demande ; elle insiste, parle avec véhémence et finit par obtenir un sursis jusqu'au lendemain matin. Cependant les heures s'écoulaient, et l'ordre de surseoir à notre exécution n'arriva qu'au moment où l'on formait le détachement pour venir nous chercher.

» Nos bienfaitrices firent alors apporter trois matelas qui contenaient chacun un déguisement. La fille du geôlier fut mise dans nos intérêts, et, bien que nous eussions encore à craindre le sergent du poste, qui avait nos noms et nos signalements, nous nous disposions néanmoins à prendre nos nouveaux costumes, lorsque tout à coup nous voyons arriver d'Hillerin. Ce retour comme prisonnier, après avoir été relâché quelques heures auparavant, nous affecta autant qu'il nous surprit. Voici ce qui était arrivé : en examinant la procédure pour voir sur quoi pouvaient porter nos réclamations, les membres de la commission découvrirent un ancien interrogatoire de M. d'Hillerin, *noble du Bas-Poitou*, qui leur parut très-peu favorable, et aussitôt fut donné l'ordre de l'arrêter. N'ayant pas un quatrième déguisement à offrir au nouveau-venu, il fut résolu que nous n'entreprendrions rien avant de nous l'être procuré, voulant mourir ou nous sauver ensemble. On nous fit espérer un quatrième matelas aussi bien garni que les autres pour le lendemain matin, de bonne heure, et nous attendîmes.

» Nous dormîmes peu la nuit, et, appuyé sur une espèce de balcon en pierre, j'aperçus les premières teintes de l'aurore. Les inspirations du moment ne pouvaient être que bien tristes. Je chantai la romance de Raoul, sire de Coucy :

> Une lumière vive et pure
> Va de la nuit chasser l'horreur....

Nous hâtions, de tous nos vœux, on le pense bien, l'arrivée du jour, espérant voir arriver aussi le matelas ; mais le soleil n'était pas encore levé que nous fûmes mandés devant nos juges.

Hélas! on fit alors ce qu'avait fait l'officier républicain, notre camarade de prison : on condamna et on acquitta alternativement. Conduits, après l'audience, dans une pièce voisine, d'Hillerin et moi fûmes prévenus qu'on allait expédier notre mise en liberté. — Et du Buat? et d'Antraize? demandâmes-nous vivement. — On les mène en ce moment à la mort, nous fut-il répondu; nous vous avons fait venir ici pour vous épargner de pénibles adieux. — Peu touché de cette délicatesse, que j'ai appréciée depuis, je répondis avec indignation : — Ils ne sont pas plus coupables que nous ! — Malheur à qui s'accuse lui-même! répondit le président. — Mais un officier lui prit le bras et l'emmena en disant : — C'est fini [1].

» On nous remit un extrait de notre jugement, avec injonction de nous rendre à l'état-major du général Lemoine pour y recevoir des ordres. A peine sortis, nous rencontrâmes dans la rue une de nos bienfaitrices, qui nous emmena chez elle, où nous payâmes un bien juste tribut de regrets à nos deux infortunés camarades; puis, après avoir versé des larmes amères, nous nous présentâmes au bureau de l'état-major. Là, il nous fut prescrit de nous faire inscrire chez le citoyen Le Page. Ce Le Page était un des sergents d'Hervilly, qui nous avaient trahis en livrant le fort Penthièvre.

» Avant de nous rendre chez ce misérable, nous allâmes rendre visite à notre bon docteur. Nous le trouvâmes dans son lit, fort malade du typhus, qu'il avait gagné en soignant les prisonniers de l'enclos des Ursulines. Je crains bien qu'il n'y ait succombé. Il eut encore la force de nous témoigner le plaisir

[1] *François du Buat*, dont parle M. de Noyelle, servait dans le régiment de *Périgord*. Il était de Condé en Flandre, où sa famille existe encore. Elle n'a, croyons-nous, aucun rapport avec les du Buat du Maine.

Jean-Baptiste-François-Marie Pallet d'Antraize, né le 10 septembre 1770, ancien élève de l'École militaire, servait comme chasseur noble dans la légion de *Damas*. Sa famille était de Saint-Jean-d'Angély, où habite la dernière héritière de son nom, Mᵐᵉ Griffon de Pleineville, née *Marie-Sylvie* Pallet. Le condamné de Quiberon était fils de *Jean-Alexis* Pallet, seigneur de Blanzay et d'Antraize, et de *Marie-Jeanne* Nioche de la Brosse de Tournay. (*Comte de Bremond d'Ars.*)

qu'il avait de nous voir. Nous lui dîmes que nous allions chez
Le Page. — C'est pour vous incorporer qu'on vous y envoie, dit-
il, et appelant un jeune homme, il lui dicta un certificat de convalescence, dans lequel il estimait qu'il nous faudrait quinze jours
de repos pour nous remettre entièrement. Munis de cette pièce,
nous nous rendîmes chez le traître, qui nous dit de nous présenter chez lui le lendemain matin, à 6 heures, et le soir, à 7
heures.

» Le lendemain et le jour suivant, nous allâmes voir notre
cher malade et nous le trouvâmes plus mal. Quant à Le Page,
il nous accueillait fort bien; mais nous ne nous attendions guère
à la proposition qu'il nous fit. — En vérité, nous dit-il, vous avez
bien l'air d'être des émigrés; c'est à s'y méprendre. Faites-vous
passer pour tels, et, s'il y en a de cachés, ils chercheront à vous
voir. Vous me ferez alors savoir où ils sont. Voyez les royalistes,
voyez les *chouannes;* elles vous proposeront de vous faire passer
à l'escadre anglaise comme elles ont fait pour tous les émigrés
qui ont su tromper la commission militaire et qui, à peine
libres, ont été embarqués. Or, je voudrais faire punir ces
femmes. Vous me désigneriez celles qui vous feraient des pro-
positions de ce genre.

» On croira peut-être que cette ouverture me révolta et que
je la repoussai avec indignation. Eh bien! ce serait une erreur.
Je répondis: — Très-volontiers, mais vous me répondez des conséquences. — Quelles conséquences? fit Le Page. — Celles-ci,
qu'en fréquentant les royalistes nous serons dénoncés au général Lemoine et que nous deviendrons tout au moins suspects.
Heureusement vous serez là, ajoutai-je en riant. Mais encore
nous faudrait-il savoir les noms des personnes sur lesquelles
pèsent vos soupçons. Donnez-nous-en la liste. — Il me la promit; ce qu'il fit, en effet, le soir même. — Très-bien, dis-je
alors, et maintenant comptez sur nous.

» En effet, nous allâmes de porte en porte, mais pour prévenir d'être prudent, d'être circonspect. — D'autres, disions-nous,

pourraient jouer le rôle qu'on nous a proposé et le jouer sérieusement. On ne cherche qu'à vous compromettre.

» Cette tournée imprévue nous procura le moyen d'avoir une
pièce qui nous faisait grandement défaut. On ne délivrait de
passeport à la mairie que sur un ordre du général Lemoine,
lequel en avait toujours dans ses bureaux de signés en blanc.
Une dame, qui connaissait un employé de l'état-major, nous en
procura un, où nous n'eûmes que nos noms à mettre. Ainsi
pourvus, nous nous présentâmes hardiment à la municipalité.
On nous expédia immédiatement nos passeports et, la nuit
même, nous partîmes pour Nantes.

» L'une des premières personnes que nous rencontrâmes dans
cette ville, à la porte du Café de la Comédie, fut le jeune officier
républicain qui avait partagé notre prison. — Bonjour, camarades, nous dit-il, et, tout bas : — Êtes-vous ici de bon aloi ? En
tout cas, je suis enchanté de vous voir. Ne craignez rien. Je suis
étourdi, mais je sais me taire. Cependant il faut que vous accep-
tiez un verre de punch. — Dans la conversation, il s'apitoya sur
le sort de nos malheureux camarades.

» De Nantes, nous partîmes en bateau pour les Ponts-de-Cé.
Arrivés devant Thouaré, nous chavirâmes, ce qui nous obligea
de continuer notre voyage à pied. Enfin, nous fûmes bientôt
sur la terre classique du royalisme, et d'Hillerin trouva le quartier-général de l'armée du Centre, les Sapinaud, les Béjarry, au
Boltissandeau, qui était le château même de ses pères. »

Mais, s'il trouva la maison pleine de royalistes et d'amis, elle
dut lui paraître néanmoins bien vide ; car il n'y retrouva ni sa
vieille aïeule, ni ses trois tantes, que l'armée républicaine avait
massacrées, quelque temps auparavant, dans la cour même du
château.

Je n'ai pas voulu interrompre le récit de M. de Noyelle, dont
la lecture ne m'a pas moins captivé que je ne l'avais été en l'entendant de sa bouche, il y a trente-cinq ans. On a certainement
admiré ces trois jeunes proscrits refusant de se sauver, tant

qu'un quatrième n'aura pas, lui aussi, le moyen de le faire. Eh bien ! ce fait ne fut pas isolé, et je puis citer un trait du même genre de la part de deux Nantais, MM. Panou de Faymoreau. Ces deux jeunes gens, âgés, l'un de vingt et un ans, l'autre de dix-neuf, servaient dans le régiment d'Hervilly et furent du nombre des prisonniers du 21 juillet. La légion Nantaise se trouvait alors à Quiberon parmi les troupes de Hoche, et beaucoup de ses membres, MM. Barnevel, entre autres, quartier-maître [1], Meuret, sergent [2], Cambronne, lieutenant, depuis général, ne cherchaient que les occasions d'être utiles. L'un des officiers de cette légion, qu'on nous a dit être Cambronne, entendant prononcer le nom de Faymoreau, qui rappelait une famille très-connue à Nantes par elle-même et par son alliance avec les Deurbroucq, se procura un déguisement et le porta aux prisonniers. — Mais nous sommes deux, répondit celui auquel il s'adressa, et nous ne nous séparerons point. — L'officier promit alors un second déguisement ; mais, avant que la promesse pût être tenue, les deux frères avaient été transférés d'Auray à Vannes.

Je ne puis enfin oublier un fait dont l'honneur revient, pour ainsi dire, à tous. Pendant les jours d'angoisse qui précédèrent leur mort, les émigrés emprisonnés à Auray avaient remarqué, dans les combles, la cloison d'une lucarne derrière laquelle une personne pouvait se cacher à grand'peine. Ils étaient sûrs d'ailleurs de la discrétion du geôlier. Suivant une version, ils tirèrent au sort, qui désigna M. Billouart de Kerlerec ; mais celui-ci ne voulut pas accepter et céda son droit à M. de Villeneuve de la Roche-Barnaud, dont la position, disait-il, méritait plus d'intérêt que la sienne [3]. Suivant une autre version, qui est évidemment la vraie, on ne tira point au sort ; les prisonniers, au nombre des-

---

[1] Mort à Nantes, en 1833, caissier dans une maison de commerce.

[2] Auteur des *Annales de Nantes.*

[3] *Joseph* Billouard de Kerlerec, lieutenant de oisseau, était fils de *Léon-Claude*, ancien mousquetaire, et de *Marie-Anne Le Papp de Trevern* ; il avait un frère cadet qui, en 1794, avait été tué à Newport, et une sœur, Mᵐᵉ du Plessis-Parscau.

quels était M. de Kerlerec, s'y refusèrent tous, et choisirent
spontanément M. de Villeneuve, quoiqu'il fût un des plus
jeunes. « Vos deux frères ont péri dans l'expédition, lui dirent-
ils, vos parents ne doivent pas rester sans consolation; c'est vous
qui vous sauverez. » Et M. de Villeneuve fut sauvé.

Si cette abnégation pour des camarades est digne d'éloge, que
dirons-nous de cette autre abnégation qui ne recule pas au prix
de la vie devant la vérité, lors même que le mensonge en vous
sauvant ne compromet personne. J'ai déjà fait allusion à la réponse du jeune de Penvern à l'un des commissaires, qui lui disait : — Vous êtes bien jeune; vous n'aviez pas seize ans quand
vous avez émigré. — (Un sursis, nous nous le rappelons, était
accordé aux jeunes gens de cette catégorie.) — Pardon, Monsieur,
répondit Penvern, je comprends votre intention, mais je ne puis
acheter ma vie par un mensonge. — Et il ne fut pas le seul à faire
une réponse aussi héroïque. Le Ny de Coatudavel poussa lui
aussi, dit-on, la franchise jusqu'à la mort. L'un des jeunes Le
Vaillant, l'un des jeunes de La Scinie et le jeune Salve de Villedieu, à qui l'on voulait faire dire qu'ils n'avaient émigré que par
contrainte, protestèrent énergiquement [1]. De Lâge de Volude,
ayant demandé à son oncle, le marquis de Kergariou-Locmaria,
si un léger mensonge pouvait entrer en comparaison avec la vie :
— *Potius mori quam fœdari*, avait répondu le vieux Breton [2].

Et de Lâge et son oncle marchèrent au supplice : de Lâge, le

_____

[1] Depuis ce temps, la famille de Salve a pris pour devise: *Mendaciis salvus esse
nolo.*

[2] *Théobald-René,* c.e de Kergariou-Locmaria, né le 17 septembre 1739, était capitaine de vaisseau et chevalier de Saint-Louis. Il avait reçu, dans trois combats et
notamment dans celui de la *Sybille* contre la *Magicienne,* d'effroyables blessures.

De Lâge de Volude, son neveu, était chevalier de Malte. Il appartenait, par sa
famille paternelle, à la Saintonge, mais tenait à la Bretagne par sa mère, *Marie-
Jeanne-Claudine* de Kergariou. Son père, *François-Paul,* marquis de Lâge de Volude,
habitait les environs de Jonzac. Le jeune vicomte de Volude avait publié en Angleterre plusieurs opuscules et travaillé, avec son camarade Emmanuel de Las Cases, à
l'Atlas de Lesage. Les deux premières cartes sont de lui. (*Renseignement dû à l'obli-
geance de M. le comte de Bremond d'Ars*).

30 juillet, à Quiberon; son oncle, le 2 août, à Vannes. Le comte de Kergariou voulut y aller nu-pieds pour mieux imiter l'humilité et les souffrances de Jésus-Christ; Thépault du Breignou, un autre sexagénaire, encourageait et fortifiait dans ce triste voyage ses compagnons d'infortune [1]. Les anciens de Vannes, de Quiberon et d'Auray ont longtemps gardé le poignant souvenir de ces longues files de condamnés marchant à la mort. Aucun d'eux ne faiblissait pendant le long trajet qu'on leur faisait souvent parcourir; chez aucun on ne remarquait ni abattement, ni bravade. Les uns priaient; quelques autres chantaient des cantiques. Parmi ces intrépides chanteurs, on cite Florimond Periou, le brave officier chouan qui tomba sous les balles en criant, comme bien d'autres: *Vive la Religion! Vive le Roi!* [2].

III

Un historien breton, qui appartient à l'opinion révolutionnaire modérée, a écrit sur les *suites* de Quiberon quelques phrases qui ont leur prix et qu'il est bon de connaître. Après avoir parlé des 78 condamnés qui furent fusillés le 13 thermidor (31 août) au-dessus de l'Ermitage, il continue ainsi: —
« *D'autres détachements devaient ainsi se succéder;* car les administrateurs du district d'Auray avaient pris une délibération, en date du 10, pour que l'on *évacuât* une partie des prisonniers entassés dans les églises de la ville, où ils mouraient de faim ou frappés d'une maladie épidémique qui s'y était déclarée. Blad a, en effet, prescrit par son arrêté, en date du 11, que 3,000 prisonniers seraient immédiatement transférés d'Auray à Vannes, et ce fut aussi alors que ce représentant, guidé par des vues

---

[1] *Hervé-Jean-Goveznou* Thépault, comte du Breignou, ancien mousquetaire, né le 5 janvier 1743, servait comme lieutenant dans *Hector*. Il était fils de *Joseph-Yves*, et de *Marie-Anne-Jeanne* de Talhouët-Brignac, et avait épousé, le 6 mars 1775, *Henriette-Clotilde* Baude de Saint-Père.

[2] *Florimond-Marie* Periou, fils de maître *Pierre-Joseph* Periou, notaire et procureur de la baronnie de Rostrenen, sénéchal de Plouguernevel, et de *Louise* Hervé. Il était né à Rostrenen, le 17 octobre 1761, et avait pris part à toutes les entreprises royalistes, depuis celle du marquis de la Rouërie jusqu'au désastre de 1795.

d'humanité, prescrivit la *mise en liberté* des jeunes gens pris à Quiberon, qui seraient âgés de moins de seize ans [1]. »

Ne semble-t-il pas que l'*humanité* des administrateurs du temps et des représentants du peuple était des plus faciles à émouvoir ? Les prisonniers sont entassés dans les églises; ils y meurent de faim et de maladie; vite on les *évacue* à l'*Ermitage!* Des jeunes gens de moins de seize ans se trouvent sous les verrous; vite on les met en liberté! Mais où donc M. Duchâtellier a-t-il pris cette libération soudaine, dont ne parle pas l'histoire! Dans son imagination; pas ailleurs.

Disons d'abord qu'il ne fut jamais question des jeunes gens de moins de seize ans, par la raison très-simple qu'il n'y en avait pas, ou qu'il y en avait très-peu : Le Lart peut-être, Le Vaillant, Dondel [2]. Les jeunes gens dont il fut question furent ceux qui avaient quitté la France *avant l'âge de seize ans accomplis,* c'est-à-dire qui n'avaient pas, en 1795, plus de vingt ans ou vingt et un ans, suivant l'époque de leur émigration.

Ceci bien établi, nous ajouterons que l'humanité de Blad tarda un peu à se manifester; car nous trouvons, à la date du 10 thermidor (29 juillet), trente et quelques condamnations prononcées et exécutées, à Quiberon, contre des individus de tout âge. Les jeunes gens de vingt et un ans et au dessous y figurent au nombre de dix, près d'un tiers. Je les nomme : *Dussautoir*, *Delecroix* et *Vosseur*, trois ouvriers du Pas-de-Calais, qui n'avaient chacun que vingt ans, l'arrêt l'atteste ; *Fesselier*, un étudiant d'Ille-et-Vilaine, et *Priez*, un ouvrier du département du Nord, qui n'avaient également que vingt ans ; *Cony*, *La Groye* et *Sico*, indiqués, le premier, comme linier, le second, comme étudiant, le troisième, comme domestique, et ayant chacun vingt et un ans ; *Moëlon*, un autre domestique, qui est marqué comme n'ayant que dix-sept ans et demi, et *Javel*, un

<hr>

[1] *Histoire de la Révolution dans les départements de l'ancienne Bretagne*, par A. Duchâtellier, t. V, p. 158.

[2] Il y en avait bien quelques autres, Armand de Talhouët, par exemple, qui n'avait que quatorze ans; mais officiers et soldats avaient été les premiers à les faire échapper.

aide-chirurgien de Lyon, qui avait suivi son père, chirurgien lui-même. Le greffier ajoute à son nom : *18 ans !*

Voilà quelle était l'humanité ! Les médecins eux-mêmes, qui sont respectés sur tous les champs de bataille, les mineurs qui suivent leur père, sont fusillés comme les autres. Le 11 thermidor (31 juillet), Blad se laissa vaincre, je le sais, par les larmes d'une jeune fille, d'une sœur, et signa un arrêté qui ordonnait de surseoir au jugement des jeunes gens compris dans la catégorie dont nous avons parlé [1]. Cet arrêté lui fait assurément honneur; mais enfin le sursis n'était pas un acquittement et n'avait nullement pour conséquence une mise en liberté, même provisoire. On peut s'en convaincre en lisant les arrêts: « Vu la lettre des représentants du peuple du 11 thermidor, qui ordonne de ne pas mettre en jugement les jeunes gens émigrés avant l'âge de 16 ans révolus, la commission ordonne que les dénommés ci-après seront *détenus* jusqu'à ce que les représentants du peuple *aient autrement ordonné.* »

Ainsi parlait l'une des commissions de Quiberon, le 15 thermidor. Les autres ne parlaient pas autrement. — « Conformément à l'arrêté du représentant du peuple, Blad, du onze de ce mois, disait une des commissions de Vannes, la commission ne met point en jugement et *réincarcère,* jusqu'à plus amples informations, les nommés, etc. »

Quelques autorisations de sortie furent ensuite données par le général Lemoine, nous l'avons dit, mais en très-petit nombre, et encore sous la caution de personnes connues, le plus souvent même sous la garde d'un planton. Nous avons cité Louis de Talhouët et Louis de Vélard; nous pouvons citer encore Paul Le Vaillant, qui avait été grièvement blessé le 16, et Louis Boguais de la Boissière, que son intelligence, son talent pour le dessin et sa belle écriture firent employer à l'état-major. Que devinrent-ils lors de la révocation du sursis par la Convention? Boguais ne fut pas plus sauvé par les relations qui s'étaient établies entre lui et le général Lemoine, que Le Vaillant par ses qua-

[1] Voir aux *Annexes.*

torze ans et par les coups répétés qui l'avaient atteint lui et son père [1]. Ce fut dans les fossés du Bondon et du Grador que l'humanité de la République rendit à ces jeunes gens la liberté [2].

A ce navrant spectacle de mineurs condamnés, sans qu'aucune circonstance atténuante fût admise, aucune défense autorisée, nous pouvons ajouter celui de vieillards que ni leurs cheveux blancs, ni leurs longs services ne purent faire absoudre. Écoutez cette liste lugubre. Je l'emprunte à une seule audience, celle du 13 thermidor, à Saint-Pierre de Quiberon.

« Par-devant nous, Emmanuel-Joseph Dinne, chef de bataillon, Joseph-Philippe Forgeois, capitaine, etc., ont comparu :

» *Thomas* Imbert, âgé de soixante ans..., ci-devant garde du corps et *soldat dans la compagnie des vétérans émigrés;*

» *François-Marie* Le Roy de Méricourt, âgé de soixante-quatre ans, ancien officier du 41ᵉ régiment, chevalier de Saint-Louis, *soldat dans les vétérans émigrés;*

» *Hilarion* Desfontaines, âgé de soixante-quatre ans, *soldat dans les vétérans émigrés;*

» *Nicolas-Jacques* Ballet de la Chenardière, âgé de cinquante-six ans, ancien mousquetaire et *soldat aux vétérans émigrés;*

» *Théodore-Barthélemy* Duplessis, âgé de cinquante-six ans, ex-capitaine au 52ᵉ et *soldat aux vétérans émigrés;*

» *Jean-Jacques* Lustrac, âgé de soixante-quinze ans, ci-devant capitaine au régiment d'Agenois *et soldat dans les vétérans émigrés; ·*

» *André-Emmanuel* de Salignac-Fénelon, âgé de QUATRE-VINGTS ANS, ci-devant porte-étendard des chevau-légers de la maison du roi, *soldat dans les vétérans émigrés...* »

Je m'arrête; il y a quinze de ces vieux braves qui, après avoir manié l'épée, s'étaient réduits au fusil du soldat pour donner

[1] Tué le 16 juillet.

[2] M. d'Antrechaux ajoute au fait de la mort de Boguais de la Boissière, qu'il ne nomme pas d'ailleurs et dont il ne savait même pas le nom, des détails qui manquent, je crois, d'authenticité. Suivant lui, Boguais aurait dîné habituellement à la table du général, qui, le dernier jour, but à sa santé, puis le fit prendre et fusiller sous ses fenêtres. Ceci est tout au moins inexact. Boguais fut de la grande *fournée* du 8 fructidor, qui fut fusillée au Bondon.

l'exemple, plus encore que pour porter des coups. Eh bien!
qu'en fera la commission militaire? que fera-t-elle de ce vénérable héritier du nom de Fénelon, que l'histoire jusqu'ici n'a
pas même mentionné, et qui se souvient encore, à quatre-vingts
ans, d'avoir été porte-étendard des chevau-légers de la maison
du roi? Craindra-t-elle pour la République jusqu'à ces restes
d'un passé glorieux? Apparemment, car l'arrêt est sans pitié,
comme sans respect : « Les condamne à la peine de mort et dé-
clare leurs biens acquis à la République [1]. »

Reprenons maintenant le récit *impartial* de M. Duchâtellier.
Je dis *impartial*, car M. Duchâtellier a la prétention et, je veux
croire, la volonté de l'être; mais, tout en possédant de nombreux documents inédits, il connaît assez peu ceux qui sont
entre les mains de tout le monde. C'est un malheur quand on
écrit l'histoire.

M. Duchâtellier constate ce que j'ai déjà dit, que, dès le 21
thermidor (8 août), on comptait, *dans la seule ville de Vannes*,
CINQ CENTS émigrés ou chouans qui avaient subi la peine de
mort; puis il ajoute : « Longtemps fusillés sur la *Garenne*, on
les avait successivement dirigés vers l'*Ermitage* et l'*Armor*,
parce que l'administration municipale se plaignit de ce que le
grand nombre de victimes immolées sur la *Garenne* laissait le
sol couvert d'une énorme quantité de sang, que les chiens ne
pouvaient épuiser, malgré qu'ils vinssent tous les jours s'en re-
gorger au milieu des cadavres *qui restaient plusieurs heures dé-
pouillés à la vue du peuple*, faute de pouvoir les enlever assez
promptement pour les porter jusqu'au cimetière. »

Mais qui donc vraiment les dépouillait? qui donc les laissait
dépouiller? Et sait-on quels étaient ces cadavres? Ceux de M⁹ de
Hercé, évêque de Dol, et des prêtres qui périrent avec lui,
ceux du comte de Sombreuil, de M. Petitguyot et de M. de la

---

[1] Nous aurions voulu donner quelques détails sur cet *André-Emmanuel* de Salignac-Fénelon, ce vaillant porte-drapeau, dont l'âge n'avait ni glacé le sang ni
attiédi le zèle; mais nos recherches ont été vaines. On ne sait plus qu'une chose
au pays qu'il habitait (Cellefrouin, dans l'arrondissement de Ruffec), c'est qu'il
n'avait ni enfants, ni parents proches.

Landelle; car, bien qu'en dise M. Duchâtellier, il n'y eut qu'une seule fusillade sur la *Garenne*, celle du 10 thermidor. Le récri public fut tel qu'il fallut éloigner de si abominables scènes.

M. Duchâtellier expose ici, comme circonstance atténuante, que toutes les *mesures de célérité* étaient prises et suivies dans ces tristes exécutions, tellement qu'on avait soin de lire aux condamnés leur arrêt en chemin, *afin que leur exécution ne fût pas retardée*. Il paraît qu'on était moins pressé avec leurs cadavres.

« Des scrupules et de l'hésitation, poursuit-il, ne tardèrent point cependant à se manifester dans les commissions. Dès le 12 thermidor, Lemoine s'en plaignit au Directoire du département. Le lendemain, il déclara formellement que les quatre commissions instituées par lui, se trouvant effrayées de la responsabilité que quelques personnes leur avaient fait envisager, *ne voulaient plus continuer leurs fonctions* et qu'elles se croyaient quittes après le jugement des émigrés. — Les présidents de ces commissions étaient Bodo, Bouillon, Le Vieux et Desquieux. — Lemoine ajouta que les commissions établies à Auray avaient suivi la loi du 30 prairial (qui punissait de mort les émigrés et leurs complices), tandis que les autres étaient indécises si elles appliqueraient cette loi ou celle de brumaire (qui admettait les circonstances atténuantes pour les chouans, comme ayant été entraînés). Le 20 thermidor, en effet, les commissions militaires de Vannes cessèrent de s'assembler, et leurs présidents, s'étant réunis pour délibérer de leurs scrupules, s'adressèrent à l'administration départementale, à l'effet d'avoir son avis sur celle des deux lois qu'il convenait d'appliquer aux chouans pris dans les lignes de Quiberon. »

Cette démarche prouve, une fois de plus, la répugnance avec laquelle, je l'ai déjà dit, l'armée se prêtait aux exécutions qu'on exigeait d'elle [1]. Sans doute, l'administration départementale va

---

[1] Ce qui le prouve plus encore, c'est l'assimilation des domestiques aux mineurs, qui les fit presque tous profiter du sursis; c'est aussi une certaine largeur dans l'interprétation de l'arrêté de Blad. Quelques-unes des commissions militaires ne regardèrent pas l'âge de trop près et accordèrent le sursis à Marc Villebois, no-

se prononcer dans le sens de la modération. C'était elle, il est vrai, qui avait provoqué, par un arrêté du 7 thermidor, l'établissement des commissions militaires et réclamé l'exécution de la loi dans toutes ses *rigueurs* ; mais depuis lors tant de sang avait coulé !

L'administration répondit néanmoins, le 25, *qu'elle ne pouvait se permettre de porter des décisions judiciaires, ni de donner un avis dans la question.* M. Duchâtellier ajoute : « Quelques mouvements s'étant manifestés sur les entrefaites parmi les prisonniers détenus aux Ursulines, et le bruit s'étant, d'autre part, répandu que la ville serait prochainement attaquée, Lemoine se décida, le 27 thermidor, à casser les commissions qu'il avait instituées.... *Ainsi se closaient ces scènes de deuil qui se seraient encore prolongées sans la résolution des militaires qu'on avait chargés des vengeances de la loi*[1]. »

Que Lemoine ait cassé les commissions portées à l'indulgence, le fait est parfaitement vrai. Mais n'aurait-il pas profité précisément des bruits répandus pour en créer de nouvelles ?

Nous sommes, remarquez-le bien, au 28 thermidor (15 août). Que se passa-t-il donc après ? Est-il vrai, comme l'affirme l'historien cité, que les exécutions se *ralentirent*, qu'Auray et Vannes ne *furent plus troublés par les fusillades qui se succédaient avec tant d'activité depuis un mois ?* Rappelez-vous l'affreux massacre du jour de la Saint-Louis (8 fructidor), et celui du lendemain, celui du surlendemain ! C'est par fournées qu'on *évacue* ces jeunes gens que l'humanité de Blad avait rendus, disait-on, à la liberté. Le 12, le 13, le 14, le 15, le 16, le 17 fructidor, on continue de tuer. Parmi les victimes de ce dernier jour, j'aperçois un jeune Vendéen, *Louis-François-Henri* de la Basselière, dont

tamment, et au jeune comte de Rieux, qui, d'après l'arrêt, avaient 22 ans (le comte de Rieux en avait réellement 27). Pourquoi faut-il ajouter, par contre, que d'autres commissions se montrèrent impitoyables et condamnèrent, par exemple, le 12 thermidor, c'est-à-dire le lendemain de l'arrêté de Blad, le jeune de la Houssaye, blessé mortellement le 16, et qui, de plus, n'avait que 19 ans ?

[1] *Histoire de la Révolution dans les départements de l'ancienne Bretagne*, t. V, pp. 160 et seq.

un frère avait déjà été fusillé le 11 thermidor, et dont les quatre autres bravaient la mort au même moment en Vendée ou par-delà le Rhin [1]. Le nombre total des fusillés de fructidor ne s'élève pas à moins de 167. Voilà comment les scènes étaient closes !

Pendant les cinq jours complémentaires, encore deux victimes : MM. de Beaumetz et d'Apchier [2]; en vendémiaire, quinze, en brumaire, je n'en trouve que deux ; mais en nivôse, au moment même où le général Lemoine *recueillait en silence* les procès-verbaux des commissions [3], et, dans les deux mois suivants, j'en compte quarante-neuf.

Plus tard, sans doute, lorsque les commissions militaires eurent achevé leur tâche et que les tribunaux ordinaires remirent en pratique la libre défense des accusés, les exécutions cessèrent ou du moins se ralentirent. C'est ainsi qu'un des plus jeunes et des plus braves compagnons du comte de Silz, Potier de Courcy, enfant de quinze ans, qui était tombé entre les mains des républicains, après avoir pris part au combat de Grand-champs et à celui du pont de Saint-Laurent pendant l'expédition de Quiberon, fut acquitté par le tribunal révolutionnaire de Vannes, sur la plaidoirie de M⁰ Rialan [4]. Mais ce ne fut ni en thermidor, ni en fructidor, ni même en nivôse que l'autorité dirigeante commença à sentir la lassitude du meurtre et un certain besoin d'apaisement. Je remarque même que les exécutions de nivôse portent presque toutes sur des ouvriers et des laboureurs d'Auray, Grandchamp, Sarzeau, Péaule, ce qui semble indiquer que la loi de brumaire, qui admettait des circonstances atténuantes pour les chouans, n'avait pas fini par triompher.

---

[1] Voir ci-après la *Liste des victimes.*

[2] Voir ci-après la *Liste des victimes.*

[3] Duchâtellier. V, p. 163.

[4] *Alexandre-Frédéric-Laure* Potier, baron de Courcy, né à la Martinique en 1780, chevalier de Saint-Louis en 1829, était fils d'*Armand-Jean-Alexandre-Moïse* Potier, baron de Courcy, lieutenant-colonel d'infanterie, chevalier de Saint-Louis, et de *Madeleine* Le Vacher du Boulay.

On est singulièrement étonné, en parcourant ces listes, de la quantité d'hommes du peuple de toutes les parties du royaume qui s'y rencontrent. Plusieurs, il est vrai, n'ont quitté la France que pour se soustraire à la réquisition ; mais beaucoup d'autres de ces journaliers et de ces cultivateurs sont tout simplement des âmes fières et libres qui n'ont pu se faire à l'air de la servitude. Un seul village du département du Nord, Gœulzin, dans l'arrondissement de Douai, a fourni trois recrues au régiment de *Béon*, toutes les trois n'ayant rien à craindre de la réquisition, mais ayant tout à craindre de la tyrannie et de l'impiété. Ces trois braves se nomment Cony, un laboureur; Coupé, un manœuvre; Doco, un charron. A Valiquerville, dans la Seine-Inférieure, j'en vois deux qui partent, *Augustin* Biard et son cousin *Jean-Nicolas* Doudement, deux paysans aussi, mais deux paysans riches, dont les pères faisaient valoir leur petit domaine. Et pourquoi partent-ils ? Parce que Biard a failli être tué en voulant assister à la messe. Il porte encore sur son bras les traces des coups de sabre qu'il a reçus [1].

Aux portes de Nantes, à Montaigu, je trouve encore un de ces émigrés qui n'avaient certes pas à défendre leurs priviléges, mais qui tenaient à défendre leur foi. C'est le fils d'un boulanger, *François-Joseph* Dagondeau, qui commença par être secrétaire de Mlle de Lézardière, devenue célèbre par sa *Théorie des Lois politiques de la monarchie française*. Le pieux abbé Baudouin, dont on poursuit en ce moment la béatification, ne parlait de lui qu'avec une haute estime. La Révolution venue, Dagondeau n'attendit pas le mouvement insurrectionnel de 1793 ; il partit pour l'étranger, s'enrôla dans la légion de La Châtre et se distingua partout, à Ypres, à Menin, à Newport. Il était sergent dans *Hector* à Quiberon. On raconte qu'au moment de la capitulation, il dit à Sombreuil : — « Mon général, vous

[1] Les deux familles Biard et Doudement existent encore. Biard avait six frères et sœurs. Doudement en avait douze. Parmi les neveux de ce dernier, je remarque un curé-doyen de Saint-Jacques à Dieppe et un curé-doyen de Bolbec; parmi ses sœurs, une religieuse.

ne connaissez pas comme moi les ennemis que je combats depuis trois ans ; ils nous promettent la vie sauve, et ils nous vouent à une mort certaine. Je m'en tiens pour si assuré, que je m'en irai, si vous le permettez, de rocher en rocher, sans savoir nager, aimant mieux me confier à la Providence qu'à la République. » — Et Dagondeau fit comme il avait dit. Culbuté par les vagues, il se relève pour sauter sur un rocher plus exposé encore. La Providence vint à son aide ; il fut recueilli par une chaloupe ; mais ses forces épuisées le trahirent et, quelques jours après, débarqué à l'île d'Houat, il y rendit son âme à Dieu.

N'est-il pas à regretter que le nom de cet intrépide défenseur de ce que l'homme a de plus cher au monde, ne figure pas sur le monument de Quiberon ? Mais un autre qui s'y trouve avec non moins de droits, c'est assurément celui de Claude Brodier, le valet de chambre du comte de Soulange. *Claude-George* Brodier exerçait le métier de tisserand à Troyes, sa patrie, lorsqu'il entra au service d'un officier, M. de Peyrelongue, qui plus tard l'emmena aux Sables-d'Olonne. Il passa ensuite dans la maison du comte de Soulange, qui devint pour lui comme une seconde famille. Mais, dès que le culte cessa d'être libre, Brodier n'écoute que le cri de sa foi et part pour la Belgique. Nous nous rappelons ce Malherbe, ce domestique du comte de Sainneville, qui exhortait à la mort les prisonniers d'Auray et parvenait à émouvoir les plus rebelles [1]. Brodier n'était ni moins zélé, ni moins pieux, ni moins éloquent. Dès l'année 1792, apprenant que son père allait aux offices des prêtres intrus, il lui adressait des lettres qui, aux points de vue du sentiment comme de l'instruction, mériteraient de prendre place dans l'histoire. Qu'il me suffise de citer ce qu'il écrivait à ses parents pour expliquer son départ de France :

« Je vous jure, mon très-cher père et ma très-chère mère,

[1] *François* Malherbe, né à Soulangy, près de Falaise, vers 1758, était cuisinier du comte de Sainneville, chef de division des armées navales ; il fut fusillé à Auray le 14 fructidor.

qu'il ne s'agissait pas seulement de mettre ma vie en sûreté ni de chercher la tranquillité ; mais je voulais vivre et mourir dans le sein de notre mère commune, la sainte Église, ce qui n'est plus, pour ainsi dire, possible en France. Aussi, dès que je vis ce malheureux pays livré à toutes les fureurs de l'impiété, et à la veille de manquer de tous les secours spirituels, je pris le parti de l'abandonner, persuadé que la divine providence me conduirait à bon port, ce qui est arrivé. Il est vrai que j'ai eu bien des peines, mais je ne dois pas y faire attention.

» J'ai quitté la Preuille (château de M. de Soulange, près de Montaigu) comme un pèlerin, n'emportant que l'habit que j'avais sur moi et que j'ai encore. J'y ai laissé mon petit butin bien en ordre et en assurance. Les nouvelles que je reçois de ce pays me prouvent bien de l'attachement. Malheureusement tous ceux auxquels je suis fort attaché ne pouvaient me suivre, parce que, liés aux embarras de la vie, il faut, comme bien d'autres, qu'ils restent où le sort les a mis. Mais moi qui suis et serai toujours dégagé de toute attache, je n'avais que mon bâton à prendre et Sodome à fuir : je suis parti [1]. »

M. de Soulange ayant émigré à son tour, Brodier quitta aussitôt l'emploi honorable qu'il s'était procuré à Enghien, et alla le rejoindre ; il fut pris avec lui à Quiberon, et fusillé le lendemain de sa mort.

On ne m'en voudra pas, j'espère, de ces détails, fort indifférents, je l'avoue, pour l'histoire générale. Ce n'est point, encore une fois, l'histoire de Quiberon que j'écris ; ce sont des souvenirs que je glane, des noms obscurs que je m'étudie à mettre en lumière, des dévoûments oubliés contre lesquels je ne voudrais pas laisser le temps prescrire. Impuissant à arrêter ce que les anciens appelaient *le Fleuve de l'oubli*, j'y jette au moins quelques pierres qui puissent çà et là en dominer le cours.

Quelque nombreuses qu'aient été les victimes de l'expédition

---

[1] J'emprunte cette lettre aux papiers de M. Hersart du Buron, qui s'était mis en rapport avec les parents de Brodier et avait obtenu d'eux communication de sa correspondance.

de 1795, il n'est personne néanmoins qui n'ait connu, il y a trente ans, beaucoup de vénérables *débris* de cette expédition. La plupart s'étaient sauvés, le 21 juillet, préférant, comme Dagondeau, se fier à la Providence plutôt qu'à la République. Les blessés, qui n'étaient pas dans le rang, furent embarqués en grand nombre; plusieurs se jetèrent même à la nage : Coataudon de Kerannou [1], entre autres, bien qu'il eût un bras hors de service ; le chevalier de Gourdeau, bien qu'un de ses coude-pieds eût été brisé par une balle [2]; M. de Gouzillon, malgré une blessure aux reins reçue le jour même [3]. « La côte était encombrée, raconte ce dernier, de plus de 3,000 personnes, particulièrement des habitants des environs, hommes, femmes et enfants, qui s'étaient réfugiés dans la presqu'île. Au milieu de cette foule, je remarquai M. de Gouvello, capitaine de mon régiment, dont une balle avait traversé la gorge. Il éprouva, comme moi, mille difficultés pour gagner le rivage. Mais alors le spectacle le plus déchirant se déroula à nos yeux. De nombreux groupes de vingt, trente personnes et plus, se tenant accrochées les unes aux autres, se noyaient ensemble. Je reconnus aussitôt que, si je me jetais simplement à la mer, j'étais perdu. Rassemblant donc le peu de force qui me restait, car j'avais perdu beaucoup de sang, je plongeai et gagnai sous l'eau autant d'espace que put me le permettre mon haleine; puis, lorsque je relevai la tête, j'eus le bonheur de voir que j'avais dépassé tous les groupes. Je me dirigeai alors vers les chaloupes anglaises qui étaient forcées de se tenir à une certaine distance, parce-

[1] *Jean de Coataudon de Kerannou*, officier de marine, était frère du lieutenant d'*Hector* qui fut fusillé le 8 fructidor. Il a laissé une fille, M⁻ de Kersauson de Penandreff.

[2] *François-Charles-Philippe-Casimir*, chevalier puis baron de Gourdeau, né à Luçon, le 18 novembre 1777, de *Pierre-Marie-François-Gilbert*, ancien page et mousquetaire de la garde du roi, et de *Flore-Bénigne* Mauras d'Hervy. Il servait dans la compagnie des élèves de la marine. En novembre 1813 il épousa *Armande-Gabrielle de Boisy*, fille du comte de ce nom, qui avait été fusillé avec d'Elbée. De ce mariage sont issues deux filles, M⁻⁻ *Paul* et *Henri* de la Gournerie.

[3] *Charles-Julien-Michel* de Gouzillon, né à Gouézec, le 24 octobre 1771, neveu du vicomte de Bélizal, officier dans *Rohan*, chevalier de Saint-Louis, le 12 mai 1797.

qu'elles eussent été coulées si elles se fussent approchées du bord. J'atteignis, non sans peine, une de ces chaloupes, qui était déjà encombrée au point qu'on était obligé de repousser avec les avirons tout ce qui se présentait. J'attendais le même sort et ne dus mon salut qu'à un officier anglais avec lequel j'avais dîné, le 18, chez M. de Lezerec[1]; il me reconnut et me donna lui-même la main pour monter[2]. »

Parmi les infortunés qui furent ainsi repoussés à coup de gaffe, nous pouvons citer l'abbé du Noday, que recueillit alors et sauva un officier d'artillerie, M. de la Bothelière. L'abbé de Poulpiquet, aumônier d'*Hector*, s'était accroché aux bordages d'une chaloupe lorsqu'on le menaça de lui couper le poignet. Heureusement, des paysans bretons se trouvaient dans la barque.— « N'est-ce pas là notre Père Poulpiquet? » — dit l'un d'eux ; et, sur leurs instantes prières, on finit par l'admettre[3]. Ailleurs, on voyait Charles de Lamoignon apportant son frère blessé, et, après avoir assuré son salut, retournant pour mourir. On voyait un autre blessé, La Roche-Saint-André, se diriger vers un canot, soutenu sur les flots par un de ses soldats[4]. Ailleurs, c'était le duc de Lévis, atteint de deux balles et porté par des chouans. Les chaloupes refusaient d'approcher. — « Nous ne demandons pas place pour nous, criaient ces braves, mais pour notre commandant. » — Et ils entraient dans la mer pour se faire mieux entendre; ils ne se retirèrent qu'après avoir été exaucés[5].

Au milieu de tout ce mouvement, de tout ce désastre, L'Olli-vier de Tronjoly, l'un des blessés du 16, demeurait immobile et

---

[1] *Guillaume-Marie* de Tredern de Lezerec, lieutenant de vaisseau, Voir la *Liste des victimes.*

[2] Lettre à M. Hersart du Buron, en date de Douarnenez, le 18 février 1833.

[3] *Jean-Marie-Dominique* de Poulpiquet de Brescanvel, né au château de Lesmel, le 4 août 1759, évêque de Quimper en 1824.

[4] *Charles-Henri* de la Roche Saint-André, officier de marine, né à Montaigu, le 11 mars 1765, de *Charles* de la Roche et de *Henriette-Marguerite* de Goulard, marié en 1790, à *Constance-Augustine* du Chaffault, petite-fille de l'amiral. Il est mort maréchal-de-camp, ne laissant qu'une fille, Mme de Suyrot.

[5] Voir une lettre du duc de Lévis dans le *Conservateur*, à la date du 6 août 1819.

impassible. Tronjoly passait pour être un des hommes les plus
aimables, les plus braves, mais les plus distraits de son temps.
Ne comprenant rien à son immobilité, un de ses amis lui crie :
— « Tout est perdu, sauvez-vous! — Où est le colonel? dit Tronjoly. — Il est au camp. — Eh bien ! il est plus blessé que moi !
(c'était M. de Soulange) — et Tronjoly restait pour ne pas se
séparer de son chef.

L'abbé Roland de Kerloury avait pu s'embarquer ; mais tout
à coup il apprend que son ami Le Vicomte de La Houssaye est
retenu à terre par ses blessures. Aussitôt il se fait reconduire
au rivage pour lui porter ses consolations et partager son sort.
Ce qu'ils devinrent l'un et l'autre, est-il besoin de le dire [1] ?

Le soir venu, et les prisonniers en marche sur Auray, les
évasions devinrent de plus en plus rares. Le point d'honneur
d'abord, les verrous ensuite, y mirent obstacle. A peine en pour-
rait-on citer de vingt-cinq à trente. La plus célèbre fut celle de
cinq détenus qui se sauvèrent à la fois de la tour du Connétable,
à Vannes. C'était vers la fin d'août ; les prisons commençaient
à se vider, et les malheureux qui restaient cherchaient partout
des caches où ils pussent échapper au fatal appel. Trois d'entre
eux, le comte Harscouët de Saint-George et MM. d'Antrechaux
et de Chaumareix, se réfugièrent dans les combles, sous des
piles de matelas devenus inutiles. Tout alla bien d'abord, et,
comme il n'y avait pas de registre d'écrou, on ne pensa pas à
eux ; mais lorsque la prison fut complétement évacuée, un sergent parcourut les salles, et, arrivé aux combles, il s'aperçut
qu'un des matelas remuait. Dissimuler était désormais impossible. Les trois prisonniers se montrent et font au sergent les
offres les plus séduisantes. Celui-ci fut d'assez facile com-

---

[1] *Joseph-Marie-Magdelin* Rolland de Kerloury, né commune de Plouguiel (Côtes-
du-Nord), le 2 janvier 1761, chanoine de Tréguier. Son père portait le nom de
Rolland de Cheffontaine.

Jean-Baptiste-Marie Le Vicomte de la Houssaye, fils du président de ce nom, né à
Rennes, le 26 janvier 1770, sous-lieutenant dans *du Dresnay*, blessé mortellement le
16 juillet, et fusillé le 12 thermidor (31 juillet), malgré le sursis. — Il n'avait
que 19 ans.

position ; mais il a, dit-il, un caporal qui le surveille de près, et il ajoute : — « Je vais vous l'envoyer, arrangez-vous avec lui.»

Le caporal ne se fit pas plus insensible que le sergent, si bien que M. de Saint-George écrivit immédiatement un billet au crayon par lequel il demandait cent louis à ses parents, MM. de Lenvos et de Keronic, qui habitaient leur propriété de Limoges, à la porte de Vannes. Le caporal prit le billet et se chargea de le faire parvenir.

Pendant cette négociation, une scène du même genre se passait à l'étage inférieur. Quelques soldats avaient découvert, sous un lit de camp, derrière des matelas roulés, MM. du Bouëxic de la Driennais et Walzer. M. du Bouëxic avait sur lui vingt louis et sa montre en or. Il les offrit, et le marché était déjà accepté lorsque revint le caporal. A la vue de l'or et de la montre aux mains de ses soldats, il entre dans un accès de fureur et jure, en blasphémant, qu'il les fera tous fusiller pour s'être laissé corrompre. Il leur enlève, en même temps, le prix du marché et les consigne au corps de garde.

Pas un mot de cette scène n'avait échappé aux prisonniers de l'étage supérieur, qui n'était séparé de l'autre que par un plancher mal joint. Leurs angoisses étaient donc extrêmes, mais le caporal tarda peu à les rassurer. — « Il faut bien jouer mon jeu, leur dit-il ; maintenant que mes soldats sont consignés et que je tiens leur vie entre mes mains, je n'ai plus à craindre leur surveillance. »

En définitive, le billet fut porté, les cent louis arrivèrent et les cinq détenus des deux étages, vêtus, les uns en femmes, les autres en soldats, furent conduits par le caporal lui-même en maison sûre [1].

---

[1] MM. d'Antrechaux et de Chaumareix ont publié, chacun, le récit de cette aventure. Nous avons suivi, pour notre compte, la version inédite et détaillée du comte de Saint-George. — *Louis-Joseph* Harscouët, comte de Saint-George, né à Plouha (Côtes-du-Nord), le 30 mars 1755, ancien officier au régiment de Beauvoisis, sous-lieutenant en *du Dresnay*, était fils de *Mathieu-Marie* et de *Marie-Anne* Le Veneur de Sieurne. Il avait épousé, le 27 novembre 1790, *Geneviève-Marie-Françoise* Chrestien de Tréveneuc, dont deux fils.

Les hôpitaux et les prisons d'Auray et de Vannes étaient tellement encombrés que plusieurs émigrés avaient été dirigés sur Hennebont. De ce nombre était M. Arnaud de Cornulier, sergent-major en *du Dresnay*, qui avait été blessé au genou à l'attaque des lignes de Sainte-Barbe [1]. Il eut la bonne fortune de rencontrer à l'hôpital de cette ville un chirurgien non moins compatissant que l'était à Auray M. Philippe-Kerarmel, et, à Vannes, le *bon docteur*, dont M. de Noyelle nous a conservé le souvenir. Ce chirurgien [2] mettait tout son art à le guérir le moins vite possible, et la commission militaire d'Hennebont fut assez humaine pour ne pas le faire fusiller sur un matelas ou sur un fumier, comme auraient fait quelques autres. Plus tard, aidé par le domestique du comte de Sombreuil, qui se trouvait dans la même position que lui, il put, souffrant encore, s'échapper par une brèche de l'enclos et fut recueilli par des paysans.

Dans ce même hôpital d'Hennebont, se trouvait un lieutenant de vaisseau, M. Marreau de la Bonnetière, qui avait été grièvement blessé le 16 et qui fut près de trois mois à se remettre. Dès qu'il fut en état de sortir, on le conduisit à Vannes pour y être jugé, la Commission militaire d'Hennebont ayant été dissoute. Or, dans les prisons de Vannes régnait ce qu'on appelait la *maladie des chouans*, c'est-à-dire le typhus, et M. de la Bonnetière en fut pris immédiatement, ainsi que deux prisonniers de sa chambrée, M. Brumault de Beauregard, garde du corps, et le chevalier de Courtin. Lorsqu'on vint les chercher, les deux derniers n'existaient plus, et M. de la Bonnetière semblait être à l'agonie. On le laissa donc, et peu à peu on l'oublia. Au mois de janvier cependant, un prêtre, l'abbé Mahé de la Bourdonnais, étant

[1] Deux Cornulier avaient été blessés à l'attaque des lignes de Saint-Barbe : l'un d'eux, *Jean-Baptiste-Théodore-Benjamin*, avait reçu un coup de baïonnette dans le côté. Il parvint à se rembarquer le 21, et épousa, à Londres, en 1802, *Anne-Henriette* d'Oillamson. C'est le père de MM. de Cornulier-Lucinière d'aujourd'hui. L'autre, *Arnaud-Désiré-René-Victor*, de la branche de la Caraterie, avait été atteint par un coup de feu au genou. C'est celui dont il est question ici et qui, de son mariage avec *Françoise-Gabrielle* des Friches-Doria, laissa un fils unique, *Arnaud-René-Victor*.

[2] Il se nommait, je crois, Lauly.

parvenu, moyennant finance, à fuir la prison, on devint plus clairvoyant et plus sévère. Le geôlier fut changé et c'en était fait du malheureux lieutenant de vaisseau, si la charité empressée des habitants de Vannes, pour lesquels il était un inconnu, de M. de Limur, entre autres, et de M. Galles, n'étaient parvenus à gagner la femme du nouveau geôlier [1].

J'ai déjà nommé, parmi ceux qui s'évadèrent, MM. d'Espinville, d'Oyron, de Lanjégu, du Bois-Berthelot, de Pressac, de Villeneuve de la Roche-Barnaud. MM. de Montbron et Le Vicomte de la Villegourio ont eux-mêmes raconté leurs aventures. Tout le monde sait qu'ils durent leur salut au zèle intrépide des dames d'Auray. MM. de Fondenis et de la Garde durent le leur à leur présence d'esprit et à leur sang-froid; M. Berthier de Grandry à une main inconnue, qui détacha ses liens au moment où on le conduisait à la mort. On cite encore, parmi les sauvés, MM. de Chamillard, de Préfontaine; on cite même M. de la Villéon; mais il n'est que trop certain que le brave officier de ce nom, qui commandait à Quiberon le régiment de *Rohan*, fut condamné et fusillé le 15 thermidor an III (2 août 1705) [2].

A ces noms, nous tenons à en ajouter un dernier, qui n'a pas été prononcé et qui doit l'être; c'est celui du jeune Poulpiquet, blessé le 16 juillet et emprisonné le 21 à Auray. Comment s'échappa-t-il de cette ville? On ne le sait. Il est incontestable cependant qu'il s'échappa; mais la mort le reprit vite. Arrêté de nouveau près de Pont-Aven, il fut fusillé sur la place Saint-Michel, de Quimperlé, le 12 brumaire an IV (3 novembre 1705) [3].

[1] *Louis-Marie* Marreau de La Bonnelière, né au château de ce nom, près de Loudun, le 1er septembre 1764, chevalier de Saint-Louis en 1790, marié à *Marie-Henriette* de Thienne, dont il n'a pas eu d'enfant.

[2] *Toussaint-Léonard* de la Villéon de la Villevallio, né le 30 octobre 1766, de *Guillaume* de la Villéon et de *Marie* Goudrel, dame de Beaurepaire. Il avait été major dans le régiment d'Anjou, écuyer de Madame Victoire, et avait épousé, à Montauban, *Jeanne-Martiale* de Garaisson, dont postérité. Il écrivit à sa femme et à ses sœurs avant de marcher au supplice.

[3] *Alexandre-Marie* de Poulpiquet, fils de *Charles-Claude*, s[r] de Lanvéguen, et de *Joséphe-Marie* du Boisguéhenneuc, né le 13 juillet 1775. Il était sergent-major dans du Dresnay.

L'état du général Lemoine porte 2,848 acquittés; mais ces acquittés étaient presque tous des prisonniers républicains, incorporés par le gouvernement anglais dans les régiments d'*Hervilly, du Dresnay, d'Hector,* et dont un grand nombre trahit à Quiberon, ou des Toulonnais emmenés en Angleterre après la reprise de Toulon par l'armée française. Et encore les Toulonnais ne furent-ils pas tous acquittés, témoin ce jeune Salve de Villedieu, élève de la marine, qui n'avait fait que suivre son bâtiment, pris dans la rade de Toulon par les Anglais, mais qui n'entendait pas répudier les sentiments de sa famille. Les autres acquittés, en petit nombre, ne le furent que parce qu'ils s'étaient fait passer pour prisonniers des pontons, pour Toulonnais ou pour étrangers. M. Le Grand, quartier-maître en *du Dresnay,* avait profité de sa naissance au Mexique pour se dire Espagnol; M. Le Charron s'était dit Suisse; M. de Trémeau Belge, etc. Mais pour être acquitté, on n'était pas libéré; les étrangers devaient être détenus jusqu'à la paix et les Français incorporés dans les troupes de la République. M. Le Grand, fatigué de sa vie de prison et des dangers que lui faisait courir, à lui réputé Espagnol, l'arrivée imprévue d'âmes compatissantes, telles qu'une vieille servante qui s'était mise à sa recherche, ou que Mme de Quélen, qui, cherchant son frère [1], ne put retenir son émotion à la vue d'un compatriote de Morlaix, M. Le Grand demanda son incorporation dans les troupes républicaines. Un petit camp avait été formé pour recevoir les nouveaux venus, et la direction de ce camp avait été confiée à Le Page, ce traître que M. de Noyelle nous a fait connaître. Grâce à lui, M. Le Grand sortit de prison; mais il lui fallut ensuite recevoir les politesses de Le Page, dîner avec lui chez la citoyenne Pellegrain, qui fut sur le point de le reconnaître, et trinquer avec le général Lemoine. L'épreuve fut rude; mais enfin, le soir venu, il put, au lieu d'aller au camp, se glisser dans une de ces maisons *chouanes,* dont Le Page allait, huit jours après, donner la surveillance à M. de

---

[1] *Théodore-Henri-Julien* de Collibeaux, volontaire dans *Loyal-Émigrant,* fusillé le 14 thermidor (2 août), à Auray.

Noyelle. De là à la flotte anglaise, on finissait toujours par trouver le chemin [1].

Tout le monde d'ailleurs ne se tirait pas si heureusement des griffes de la République. M. Desmier de Chenon en sut quelque chose [2]. Il avait pris le nom de *Philippe Destranches* et s'était dit soldat français, fait prisonnier en Allemagne. Séparé par suite des émigrés, il fut employé, pendant trois mois, à des travaux de terrassement et de fortification. Pour se servir de ses bras on ne renonçait pas d'ailleurs à sa tête, et, au bout de ce temps, il fut conduit à Hennebont afin d'y être jugé. Au moment où il entrait dans cette ville, des déserteurs le reconnurent et le dénoncèrent comme émigré. Sa mort devenait ainsi presque certaine. Sans se laisser abattre, Desmier se réfugie derrière l'autel de l'église où il est emprisonné, et, rassemblant la paille humide qui lui sert de lit, roulant dans cette paille son habit de *Béon*, qui peut le trahir, il met le feu au tout et se roule dans la fumée avec sa capote, de manière à se rendre méconnaissable. Bien lui en prit; car le commandant de place n'attendit pas le jour pour se présenter à la prison. Il fit ranger les détenus sur deux lignes et les examina attentivement. Peine inutile ! Desmier entendit les officiers républicains dire : — Il s'est évadé comme bien d'autres; n'en parlons pas.

« Échappé à ce danger pressant, raconte M. Desmier [3], je soupirai après un jugement qui me rendît libre; mais le tribunal

---

[1] *Louis-Ignace-Casimir-Jean-Joseph* Le Grand, lieutenant au régiment de Quercy, né au Mexique le 27 septembre 1753, décédé à Morlaix, le 17 décembre 1830. Il avait épousé *Elisabeth-Anne-Marie-Aimée* de Penfeuntenion de Cheffontaines, dont postérité.

[2] *Philippe-Paul-Emery-René* Desmier, né à Chenon, en Angoumois, le 20 mai 1775, de *Charles* Desmier et de *Marguerite* de Galard de Béarn, appartenait à une famille qui se trouve avoir donné une aïeule à la reine Victoria, en la personne d'*Eléonore* Desmier d'Olbreuze, retirée en Allemagne pour cause de religion, et qui épousa, en 1664, *Georges-Guillaume*, duc de Brunswick-Zell. Sa fille, *Sophie-Dorothée*, devint, à son tour, le 21 novembre 1682, la femme de *Georges-Louis*, duc de Brunswick-Hanovre, plus tard roi d'Angleterre, sous le nom de Georges Ier.

[3] Lettre à M. Hersart du Baron, en date du 19 février 1839.

militaire siégeant à Hennebont ayant été dissous, on me trans-
féra à Vannes, où je fus jugé sous le nom de guerre que j'avais
adopté. N'étant point alors reconnu comme émigré, j'évitai une
condamnation et fus seulement incorporé dans un bataillon
formé des restes du régiment de Béarn, commandé par un
nommé Champneuf, ancien tailleur de ce régiment. Plus tard,
à l'élection des soldats, je fus nommé caporal. Au printemps, ce
bataillon fut envoyé à Saint-Malo et aux environs, et je tins
garnison à Saint-Briac. Ayant entendu parler dans ce bourg
d'un émigré qui commandait les chouans près de là, j'allai le
rejoindre avec douze hommes, presque tous prisonniers comme
moi, et pris part dès lors aux opérations des chouans dans la
division de MM. de la Baronnais. Mais, au bout de six mois, je
tombai au pouvoir des républicains et fus conduit à Dinan, puis
à Saint-Brieuc, en compagnie d'un condamné à quinze ans de
galère, enchaîné avec lui et n'ayant pour tout vêtement qu'un
pantalon et une chemise. Une fois rendu à ma triste destination,
j'eus le bonheur d'être visité dans mon cachot par une dame
charitable qui me procura les moyens d'écrire à ma famille. Mes
parents me recommandèrent à la famille de Saint-Pern, dont
j'étais l'allié et qui eut pour moi toutes les attentions possibles [1].
On obtint, en même temps, des autorités d'Angoulème, une
attestation que je n'étais pas sur la liste des émigrés. Je ne me
trouvais pas, en effet, sur la grande, mais j'étais sur une petite;
on ne s'en aperçut pas. Au lieu d'être néanmoins mis en liberté,
je fus envoyé à l'île de Groix pour y rester jusqu'à la paix. M. le
lieutenant-général de Saint-Pern-Ligouyer obtint seulement
que je pusse aller passer quelques jours à Quimperlé, où il
s'était établi avec sa fille à sa sortie de prison, et, plus tard, je
dus à ses démarches mon congé définitif. »

[1] La famille de Saint-Pern avait été elle-même cruellement éprouvée. Plusieurs
de ses membres avaient péri sur l'échafaud, et son plus vénérable représentant, le
lieutenant-général chevalier de Saint-Pern, l'un des braves de Fontenoy, venait de
sortir des prisons de Paris. A la considération qui l'entourait se joignait le respect
dû au malheur.

Nous n'avons pas voulu abréger ce récit [1], parce qu'il peint assez bien, et sous son meilleur jour, la position des plus heureux, de ceux qu'on appelait les *acquittés*. On les enrôlait de force, on leur mettait les armes à la main contre leurs frères, les royalistes de l'Ouest. N'était-ce pas les contraindre à regretter le sort de leurs camarades du *Champ des Martyrs*, disons mieux, des *Champs des Martyrs !* On compte, en effet, sept ou huit de ces lieux funèbres, que rien n'indique à la piété des générations présentes. A nous de les signaler et d'évoquer quelques-uns des noms qu'ils rappellent. Ce sera un dernier hommage et un adieu : *Novissima verba.*

[1] Nous ajouterons, pour les personnes qui aiment les aventures romanesques, que M. Desmier ne tarda pas à être reconnu comme émigré, en Angoumois, et obligé de fuir en Espagne. Il en revint, peu de mois après, au péril de sa vie, et demeura caché jusqu'au consulat. Il voulut revoir alors la Bretagne et la famille qui lui avait été si secourable. Le vieux général de Saint-Pern était mort ; son fils venait de périr à Saint-Jean-d'Acre, et sa fille s'était vouée plus que jamais aux bonnes œuvres. Elle procura le mariage de l'ancien proscrit avec une de ses parentes (*Laurence-Marie* Le Courriault du Quillio), à qui elle légua plus tard l'antique domaine de sa famille, le château de Ligouyer.

PÈLERINAGE AUX CHAMPS DES MARTYRS

Le premier et le plus important de ces champs funèbres est incontestablement la presqu'île même de Quiberon, en y joignant la plaine de Sainte-Barbe. Là, en effet, ont été dispersés les os des braves qui périrent les armes à la main et ceux des victimes de deux ou trois commissions militaires. Le général Lemoine porte à huit cents le nombre de ceux qui périrent dans les combats, et le répertoire du greffe à cent soixante-douze celui des victimes qui furent fusillées à Quiberon, après la lutte.

Tels étaient les souvenirs qui m'obsédaient, lorsqu'arrivant à Carnac j'aperçus, du haut du mont Saint-Michel, cette longue péninsule élevant à peine au-dessus des flots sa grève nue et sablonneuse. Le plus souvent, on n'a d'attention, en ces lieux, que pour les étonnants monolithes qu'ont disposés en allées ou en cavernes une pensée et une force dont le secret est perdu pour nous; mais a-t-on un regard pour ce coteau de Sainte-Barbe, contre lequel vint se briser le dernier effort de notre vieille monarchie ? On vous montrera, à Lenn-Niez, entre Plouharnel et Sainte-Barbe, la chaumière qu'habita Hoche pendant quelques jours, et dans laquelle il payait la trahison qui devait lui livrer l'armée royale; mais le moulin de Kergonan, mais la chaussée du Bégo où le bataillon d'Auray, sous les ordres de Glain, soutint héroïquement, le 7 juillet 1795, la retraite de la population dans la presqu'île, on vous les laissera franchir sans même vous les nommer, tant on semble devenu indifférent à la gloire qu'ils rappellent. Peut-être vous parlera-t-on des lignes de Sainte-Barbe que Hoche fit construire, du 8 au 16 juillet, pour couper toute communication avec l'intérieur, et qui, s'appuyant, à l'est, sur le petit golfe de Plouharnel, allaient rejoindre, en s'infléchissant vers le nord, la falaise de l'ouest; mais vous montrera-t-on ces régiments de l'exil, *Loyal-Emigrant*, *du Dresnay*, *Hector*, marchant, le 16 juillet, à l'attaque de ces retranchements avec une intrépidité qui arrachait aux républicains ce mot devenu célèbre : « A la bonne heure ! on voit que ce sont des Français ! [1] » Vieille légende; on n'y pense plus.

Eh bien ! pensons-y, nous du moins, pour ceux qui ont la mémoire courte; et, en traversant cette plaine dont le sable, à peine recouvert par une herbe rare, ondule comme les flots de la mer, tâchons de remettre ces vieux *débris* à leur poste de combat.

En tête sont dispersés en tirailleurs les quatre cents hommes de *La Châtre* ou *Loyal-Emigrant* [2] : c'est tout ce qui reste de ce vaillant corps depuis la guerre de Hollande. Ils sont commandés par un énergique officier, le major d'Haise, et ils touchent déjà au pied des redoutes dont les projectiles passent par-dessus leurs têtes. Quelques-uns néanmoins sont atteints, le chevalier d'Espagne, entre autres, l'un des plus estimés et des plus braves.

Derrière cette avant-garde, marchent, à droite, *du Dresnay* et *Hector* [3]; au centre, *d'Hervilly;* à gauche, Puisaye et les chouans.

---

[1] Ce mot nous a été conservé par Rouget de Lisle, qui était en ce moment avec Hoche.

[2] Régiment formé en 1792 par le duc de La Châtre.

[3] Ces deux régiments avaient pour colonels le marquis du Dresnay, maréchal de camp, et le comte d'Hector, lieutenant-général des armées navales; mais le gouvernement anglais, qui tenait à donner une autorité supérieure au comte d'Hervilly, avait retenu les autres colonels en Angleterre. Les régiments de la seconde division, *Béon*, *Damas*, *Salm*, *Rohan* et *Périgord*, venaient d'arriver en rade, mais n'étaient pas encore débarqués. Le comte de Sombreuil, leur général, put seul se joindre aux combattants.

Du Dresnay est sous les ordres du comte de Talhouët, vieux survivant des guerres d'Allemagne, qui a mis pied à terre, malgré ses soixante-deux ans, afin d'aborder plus facilement les lignes ennemies. Blessé à la main dès le commencement de l'action, il tient son épée de celle qui lui reste, et il la tiendra ferme, jusqu'à ce qu'une seconde blessure le mette hors de combat. Autour de lui tombent le marquis de Kergariou, major du régiment et brigadier des armées navales, les capitaines Le Vaillant, de Boisbaudry, du Dresnay, du Vergier, l'un des héros de la *Surveillante* [1], le lieutenant de Blanchouin, l'un des gardes-du-corps du 6 octobre, les sergents de la Chevière et Faval.

Le régiment d'*Hector* ou *Royal-Marine* n'est pas moins éprouvé. Comme *du Dresnay*, il est contraint, par la direction oblique des redoutes, à une marche de flanc toujours dangereuse, mais ici, sous la mitraille, des plus funestes [2]. Les républicains, prévenus dès la veille par des transfuges, ont, en effet, masqué des batteries qui, croisant tout à coup leurs feux, prennent les assaillants de front et d'écharpe et en font une affreuse boucherie. On avait compté sur une diversion; mais toujours, grâce aux transfuges, cette diversion est devenue impossible. Le comte de Soulange, qui commande le régiment, est frappé au visage par une balle qui, malheureusement pour lui, ne le tue pas. La République lui en réserve d'autres au *Champ des martyrs*. J'ai déjà nommé le vicomte de Belizal; comment oublier maintenant tous ces autres compagnons d'armes et de gloire de Suffren, de Guichen, de La Motte-Piquet, les capitaines de vaisseau de Trecesson, de Caux, de Kerguern, tous les trois mortellement atteints; les majors de vaisseau de Menou, de Viart et Meherenc de Saint-Pierre, les lieutenants

---

[1] Du Vergier était neveu, par sa mère, *Marie-Josèphe du Couëdic*, du célèbre commandant de la *Surveillante*, et il était à son bord comme enseigne. Voir, pour les autres noms, la *Liste des Victimes*.

[2] Cette marche de flanc, ordonnée par d'Hervilly, eût été évitée s'il eût fait faire de sérieuses reconnaissances.

de Kerever, de Charbonneau et Piquet de Melesse [1], le chevalier
de La Pérouse, frère du célèbre navigateur. Je ne nomme que
les morts; les blessés occuperaient une page [2].

On a cité le capitaine de vaisseau Cillart de la Villeneuve,
mis en pièces par un boulet; mais on aurait dû ajouter que le
même boulet emporta les deux jambes à Amand de Cillart, son
neveu. Un autre boulet brisa également les deux jambes au
vieux commandeur de la Laurencie, qui ne dit qu'un mot :
« Vive le Roi ! et toujours en avant contre la Révolution. » On
cite un Kerouartz; mais, si le neveu fut tué, l'oncle fut blessé
si grièvement, qu'il mourut en débarquant à Gosport.

Le régiment d'*Hervilly* ou de *Royal-Louis* répondit mal à
l'énergie de ses officiers. C'était là surtout que régnait la trahison. Beaucoup de ses soldats, recrutés sur les pontons anglais,
gardaient, en effet, des cœurs républicains sous les couleurs
royalistes. Le même mal travaillait *du Dresnay* et *Hector* ; mais
il s'y manifesta moins vite. Aussi battait-on toujours la charge
dans ces deux régiments, qu'on battait déjà la retraite dans
Royal-Louis. D'Hervilly, qui l'avait ordonnée par la conviction
de son impuissance, s'exposait d'ailleurs à tous les coups, et
il finit par recevoir un biscaïen en pleine poitrine. Ses deux ad-
judants, Saint-Creud et Pleussen, sont tués; un de ses capitaines,
le comte de Boissieux, maréchal de camp, soutient la retraite
avec un indomptable courage.

Cette retraite devenait cependant une déroute. En suivant le
chemin qui conduit au fort Penthièvre, nous aimons du
moins à entendre la voix de Charles de Corday, du frère de
Charlotte la *tyrannicide*, arrêtant tout à coup, ici-même, cette
fuite sans frein, par quelques mots énergiques : « Comment!
s'écrie-t-il, nous nous laisserons charger par ces b....-là ! »
C'étaient quarante chasseurs à cheval. Des quarante, il n'en
resta pas un.

[1] De la famille de La Motte-Piquet. Il mourut, quinze jours après, de ses blessures.

[2] Les blessés qui furent ensuite fusillés seront d'ailleurs indiqués dans la *Liste
des Victimes*.

La vue de Quiberon, prise de loin et de haut, semble ne présenter qu'une chaussée s'avançant de plusieurs lieues dans la mer. Aux approches du fort Penthièvre, ce n'est réellement qu'une chaussée, car sa largeur, auprès du fort, ne dépasse pas soixante mètres. La petite citadelle la barre complètement en cet endroit. Aujourd'hui, une route la contourne à l'est; mais en 1795, la haute mer battait la base même du rocher, si bien que les trois déserteurs qui se firent les guides des républicains dans la funeste et orageuse nuit du 20 au 21 juillet, durent engager leur troupe dans l'eau jusqu'à la ceinture pour pouvoir aborder les palissades, du haut desquelles les appelait la trahison. On leur tendait les mains pour les aider à monter; on leur ouvrait portes et barrières; telle fut, en définitive, la grande victoire de Hoche.

Peu après avoir dépassé ces lieux de douloureux souvenir, nous rencontrons Kerostin, dont un ordre de Hoche a rendu le nom célèbre. « Le général de brigade Botta, y est-il dit, s'emparera de Kerostin et *fera fusiller tous les individus armés qui voudront sortir des maisons.* » Le même ordre recommande au général Humbert d'*égorger tout ce qui se trouvera au fort Penthièvre.* Il ne fait d'exception que pour les traîtres [1].

Les villages sont nombreux à Quiberon et ils ont tous cet air d'aisance et de propreté qui est habituel aux populations commerçantes et maritimes. Le sol, tout aride qu'il soit, y devient fertile par un travail intelligent et continu. Point de grands propriétaires et, par suite, point de fermiers. Chacun possède son petit domaine qu'entourent, à hauteur d'appui, des murs en pierres sèches. Ces petits domaines sont cultivés, non pas à la charrue — il n'y a peut-être pas une charrue dans la presqu'île — mais à la bêche et le plus ordinairement par les femmes, tandis que leurs maris naviguent. De nombreuses criques et deux ports, tous les deux sur la côte orientale, la moins exposée aux tempêtes, sont ouverts à une foule de barques et de chasse-marées qu'occupent la pêche et le cabotage.

[1] Cet ordre est daté de Vannes, 1er thermidor an III.

Ces deux ports, port d'Orange et port Haliguen, reviennent souvent dans les récits de la fatale expédition de 1795. Ce fut par la petite baie du port d'Orange que les émigrés, déjà débarqués à Carnac, pénétrèrent dans la presqu'île, le 3 juillet. Ce fut du port Haliguen que Tinténiac partit, le 10, avec 3,500 chouans pour se jeter sur les derrières de l'armée républicaine, par Sarzeau et Baud, expédition hardie, énergiquement conduite, mais que diverses circonstances entraînèrent au loin et qui devait nous coûter le Bayard de la Bretagne [1]. La baie du port Haliguen fut occupée, jusqu'au 21 juillet, par la corvette anglaise *Lark* (l'Alouette), dont les boulets, pendant la conférence de Sombreuil et de Hoche, continuaient d'inquiéter l'armée républicaine.

Le lieu de cette conférence est facile à reconnaître par une fontaine recouverte d'un toit, perdu, en quelque sorte, dans le sable, qu'on rencontre à mi-chemin du port Haliguen au Fort neuf. C'est sur la falaise, au-dessus de cette fontaine, qu'étaient les deux généraux. On sait que Hoche demanda à ceux qui allaient bientôt peupler les *champs des martyrs*, de faire cesser le feu de la corvette, et que Gesril se jeta immédiatement à l'eau pour transmettre cette demande, qu'appuyait Sombreuil, au commandant anglais. On ne peut contempler cette baie et ce rivage sans se représenter cette scène. Tandis qu'une foule éperdue fuit et se précipite dans les moindres barques qu'elle fait parfois sombrer, voyez ce jeune officier nageant avec toute l'aisance d'un marin. En quelques instants il touche à la flotte. Sans doute il n'en reviendra pas. Tout le monde à bord le supplie de rester; il demande un canot, on le lui refuse. Se jetant alors de nouveau à la mer, il revient chercher une prison. Les républicains ont commencé par voler ses vêtements, qu'il avait laissés sur la plage; ils tirent maintenant sur lui qui revient à eux et l'atteignent au bras. Si Gesril ne mourut pas cette fois, ce ne fut

---

[1] On sait que Tinténiac fut tué, le 18 juillet, dans les avenues du château de Coëtlogon, par un soldat républicain qu'il sommait de se rendre.

pas leur faute. Plus tard, d'ailleurs, ils ne le manqueront pas [1].

Il y a enfin divers lieux à Quiberon, qu'un pèlerin ne saurait oublier; ce sont les villages où siégèrent les commissions militaires et les plages où souffrirent les victimes. Une des premières commissions qui *fonctionnèrent* dans la presqu'île, s'établit au presbytère de Quiberon. Parmi ceux qu'elle condamna, nous remarquons, le 12 thermidor (30 juillet), un certain nombre de blessés : de Lâge de Volude, Le Gualès de Lanzéon, Le Vicomte de la Houssaye, Jouan de Kervenoaël, tous du régiment *du Dresnay*, et, avec eux, leur pieux aumônier, l'abbé du Largez [2]. Un des blessés d'*Hector*, Louis de Baraudin, l'oncle d'Alfred de Vigny, ne put marcher au supplice : « Il occupait une chambre au-dessus de celle où j'avais été déposé, avec MM. Piquet de Melesse et Tréouret de Pennelé [3], écrivait un ses camarades, le lieutenant de vaisseau de la Bonnetière; notre porte était fermée, mais nous entendîmes le bruit d'hommes montant et descendant l'escalier avec fracas, et la détonation des armes à feu dans la cour même de la maison. » Prevost de la Voltais, atteint de trois blessures et à qui on avait coupé la jambe, fut fusillé le même jour impitoyablement.

Ceux des condamnés qui pouvaient marcher étaient conduits vers une espèce de pâture nommée le *Sâle*, dans la direction du cimetière actuel. Cette pâture, située à gauche, après la dernière maison, est limitée, du côté du village, par le mur d'un verger. C'est devant ce mur qu'avait lieu l'exécution. Quelquefois on menait les victimes jusqu'à la plage de Port-Maria, au pied d'un monticule que surmontait une croix connue sous le nom de *croix des Bertiniaux*. Il est à regretter que cette croix ait été transportée dans le cimetière. Un poteau la remplace. Les cadavres étaient ensuite enterrés, tant ceux du Sâle que ceux de Port-Maria, sur la pente du monticule. On

[1] Voir, sur tous ces faits, l'attestation du capitaine républicain Rottier, dans Crétineau-Joly et Théodore Muret.

[2] Voir pour les détails la *Liste des Victimes*.

[3] Le Bihan de Tréouret, de la même famille que les Le Bihan de Pennelé; il mourut de ses blessures.

raconte dans le pays que ceux du Sâle y étaient portés dans des caisses à savon. Aujourd'hui ces pieux ossements ont été réunis dans le cimetière.

Ne quittons pas, enfin, le bourg de Quiberon sans visiter le presbytère où siégèrent les bourreaux, et l'église où furent enfermées les victimes. Eglise et presbytère sont toujours les mêmes; on y apprend à prier et à pardonner [1].

En retournant vers le fort Penthièvre, nous rencontrons l'église et le bourg de Saint-Pierre qu'entoure toute une ceinture de villages : Kerraud, Kerdavid, Kergrois, Keridanvelle et, sur le bord de la mer, port d'Orange. Beaucoup de condamnations sont datées du quartier-général de Saint-Pierre. La commission qui les prononça siégeait à port d'Orange, dans la maison Le Toullec, parfois aussi à Kerdavid, dans la maison Rochonvillé. Elle commença à fonctionner le 9 thermidor, c'est-à-dire le jour même où Mgr de Hercé et le comte de Sombreuil étaient condamnés à Auray. Parmi ses premières victimes figurent les jeunes gens que nous avons déjà nommés, Priez, Fesselier, Vosseur, Javel, etc., puis une douzaine de domestiques, qu'on ne pouvait confondre cependant avec des soldats : Pâris, Lamy, Poulain, Lallemand, Latré, Garnier, Sico, Motton, Bolleteau, etc., un garde-du-corps, Varin; un officier d'artillerie, de Buissy; un certain nombre de ces paysans émigrés de l'Artois et de la Flandre dont nous avons signalé le religieux dévouement; un officier poitevin, Charles-Sylvain de Béchillon; un frère du célèbre abbé de Felotz, sous-lieutenant dans *du Dresnay;* deux vétérans, Armand de Quincarnon et Bignon du Fresne; un vieux militaire, qui s'était fait infirmier, Salomon de Chapiteau, mari d'une Couhé de Lusignan, en tout cinquante [2].

Du treize au quinze, elle en condamna trente-six, parmi lesquels ces vieillards que j'ai déjà cités: Lustrac, Imbert,

[1] On y reçoit aussi le plus bienveillant accueil, tant du curé, le vénérable abbé Allioux, que de son vicaire, l'abbé Lavenot, membre de la *Société française d'Archéologie* et connu par ses recherches archéologiques.

[2] Voir, pour les détails, la *Liste des Victimes.*

Desfontaines, Salignac-Fénelon, et avec eux plusieurs de nos compatriotes de Bretagne : Ballet de La Chenardière, Boussineau, Courson, un jeune Vendéen, Vas de Mello [1], etc., etc.

Le lieu où ces malheureux furent exécutés garde aujourd'hui encore le nom de *Fosse des Martyrs.* C'est, vers la côte de l'ouest, au pied de la falaise de Kergrois, entre Kergrois et Keridanvelle, une dépression de terrain qui forme, en effet, une espèce de fosse, non loin de la grève que vient battre de ses flots ce qu'on appelle dans le pays la *mer Sauvage.*

La troisième commission siégeait au village de Kerraud ou Kerraude. Elle ne fonctionnait pas moins activement que les autres. Ainsi, le 15 thermidor (2 août), elle envoyait trente prisonniers à la mort, presque tous des plus distingués : c'étaient Charles de Lamoignon, fils du garde des sceaux de Louis XVI, Rouault de Gamaches, descendant d'un maréchal de France, Cardon de Vidampierre, petit-fils du gouverneur des princes de Lorraine, Toussaint de la Villéon, commandant du régiment de *Rohan,* du Rocher du Quengo, Henri de Goulaine, Guillaume du Haffont, Benoît de Lostende, Gorrin de Ponsay, Treton de Vaujuas, Gabriel du Parc, Bouhier de Maubert, Casimir-Julien-Mathieu Harscouet, Armand Rogon de Carcaradec, etc., etc. Ils furent fusillés sur une plage nommée *Squérace,* derrière le port d'Orange, du côté de Kerraud. C'est de cette fusillade que se sauva Auguste d'Oyron. Un de ses compagnons d'infortune, Edme de Genot, se jeta à la mer, mais il y fut tué d'un coup de feu.

Le 17 thermidor, la commission est plus indulgente : elle ajourne neuf accusés jusqu'à plus ample information et n'en fait fusiller que huit, presque tous chouans. Ce sont Jérôme (du Rongouët), Le Métayer de La Garde, Demotte, Brien, Lesauce, Légo, auxquels sont adjoints deux émigrés, Guergelin et Bailleul de Croissanville.

A Auray et à Vannes, nous retrouvons les mêmes scènes. Lorsque les prisonniers arrivèrent à Auray, dans la nuit du

[1] Voir ci-après la *Liste.*

21 au 22 juillet, nuit sombre et orageuse, qu'éclairaient tristement les lumières des portes d'où chacun cherchait à reconnaître un parent, un ami, la prison et les églises de la ville furent occupées, encombrées. « Nous fûmes entassés les uns sur les autres dans l'église Saint-Gildas, raconte M. de Grandry; je passai cette première et cruelle nuit de ma captivité sur les marches du grand autel, étouffé, pour ainsi dire, sous le poids de mes infortunés camarades, qui s'étaient étendus sur moi. »

Saint-Gildas était la plus grande église d'Auray. Près d'elle, se trouvait Notre-Dame, célèbre par son pèlerinage, célèbre désormais par ses prisonniers, mais que remplacent aujourd'hui un marché et une promenade. Nous avons vu les fripiers étaler leurs loques sur le lieu où nos aïeux vinrent prier Marie et où commença le martyre de nos pères. Les Cordelières, aujourd'hui le *Père Éternel*, dont la cour vit l'assassinat d'Urvoy de Portzamparc; les Capucins, qu'occupe en ce moment la Congrégation des femmes; l'ancienne Congrégation des femmes, petite chapelle toujours existante rue du Lait; le Saint-Esprit, transformé désormais en caserne, et deux petits édifices détruits, la Congrégation des hommes dans les dépendances du presbytère actuel, et Saint-Sauveur, au pied du coteau de Saint-Goustan: tels sont, avec la prison et l'hôpital, les lieux qui nous rappellent le plus vivement ces premiers jours de souffrances et d'angoisses. Ajoutons que M. de Sombreuil fut logé, pendant quelques jours, sous la garde d'un chef d'escadron de gendarmerie, à l'auberge du *Pavillon d'en haut*, qui existe toujours.

Le premier arrêt de mort prononcé à Auray, celui du 9 thermidor contre M⁰ de Hercé, le C⁰ de Sombreuil, etc., est daté de la salle d'audience du tribunal civil, qui devait occuper au-dessus des Halles, si nous ne nous trompons, l'auditoire actuel de la justice de paix et les salons du *Cercle* qui lui est contigu. Ce fut là que comparurent ces nobles victimes; puis, le soir, ils furent traînés en charrette à Vannes, où l'on fêtait, par des *hymnes*

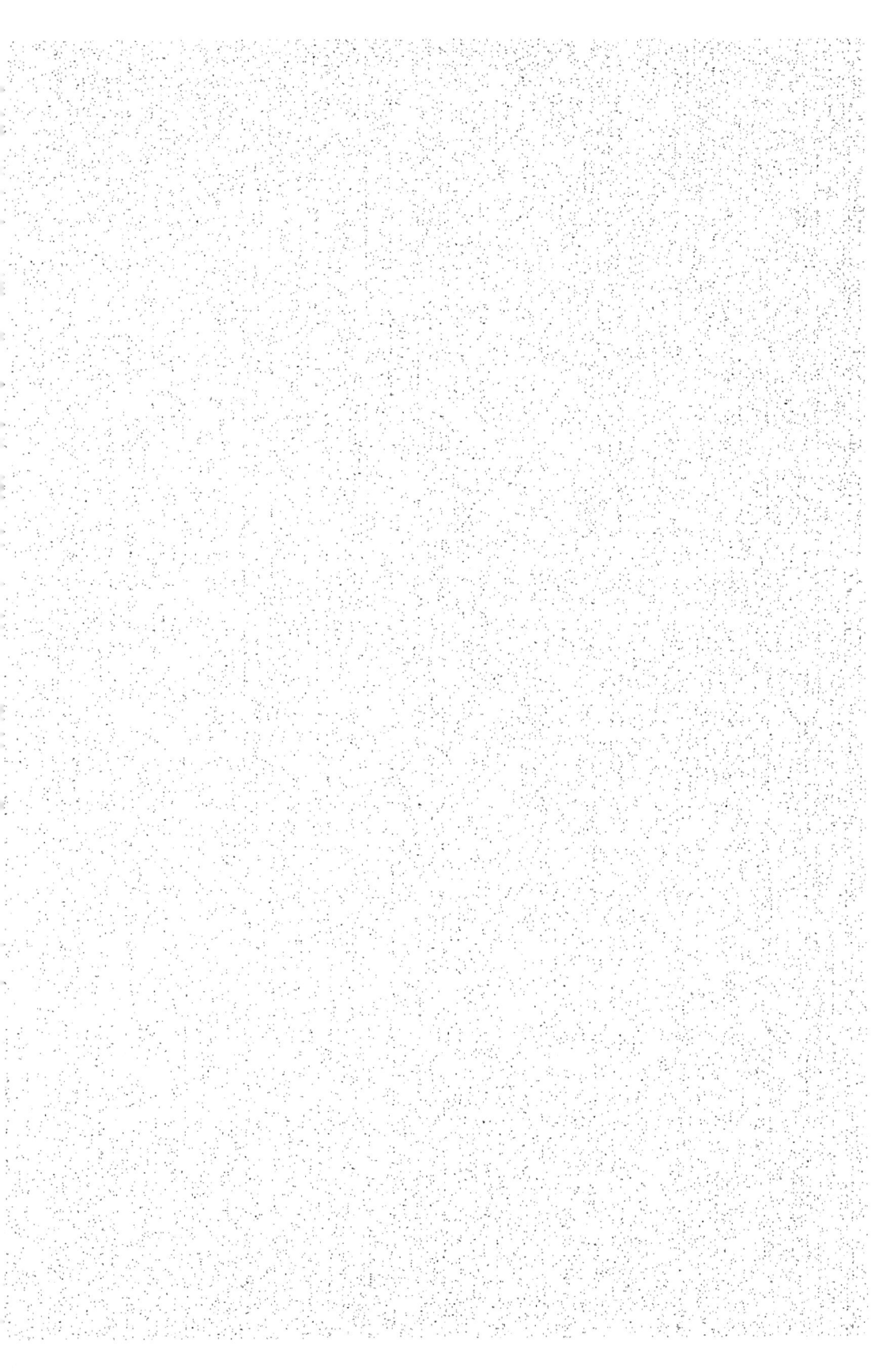

(style officiel) et par un *solo de violon*, dû à Boyer, l'anniver-
saire de la Terreur !!!

Nous avons décrit la prison où furent enfermés les condamnés; il est à regretter qu'elle soit devenue une propriété parti-
culière. Nous avons pu la visiter néanmoins et reconnaître les
lieux tels que l'histoire en a consacré le souvenir. Voilà bien ces
deux tours *qui s'élèvent au-dessus d'une des portes de la ville
donnant vers la Garonne*, suivant le récit officiel, et qu'unit
l'une à l'autre un couloir à ciel ouvert. Voilà bien ces profondes
embrasures dans lesquelles étaient les lits des prisonniers, telles
que nous les dépeint M. de Noyelle. Et ce *jardin sur le mur de
la ville*, que M. de Noyelle appelait son *donjon* et d'où il suivait
tristement de l'œil l'abbé Poulain, au moment où on le menait
à la mort, comment ne pas le reconnaître dans cette étroite
terrasse bordée de plates-bandes ? « Plusieurs dames, raconte
M. Le Grand, venaient passer l'après-midi avec nous et faisaient
leur ouvrage sur notre terrasse, à l'ombre d'une tonnelle. Il y
en avait quelquefois un assez grand nombre pour que la place
manquât et que nous eussions la crainte de voir fermer la porte
aux étrangers. » De pareils souvenirs font du bien dans ces
tristes lieux. Les âmes compatissantes étaient partout, au de-
dans et au dehors, prodiguant les consolations ou les secours.
Au pied même des tours de la *Porte-Prison*, et sous les yeux des
sbires, on ne trouvait guère que des maisons amies.

La tour *du Connétable* ou *de Clisson* [1], ne tarda pas à son tour,
à être remplie d'émigrés. Dès le 29 juillet (11 thermidor), tous
les étages en étaient pris. Cette tour, devenue aujourd'hui le
musée de la Société polymathique, a conservé fidèlement ses
anciennes distributions et on peut y suivre les moindres inci-

---

[1] C'est dans cette tour que fut enfermé Clisson en 1386. « Olivier, lui avait dit
le duc, il n'y a homme qui se connoisse mieux en maçonnerie que vous. Je vous
prie, beau sire, que vous montiez là sus et me disiez comment le lieu est édifié. Si
il est bien, il demourera ainsi; si il est mal, je le ferai amender. — Volontiers, sire,
répondit Clisson, je suis à vos ordres. » On sait le reste.

dents de l'évasion des cinq détenus que nous a racontée M. de Saint-George.

La *tour du Bourreau*, de l'autre côté de la *Porte-Prison*, devint également une geôle. Le vaste enclos des Ursulines, sur le port, et le couvent voisin, qui porte aujourd'hui le nom de *Père Éternel*, furent remplis de chouans, qu'on y parqua comme des troupeaux. Dans l'enclos du *Père Éternel*, se trouvait une ancienne carrière où les malheureux s'entassaient, s'agglo-méraient le soir, afin de moins souffrir, après la chaleur des jours d'été, des fraîcheurs de la nuit. J'ai dit qu'une épidé-mie, désignée par le nom de *mal des chouans*, les fit périr par centaines. Le *Père Éternel* est occupé aujourd'hui par les Sœurs de la Sagesse, qui y élèvent des petites filles pauvres. Cet établissement a été fondé, au commencement du siècle, par la mère et la sœur d'une des victimes de Quiberon, Mesdames de Lamoignon et Molé. On voit dans une des salles de ces vieux bâtiments, qui ont été témoins de tant de souffrances, les portraits des divers membres de la famille, de Charles de Lamoignon, entre autres, qui fut fusillé le 2 août, et celui de Chrétien de Lamoignon, son frère, l'un des blessés du 16 juillet.

Quant à l'enclos des Ursulines, il est devenu la propriété des Pères Jésuites, qui y ont fondé un de leurs plus beaux collèges. Quelques parties rappellent encore néanmoins l'ancien cou-vent. La vieille chapelle n'a pas été démolie, et, sur les trois côtés du cloître, deux sont antérieurs à la Révolution. On ne peut les parcourir sans se reporter, malgré soi, à l'épo-que où ces lieux si riants devinrent en quelque sorte un ossuaire.

L'église de Saint-Patern, celle du Méné, aujourd'hui de la Retraite, et la chapelle du Collège, sur la grande place, furent, elles aussi, momentanément peuplées de détenus. Ce fut à Saint-Patern que fut déposé, le 11 thermidor (29 juillet), le second convoi de prisonniers arrivé d'Auray; ce fut au Méné que fut déposé le troisième (31 juillet).

Deux commissions militaires avaient été établies pour juger sans désemparer. L'une d'elles siégeait dans la vieille salle des États, au-dessus de la Halle, en face de la Cathédrale. Cette salle, autrefois prétoire de la justice, est devenue plus tard un théâtre. On a joué la comédie aux lieux où ont été condamnés nos pères. Aujourd'hui déserte, elle répond assez bien, par sa solitude et son abandon, aux douleurs qu'elle rappelle.

L'autre commission s'était établie à l'hôtel de Gouvello, aujourd'hui hôtel de Limur, sur les douves. Cet hôtel est tel encore aujourd'hui que dans ces jours de deuil. La cour qui le précède, la porte sculptée qui le ferme, le grand vestibule, le large escalier de pierre, les deux vastes salles du premier étage ont une éloquence que nous ne pourrions avoir. Les pierres elles-mêmes crieront, a dit la parole divine, *lapides clamabunt.*

Suivons maintenant les victimes jusque sur leur calvaire. Une des beautés de Vannes est sa promenade de la Garenne, promenade ombreuse et étagée, qui permet au regard d'embrasser un vaste et pittoresque horizon. Eh bien ! ce fut pour mourir là qu'on amena d'Auray le vénérable évêque de Dol, l'héroïque comte de Sombreuil, le jeune La Landelle qui était de Vannes même, un ancien chevalier de Saint-Louis, Petitguyot, l'un des plus braves et des plus beaux vieillards de France [1], et, avec eux, douze prêtres.

La Garenne est divisée en plusieurs allées, dont l'une transversale longe le mur des anciennes Hospitalières (aujourd'hui de la Préfecture). Cette allée porte le nom d'*Allée des Soupirs.* Elle était plantée d'ormes ; ce fut là que tombèrent les martyrs. Longtemps, dit-on, on a vu dans le mur les trous des balles. Aujourd'hui, toute trace a disparu ; les vieux ormes ont fait place à de jeunes arbres, et pas une croix, pas un signe n'indique le lieu du supplice.

---

[1] Ancien garde-du-corps du roi Stanislas, Petitguyot, disent ses contemporains, faisait l'admiration de tous ceux qui venaient à Lunéville, par a belle tenue militaire, et ses rares talents comme homme du monde.

Les corps, après être restés longtemps exposés, sanglants et nus, aux yeux du public, furent transportés pêle-mêle au cime-tière de Bois-Moro.

Une des plus insignes reliques qui soient à Vannes de ces pieuses victimes, c'est la croix pastorale de Mʳ de Hercé, évê-que de Dol. Elle fut remise par le prélat à Mᵐᵉ de Lenvos, l'une de ces charitables femmes q⸱⸱ aujourd'hui comme autrefois, s'attachent aux pas des marty⸱ Afin de remplir les intentions du donateur, Mᵐᵉ de Lenvos fit ⸱ mettre cette croix, avant de mourir, à l'évêque de Vannes, ⸱ ⸱ec une attestation de son origine, signée de la main de son beau-frère, M. de Keronic[1]. Les évêques de Vannes ne portent plus, depuis lors, d'autre croix pastorale[2].

Le 13 thermidor (31 juillet), nouvelles et nombreuses con-damnations; mais, cette fois, on épargne la vue du supplice aux habitants indignés. Ce sera vers l'Ermitage, à droite du canal, que sera dirigé le convoi funèbre. Sur ⸱oute la plage qui s'étend de l'ancienne communauté de Lassentière au promon-toire connu aujourd'hui sous le nom de *Pointe des Émigrés,* on pourrait multiplier les croix noires. C'est, en effet, par qua-rante, c'est par soixante et plus que se font les exécutions. Parmi les premiers qui tombent en ces lieux, au-dessus de l'Ermitage, je remarque ce capitaine de *Périgord,* qui récitait, en prison, les prières des agonisants avec l'aide de sa femme; Charles-Joseph de Villavicieuso, et avec lui, Saint-Sauveur, Saint-Luc, La Rochefoucauld, Kerolain, Le Lart, Fouchier de Pontmoreau, Le Maître d'Annoville, Cabon de Kerandraon, Le Baillif de Portsaluden, trois frères renommés pour leur bra-voure, Louis, Auguste et Victor de Jallais, enfin le jeune et

[1] MM. Charpentier de Lenvos et de Keronic étaient deux anciens conseillers au Parlement de Bretagne, qui habitaient, aux portes de Vannes, leur terre de Limoges, sur la route de Séné.

[2] Je dois la connaissance de ce don à Mᵍʳ Bécel, actuellement évêque de Vannes, qui a bien voulu me montrer cette pieuse relique.

infortuné Penvern, dont nous avons raconté la fin dans les eaux du canal [1].

Le lendemain, 14 thermidor, autre hécatombe. Les victimes furent cette fois conduites de l'autre côté du canal, sur les terres de l'Armor. Je citerai, dans le nombre, MM. de Baudran, de Boisendes, Bauquet de Granval, de Chevreux, de la Chapelle, Colardin, Huc de Lerondel, de la Roche-Aymon, Faulte de Vanteaux, d'Aiguillon, Gigault de Bellefonds, du Trévou, de Trédern-Lezerec, de Roquefeuil, Gabriel du Quengo, de Tronjoly et de Langle. De Langle était *seigneur de l'Armor*, qui faisait partie de la succession de son père [2]. Ses fermiers le reconnurent et ne purent retenir leurs larmes. *Adieu, mes amis, adieu*, leur dit le condamné, et suivant son chemin d'un pas ferme, il passa devant le vieux manoir de sa famille, tourna à droite dans un pré qui en dépend, et y subit la mort des félons, sans jamais cesser d'être, comme les siens, sans peur et sans reproche.

« De Langle a conservé jusqu'à sa mort son air serein », écrivait, peu de jours après, sa cousine Julie de Talhouët. Le baron de Roquefeuil écrivait, de son côté, à celle qui allait être sa veuve [3] : « Je passe de cette vie dans l'autre avec la même sérénité qu'un voyageur se transporte d'une ville à une autre. Plus de trois cents personnes qui sont ici dans la même position ont la même sécurité. Nous nous reposons tous sur l'im-

[1] Voir la *Liste des Victimes*.

[2] *Louis-Vincent-Marie* de Langle était fils de *Claude-Louis*, vicomte de Langle, seigneur de Talen, près de Pontivy, et de l'Armor, capitaine des vaisseaux du roi, chevalier de Saint-Louis, et de *Catherine-Ursule-Thomase-Claire* de Talhouët-Grationnaye. L'un de ses frères périt au combat d'Auray en 1815. L'Armor appartient aujourd'hui à son neveu, M. de Keridec, le très-honorable député du Morbihan.

[3] *Charles-François-Balthazar*, baron de Roquefeuil, capitaine de vaisseau, né au château de Livers, commune de Salles (Tarn), le 29 septembre 1752, fut attiré en Bretagne par son parent, le célèbre vice-amiral de Roquefeuil. Il avait épousé, en 1786, au château de Bois-Garin, près de Carhaix, l'une de ses parentes, *Marie-Jeanne* de Roquefeuil, née dans le Rouergue, le 6 avril 1769, mais élevée en Bretagne par la comtesse de Roquefeuil, femme du vice-amiral. Pour les autres détails, voir la *Liste des Victimes*.

mense bonté de la Providence divine. A elle seule je me confie pour me faire miséricorde. »

Le 15 thermidor, nous apercevons dans les rangs des victimes le comte Joseph de Broglie, le comte de Kergariou-Loemaria, le comte de Boiséon, l'héroïque paysan Biard, Fortuné de Chef-fontaines, les deux Coëtlosquet, Conhé de Lusignan, d'Orvilliers, Derval, Grellier de Concise, Froger de l'Eguille, Cramezel de Kerhué, Le Ny de Coëtudavel, Louis de la Clocheterie, Bidé de Maurville, Méherenc de Saint-Pierre, Prigent de Quérébars, Le Vicomte de la Villevolette, etc., etc. Malheureusement, nous ne pouvons préciser le lieu de leur supplice; peut-être l'Ermitage, peut-être Nazareth. Il en est ainsi pour tous ceux qui furent fusillés du 15 thermidor au 8 fructidor, à ce jour de la Saint-Louis où s'accomplit l'affreux massacre du Bondon.

Lorsqu'on suit le chemin du Bondon, on trouve à peu de distance, sur la gauche, entre ce chemin et une voie de traverse qui de la route de Sainte-Anne se rend au Bondon par la ferme du Parc, une prairie humide, au bas de laquelle se trouve une fontaine; c'est là que périrent Botherel, Kermoisan, Lantivy Clinchamp, Champsavoy, du Laurens de La Barre, Vauquelin, Lanjamet, Jouanguy, Jehanno, Goyon de Beaufort, Rossel, Vélard, etc., etc., presque tous à la fleur de l'âge, innocentes victimes des crimes de leur patrie.

Suivant la femme Robert, concierge des tours de la *Porte-Prison*, MM. de Charbonneau, de Bonafous et Louis de Talhouët, condamnés les 9 et 10 fructidor (26 et 27 août) furent fusillés au Grador. Il nous a été impossible de retrouver à Vannes la moindre tradition qui pût nous mettre sur la voie du lieu précis de leur martyre. On suppose que les trois prisonniers furent fusillés dans les prés qui s'étendent de la Carenne au Grador.

Un dernier lieu nous est indiqué par M. Nettement, et ce lieu lui aurait été signalé par Mgr de la Motte-Broons, évêque de Vannes; ce serait *l'étroit triangle que forme le portail du grand-séminaire* (alors au Méné), *avec la grande voûte de la rue du*

Méné, vis-à-vis de laquelle *il se trouve en fausse équerre.* Le comte de Saint-George raconte, en effet, qu'étant emprisonné au Méné, douze de ses camarades furent appelés, le 1er août, devant la commission militaire, et que, quelques heures après, une violente détonation, comme serait un feu de peloton, se fit entendre presque à la porte. Un sentiment pénible se peignit naturellement sur les visages. « N'ayez pas peur, dit alors un officier avec un mauvais sourire, c'est le major de place qui fait sauter des *mines.* »

Des détails aussi précis doivent être vrais, mais nous n'en avons pas trouvé de souvenir sur les lieux. Nulle part d'ailleurs plus qu'à Vannes, on ne peut dire comme à Jérusalem : « Ils ont dispersé autour de la ville les corps des saints, et personne ne s'est trouvé pour leur donner la sépulture [1]. » Mais lorsque la liberté revint avec le droit, les ossements épars furent recueillis et solennellement transportés dans la chapelle Saint-Louis de l'église cathédrale. C'est là qu'ils reposent.

Malheureusement, on n'a conservé, par aucun indice, le souvenir de la dispersion; on n'a inscrit nulle part, comme au *Champ des martyrs* d'Auray : *Hic ceciderunt* [2]. De là la croyance, chaque jour plus générale, que c'est à Auray qu'il faut chercher les restes de la plupart des victimes. La vérité est que le nombre des morts tués à Quiberon, soit les armes à la main, soit par arrêt des commissions militaires, atteint à peu près le chiffre de mille [3]; que celui des victimes de Vannes, soit fusillées, soit mortes d'épidémie, doit s'élever également à un millier, tandis que le *Champ des martyrs* de la rivière d'Auray n'a pas vu tomber, suivant le répertoire du greffe, plus de 204 victimes [4].

[1] *Macc.* L. 1. C. VII. V. XVII. — Cité par Mgr de Bausset, évêque de Vannes, dans la cérémonie de la translation.

[2] « C'est ici qu'ils tombèrent. »

[3] 800 morts en combattant, suivant le général Lemoine, et près de 200 fusillés, suivant le répertoire du greffe.

[4] Que ce chiffre soit rigoureusement exact, je ne le prétends pas; les arrêts de mort de plusieurs victimes ne se retrouvent point sur les registres, mais il doit être approximativement vrai.

Deux commissions avaient été établies à Auray ; l'une, je l'ai dit, au-dessus des Halles, l'autre dans la petite chapelle de la Congrégation des femmes, rue du Lait. Les condamnés, avant d'aller au supplice, étaient réunis dans la chapelle de la Congrégation des hommes, qui malheureusement n'existe plus. De là on les conduisait à deux ou trois kilomètres, dans une prairie basse, en face de Kerzo [1]. Cette prairie, à laquelle son temple grec aux quatre colonnes monolithes, ses plantations de sapins et la croix de granit qui l'annonce, donnent aujourd'hui un aspect à la fois solennel et sévère, était alors un simple marécage au fond d'une riante vallée. Les premiers qui en firent une terre sainte durent être les condamnés du 11 thermidor (29 juillet) : Solanet, de Baupte, Pic de la Mirandole, Robert de Boisfossé, Jean de la Haye, Louis de Vasconcelles, Pierre-François de Roquefeuil, Morisson de la Basselière, de Compreignac, de Robecq, etc., etc. Le 13 (31 juillet), nous remarquons Louis-François d'Haize, l'énergique major de *Loyal-Émigrant*; le vieux comte de Soulange ; le commandant du régiment de *Béon*, d'Anceau ; le vaillant Charles de Corday, le marquis de Goulaine, le comte de Sainneville, cordon rouge, etc., etc. Le 14, Bréart de Boisanger et dix autres. Le 15, Le Merdy de Quillien, l'héroïque valet de chambre Claude Brodier, Paul de Lantivy, Payen de Chavoy et quinze autres. Puis, en fructidor, les jeunes gens du sursis : de Rieux, du Bouëtiez, Vassal de Bellegarde, Billouard de Kerlerec, Berthou de la Violaye, et les deux La Scinie, et les deux Viart, et Le Prince, et Cazaux, et Salve de Villedieu. La plume tombe des mains de honte et de fatigue.

On sait que les ossements de ces victimes ont été transportés sur le coteau, dans l'ancienne chartreuse de Saint-Michel du Champ, édifiée sur le champ de bataille où Jean de Monfort conquit définitivement la couronne ducale de Bretagne (29 septembre 1364). Ainsi les preux du XVIIIe siècle dorment leur sommeil à côté des preux du XIVe. Le monument qui

---

[1] Kerzo appartient aujourd'hui à M. Humphry, par succession de la famille Martin, qui en avait hérité elle-même des Lauzer.

leur a été consacré occupe, et l'on pourrait dire, remplit une chapelle construite sur le flanc gauche de la Chartreuse et qui communiquait autrefois avec l'église du couvent par une arcade. Cette arcade a été supprimée depuis quelque temps, pour faire place à un autel. Le monument, œuvre de M. Caristie, se compose d'un haut stylobate de marbre blanc, supportant un cénotaphe de même marbre et reposant sur un triple gradin de marbre noir. Des bas-reliefs et des bustes ornent le dé du mausolée. Les bas-reliefs représentent, sur le tympan qui fait face à l'entrée de la chapelle, *la Religion déposant une couronne sur un tombeau ;* sur le côté droit, *le débarquement de l'expédition ;* sur le côté gauche, *Gesril du Papeu se jetant à la mer, malgré les Anglais, pour revenir se constituer prisonnier.* Au-dessus est écrit : *In Deo speravi, non timebo.* Les autres inscriptions du monument ne sont pas moins heureuses : *Pro Deo, pro rege nefarie trucidati. — Pretiosa in conspectu Domini mors sanctorum ejus. — Pro animabus et legibus nostris. — Accipietis gloriam magnam et nomen æternum.*

Les portraits sculptés sont, dans le tympan qui fait face à l'autel, la figure en relief de M⁹ʳ de Hercé, et au-dessous de lui, dans des niches richement ornées, les bustes en ronde bosse de deux victimes du combat de Sainte-Barbe : le comte de Talhouët, resté sur le champ de bataille, et le comte d'Hervilly, mort quatre mois après de ses blessures. Sur la face opposée, c'est-à-dire au-dessus de la porte de bronze qui donne entrée au caveau funèbre, ce sont les bustes du comte de Soulange, blessé le 16 juillet, et l'une des victimes du Champ des Martyrs, et de l'illustre comte de Sombreuil, l'une des victimes de la Garenne.

Charles de Sombreuil, fils du marquis de Sombreuil, qui montra tant de fermeté dans les mauvais jours, comme gouverneur des Invalides, était un des officiers les plus brillants de notre ancienne armée. Il avait perdu dans la Révolution son père et son frère, décapités le 17 juin 1794, comme ayant pris part à un complot contre la vie de Collot-d'Herbois. Les deux

Sombreuil avaient été conduits à l'échafaud vêtus de chemises rouges. De toute sa famille il ne restait plus que lui et une sœur, qui avait sauvé une fois la vie à son père en buvant un verre d'eau maculé de sang que lui présentaient les assassins, mais qui n'avait pu la sauver une seconde. Lui-même allait se marier lorsqu'il reçut l'ordre de partir pour Quiberon avec une division de réserve. Il n'avait que vingt-cinq ans, et joignait à la beauté des formes, qui prévient toujours, un courage et une loyauté à toute épreuve[1].

Le comte de Soulange était chef d'escadre. Estimé pour ses talents, il ne l'était pas moins pour ses vertus[2].

Le comte d'Hervilly était cité, comme colonel, pour sa fermeté et son entente des manœuvres. Sa conduite à Rennes et à Nantes, à la tête du régiment de Rohan, et son dévouement au 10 août, avaient en outre accru la haute opinion qu'on avait de lui ; mais, homme de routine, il était incapable de l'initiative qu'exigeait une guerre toute nouvelle, guerre d'audace, de surprises, d'embuscades, où les régiments ne doivent servir que de centre et d'appui à des paysans armés[3].

[1] *Charles-Eugène-Gabriel* Vireaux de Sombreuil, né au château de Leychoisier, commune de Bonnac (Haute-Vienne), en 1770, était le troisième enfant de *François-Charles*, lieutenant-général, gouverneur des Invalides, et de *Marie-Madeleine* Deslottes de Leychoisier. Avant la Révolution, il était capitaine aux hussards d'Esterhazy. Sa sœur, *Maurille-Marie-Françoise*, comtesse de Villelume, obtint, sous la Restauration, pour son fils, l'autorisation d'ajouter le nom de Sombreuil au sien.

[2] *Claude-René* Paris de Soulange, chef d'escadre, chevalier de Saint-Louis, né à Saint-Hilaire de Loulay (Vendée) le 18 août 1736, était fils de *Claude*, seigneur de la Preuille, et de *Françoise de Grimaire*. De son mariage avec *Françoise-Emilie de* Kerouartz, il eut deux filles, dont une seule a laissé postérité. Elle se nommait *Claudine-Françoise-Félicité*. Mariée en premières noces à *Jacques-Nicolas* Le Forestier, comte de Boiséon, qui périt à Quiberon avec son beau-père et dont elle n'avait pas d'enfant, elle épousa, en secondes noces, *Dominique-François-Alexis* Fourier, comte de Nacquart, dont elle a eu un fils. Le comte de Soulange était beau-frère, par sa femme, du comte d'Hector.

[3] *Louis-Charles*, comte d'Hervilly, né à Paris le 26 février 1755, descendait d'*Arthur* Le Cat, seigneur de Beaumont-en-Beyne, qui avait épousé, en 1501, l'héritière d'Hervilly. Colonel du régiment de Rohan au retour de la guerre d'Amérique, colonel de la cavalerie dans la garde constitutionnelle de Louis XVI en 1791, il fut promu maréchal de camp en 1792. Sa femme, *Louise* de La Cour de Balleroy, était nièce du vicomte de Balleroy, chef d'escadre.

Le comte de Talhouët-Grationnaye [1] était un vieil officier du régiment du Roi, qui vivait retiré, depuis 1776, avec le brevet de colonel, dans son château du Leslé, près de Pontscorff, qu'il venait de reconstruire avec dépense. Émigré à la fin de 1791, il fut nommé, d'une voix unanime, commandant d'une compagnie de gentilshommes bretons qui se distingua au combat de Quiévrain, puis commandant de quatre compagnies d'infanterie et de deux de cavalerie de la Coalition bretonne. A Quiberon, il commandait le régiment *Du Dresnay*, en l'absence du colonel titulaire. Nous avons parlé de ses blessures au combat du 16 juillet; deux jours après, le général Humbert disait à nos avant-postes : — « Nous avons trouvé M. le comte de Talhouët blessé sur le champ de bataille. Nous en avons eu le plus grand soin ainsi que de tous les autres blessés et prisonniers; il a été généralement regretté dans notre armée. » — Le comte de Vauban, qui rapporte ces paroles, ajoute: — « Nous ne savions pas encore que ces vils ennemis avaient fusillé et massacré de sang-froid tous ceux de nos officiers qu'ils avaient pris ou qu'ils avaient trouvés blessés sur le champ de bataille, à commencer par M. le comte de Talhouët [2]. »

Disons, enfin, que le stylobate, dont un des côtés est occupé par la porte du caveau, est couvert, sur les trois autres, des noms des victimes, encadrés dans des guirlandes de cyprès.

En parcourant cette liste funèbre, que de pensées se présentent à l'esprit ! On est frappé d'abord de la répétition fréquente des mêmes noms ; le père marche avec ses fils; les frères combattent à côté de leurs frères. Voyez: quatre Le Vicomte, quatre Jallays, quatre La Chevière, trois Chasteigner, trois Car-

---

[1] *René-Claude-Jérôme*, comte de Talhouët-Grationnaye, né à Quimperlé le 2 février 1733, du mariage de *Vincent-Marie*, capitaine de cavalerie, chevalier de Saint-Louis, et d'*Ursule-Catherine-Reine* de Gonicquet de Bocozel, était neveu du chevalier de La Grationnaye, ancien lieutenant-colonel du régiment du Roi et qui y avait laissé une haute réputation. (Voir l'histoire du régiment par M. de Roussel). Chevalier de Saint-Louis en 1770, colonel d'infanterie en 1776, il avait, de son mariage avec *Anne-Henriette* Symon de la Carterie, trois fils et trois filles.

[2] *Mémoires pour servir à l'histoire de la guerre de la Vendée*, p. 122.

caradec, deux d'Ambois, deux La Bassetière, deux Charbonneau, deux du Bouetliez, deux Goulaine, deux du Largez, trois Froger, trois de Gimel, trois Courson, deux Kergariou, deux Lantivy, deux Guerry de Beauregard, deux La Seinie, deux Coëtlosquet, deux Savatte de Genouillé, deux Pélissier, deux de Paty, deux Méhérenc de Saint-Pierre, deux Rocher du Quengo, deux Roquefeuil, deux Talhouët, trois de Viart, etc., etc.

Nous nous rappelons ces deux Cillart de La Villeneuve, l'oncle et le neveu, qui furent emportés par le même boulet, dans la journée du 16. Un troisième fut exécuté quelques jours après (3 août). Les jeunes Cillart avaient été jusqu'à vingt-deux frères et sœurs. La mort, qui frappe toujours par coups intermittents, les avait réduits au nombre de quatorze; mais c'était trop encore, la Révolution y mit bon ordre. Et elle n'épargna pas davantage les de Hercé, qui avaient été dix-neuf. Elle fut plus rude encore pour les Le Gualès de Lanzéon, qui avaient été vingt. Quatre périrent en combattant pour Dieu et pour le roi, sur divers champs de bataille; et de cette branche aux nombreux rameaux, il ne reste aujourd'hui que la postérité de deux sœurs pour représenter tant de dévouement et de sacrifices [1].

Oublierons-nous maintenant les Jallays? Ils étaient quatorze, dont neuf frères, l'un prêtre, les huit autres cités partout, sur le Rhin, dans la Vendée, à Quiberon, pour leur audacieuse bravoure. L'un deux fut tué en Flandre, quatre furent fusillés à Vannes, un sixième parvint à gagner la Vendée et y périt. Et aujourd'hui, il n'y a plus de cette héroïque famille, même par les femmes, un seul descendant pour hériter de sa gloire.

Comptez d'ailleurs, si vous le pouvez, les familles éteintes. Quelques-unes ont disparu à Quiberon même; d'autres ont disparu depuis, mais vivraient encore si elles n'avaient perdu, à Quiberon, une partie de leur sève: Rieux, Vireaux de Som-

---

[1] Ces deux sœurs étaient : 1° Victurnienne-Alexandrine-Éléonore-Marie Le Gualès, épouse de Pierre-René-Zacharie de Trogoff de Coatalio, dont un fils et une fille, et 2° Félicité-Marie, mariée à Alexandre Potier de Courcy, capitaine de vaisseau, dont cinq enfants, deux filles et trois fils: Pol, Alfred et Henri, qui tous les trois, par leurs études et leurs écrits, font honneur à la Bretagne.

breuil [1], Pâris de Soulange, Rouault de Gamaches, Derval, Gesril du Papeu, Gouicquet de Bocozel, Le Ny de Coëtudavel, Langan du Boisfévrier [2], de Chenu, de Baraudin, de la Chevière, du Trévou, du Drézit, L'Ollivier de Tronjoly, Lamoignon [3], du Perenno de Penvern, Brumauld de Beauregard, du Largez, Robecq, de La Villeloays, Pinel de La Villerobert, Blanchoin de Villecourte, Cothereau de Grandchamp, du Haffond [4], Prigent de Quérébars, Pallet d'Antraize, d'Anceau, Billouard de Kerlerec, Aubin de Botcouard, de Passac [5], Baudot de Sainneville, Gauné de Cazeaux, de Lâge de Volude, de Percy, de Souyn, de Royrand, Collart de Ville, Vas de Mello, etc., etc.

Je m'arrête, la liste est par trop longue ; il m'est impossible, d'ailleurs, de passer le nom de Mello, sans lui consacrer un pieux souvenir. La famille qui le portait se composait, au commencement de 1793, de onze personnes. Elle habitait en Bas-Poitou, dans la commune du Poiré-sur-la-Roche, le petit fief de la Métérie, dont son chef avait pris le nom. M. de La Métérie mourut vers cette époque [6]; il laissait une veuve dont le nom allait devenir illustre — elle se nommait Charette — et six enfants, deux fils et quatre filles. Il avait, en outre, deux frères et une sœur, qui demeuraient ensemble à la Chaize-le-Vicomte. L'un des frères était un ancien officier de dragons, chevalier de Saint-Louis.

Les deux fils étaient émigrés. Le reste de la famille suivit l'armée vendéenne par-delà la Loire, et, dans la déroute du

---

[1] Le nom a été relevé par Villelume.

[2] Le nom de *Langan* a été relevé par Treton de Vaujuas.

[3] Nom relevé par Ségur.

[4] Les du Haffond ne sont plus aujourd'hui représentés que par la comtesse Henri Le Gouvello de La Porte et par M⁰ᵉ de Rosencoat. Ils étaient sept au moment de la Révolution et n'étaient plus que deux après.

[5] Deux frères, l'un tué à Newport, l'autre à Quiberon.

[6] *André-Alexandre* Vas de Mello ; sa femme se nommait *Marie-Marguerite* Charette de la Verrière. J'écris *Métérie* et non *Métairie*, parce que c'est ainsi que le mot est écrit sur tous les actes et par tous ceux qui les signent. Les Vas de Mello étaient une famille portugaise, établie à Nantes à la fin du XVIᵉ siècle, et au Poiré-sur-la-Roche vers le milieu du XVIIᵉ.

Mans, disparurent à la fois Mme de La Métérie et ses deux
beaux-frères. Les quatre jeunes filles furent prises près de
Nozay, avec Jeanne Roy, leur fidèle *bonne*, suivant le mot du
pays, et conduites à Nantes, où l'on fit grand bruit de la capture
de quatre cousines de Charette. La plus âgée avait vingt-huit
ans; la plus jeune n'en avait que dix-sept. Qui n'a ouï parler de
leur beauté et de leur piété? Qui ne sait le drame affreux de
leur mort?

Mlle de Mello, leur vieille tante, les suivit de près; elle mourut de chagrin et, dit-on, de misère. Quant aux deux fils, l'aîné,
Alexandre, ancien garde-du-corps, de la compagnie écossaise,
fut tué, en Hollande, le 26 avril 1794; le second, Césaire, fut
fusillé à Quiberon, l'année suivante. Toute une famille fauchée
par la Révolution!

Les anciens se sentaient émus à la seule pensée des ruines que
le temps amoncelle et qui finissent elles-mêmes par disparaître:
Etiam periere ruinæ! disait le poëte avec tristesse. Mais ici, ce
ne sont plus des ruines qui périssent, c'est-à-dire quelque chose
d'à demi-mort, c'est ce qu'il y a de plus vivace dans l'humanité,
la famille, la race, qui semble faite pour traverser les siècles.
Etiam periere gentes!

LISTE DES VICTIMES DE QUIBERON

Il existe deux listes officielles des victimes de Quiberon : l'une qui est connue sous le nom d'*État du général Lemoine*, et l'autre qui figure sur le monument de la Chartreuse.

Diverses autres listes ont été publiées, mais sans caractère officiel. La première le fut par Michel, à Brest, en 1814. Elle n'est que la reproduction, par ordre alphabétique, de l'*État du général Lemoine*, avec cette différence que les *insurgés* ou *chouans* y sont distingués des *émigrés* par un astérisque. M. de Villeneuve la Roche-Barnaud a reproduit cette liste, en la corrigeant parfois, à la suite de ses *Mémoires sur l'expédition de Quiberon*.

Pihan de la Forest en publia une nouvelle à Paris, en 1829 [1]. Elle contient beaucoup d'indications précieuses qu'on chercherait vainement dans les précédentes ; mais certaines qualifications y sont souvent hasardées et, lorsque je vois, par exemple, l'épithète de *noble* attribuée à Le Cun, l'honnête et vaillant chantre de la cathédrale de Tréguier, à Mathurin Le Franc, l'énergique paysan de Quédillac, et à bien d'autres, je ne puis m'empêcher de sourire en pensant à la surprise que ces cœurs si nobles, à coup sûr, mais si sincères, en eussent éprouvée.

M. Théodore Muret a donné, à son tour, sa liste au quatrième volume de ses *Guerres de l'Ouest*. C'est la liste du monument

---

[1] *Notice sur le monument de Quiberon, suivie de la liste authentique des noms inscrits sur le mausolée*, par Pihan de la Forest, imprimeur, rue des Noyers, n° 37, Paris. — 1829.

8

avec des additions qui, manquant de preuves, manquent d'autorité.

Enfin, M. Rosenzweig, le savant archiviste de la préfecture du Morbihan, a publié, en 1863, une liste qui a le mérite d'avoir été relevée sur les arrêts de condamnation et de reproduire les noms tels qu'ils résultent des signatures des victimes [1]. Malheureusement on sait que les signatures ne sont pas toujours faciles à lire. M. Rosenzweig distingue, en outre, les condamnés sur lesquels les archives possèdent des documents certains, des *tués à l'ennemi* sur lesquels les documents font défaut. Pour ceux-ci, il se borne à suivre la liste de la Chartreuse. Grâce à cette distinction on n'est plus exposé à des recherches inutiles. Mais M. Rosenzweig ne connaissait que les pièces du greffe où les noms produits ne sont pas toujours ceux sous lesquels les condamnés étaient connus; de là des confusions et des erreurs, dont quelques-unes, il faut bien le dire, existaient déjà sur le monument.

Ainsi, sur le monument, on a inscrit le nom du noble comte de Sainneville, c'était justice; mais on y a inscrit, en même temps, un *Nicolas-Anne Baudot* qui se trouve sur l'*État du général Lemoine* et n'est autre, en réalité, que le comte de Sainneville lui-même (*Nicolas-Anne Baudot de Sainneville*). Les doubles emplois de ce genre sont assez nombreux.

Aucune des différentes listes dont nous venons de parler n'indique d'ailleurs le lieu et le jour de la condamnation, ce qui fait que les points de repère manquent pour la facilité des recherches. Il y avait là une lacune importante à combler. Il y avait, en outre, des éclaircissements de plus d'un genre à donner sur l'*État* du général Lemoine, qui a servi de base à toutes les listes, *État* à la fois très-incorrect et très-incomplet.

Et d'abord, rédigé dans le courant de nivôse de l'an IV, il ne pouvait contenir évidemment toutes les condamnations

---

[1] *La Chartreuse d'Auray et le monument de Quiberon,* par L. Rosenzweig. Vannes, Cauderan. — 1863.

prononcées en nivôse, ni celles qui datent des mois suivants. Aussi vainement y chercherait-on les noms de *Corvay*, *Danic*, *Dagord*, *Enamf*, etc., etc., dont les arrêts de mort existent cependant, et qui figurent à bon droit sur le mausolée. Bien mieux, on n'y trouve même pas les noms de tous ceux qui furent condamnés avant nivôse. Je n'en veux pour preuve que l'aîné des deux Bassetière, condamné le 17 fructidor de l'an III. Son frère est porté sous le nom de *Morisson*; mais lui ne l'est sous aucun nom. On peut juger par là du désordre qui régnait dans cet état-major républicain. On y faisait des victimes, mais on ne les comptait pas.

Ou, si on les comptait, on les comptait mal. L'*État* certifié par le général Lemoine porte un total de 713 fusillés ; et, en additionnant les noms qu'il donne, on n'en trouve réellement que 710.

Ajouterai-je que beaucoup de ces noms sont méconnaissables. Comment reconnaître, par exemple, Couhé de Lusignan dans *Couet*, Crouseilhes dans *Crousil*, La Chevière dans *Chevrier*, du Bouëtiez dans *Duboicetier*, Talhouët dans *Pallouet!* Pouvait-on attendre mieux, après tout, de greffiers qui ignoraient les noms les plus connus et écrivaient *La Liége* pour l'Ariége, *Lionne* pour l'Yonne, *Tissoire* pour Issoire, et, parfois même, *Cibéron* pour Quiberon ?

Les qualifications ne sont guère moins fautives ; mais ici, je dois en convenir, la faute, s'il y a faute, vient des condamnés. A une époque où le seul mot de *noble* pouvait décider de la vie, plus d'un se disait *domestique*, qui n'avait jamais porté la livrée; *marchand*, qui avait rarement manié l'aune; ou même *saunier*, qui ne savait peut-être pas très-bien comment se faisait le sel. En définitive, l'*État du général Lemoine* n'a de valeur qu'avec interprétations et commentaires.

On croit peut-être que la liste du monument a réparé les omissions, corrigé les erreurs; illusion pure ! Ce n'est pas à dire qu'on n'y remarque diverses améliorations. Le général Le-

moine portait en bloc 800 morts dans les combats, mais sans en
nommer aucun. La liste du monument en nomme un peu plus
de 200. Le général portait 400 morts de maladie; la liste de la
Chartreuse en nomme un, mais un seul, M. Brumauld de Beauregard; c'est peu. Le nombre des inscrits se trouve être, en
définitive, de 952 au lieu des 710 du général.

Mais, en même temps qu'on ajoutait d'un côté, on oubliait de
l'autre. Ainsi il y a tels et tels noms que je trouve sur les arrêts
de mort et sur l'État du général Lemoine, qu'on s'étonne de ne
pas voir sur le mausolée. Qu'il me suffise de citer M. Aulide
Cibour, condamné le 15 thermidor à Vannes, et M. Testut-Delguo, ancien gendarme de la garde du roi, qui y avait été condamné la veille; ils ne sont pas les seuls. Par une inadvertance
non moins singulière, on inscrivait sur le mausolée les noms
de cinq ou six émigrés qui avaient eu le bonheur d'échapper au
massacre, et dont trois au moins, peut-être quatre, vivaient
encore, lorsqu'on burinait leur épitaphe.

Il est enfin un dernier et double reproche que mérite la liste
de la Chartreuse: c'est que, tout en étant plus correcte que celle
du général Lemoine, elle est encore fort incorrecte et parfois
tout aussi énigmatique. La liste du général ne portait ordinairement que le nom patronymique; celle du mausolée ne porte
le plus souvent que le nom de terre ou de seigneurie, ce qui rend
la confrontation des plus difficiles. Voici, par exemple, sur la
liste du général, *Paul Poullier*. Comment deviner que c'est le
même individu que *Paul de Montenant* de la liste de la Chartreuse? Au moins fallait-il dire pour être compréhensible: *Paul
Le Poulletier de Montenart*. Je lis sur le monument *Remy de
Kerdaniel*. Quelle est la victime ainsi désignée? C'est M. Remy
Le Métayer de la Garde, qui était de la même famille que les Le
Métayer de Kerdaniel. Ne faut-il pas être sphinx pour trouver
cela? Ailleurs, vous lirez *Querolan* pour *Kerolain; Keruigerel*
pour *Dargent de Kerbiquel*, etc., etc.

En deux mots, la liste était sinon à refaire, du moins à rema-

nier de fond en comble. C'est ce que comprit immédiatement
M. Hersart du Buron, qui, en sa qualité de secrétaire de la Commission de souscription pour la Loire-Inférieure, avait déjà réuni
des documents et fait quelques publications. Ancien élève de
l'École polytechnique et habitué, par suite, à la précision et à
l'exactitude, il était irrité, indigné, c'était le mot, qu'elles fussent si peu respectées sur un monument public; vieux gentil-
homme, il souffrait de voir défigurer des noms qui, à ses yeux,
avaient tous, même les plus obscurs, le droit d'être illustres. De
là cette vaste correspondance dont j'ai déjà parlé, correspondance qui ne fut pas sans soucis et que M. Hersart ne poursuivit
pendant vingt ans que par un effet tout spécial, disait-il, de sa
ténacité bas-bretonne.

Le fait est que M. Hersart était pressant, insistant; or il arrive
souvent qu'on n'aime point les exigences. Souvent donc on ne lui
répondait pas ou on lui répondait d'un ton qui n'exprimait nullement la gratitude. Mais, après 1830, ce fut bien pis. On s'ima-
gina, çà et là, que son travail pourrait, fort contre son gré,
aider les révolutionnaires à dresser de nouvelles tables de
proscription, et nombre de bouches demeurèrent closes.
D'autres, il est vrai, ne l'étaient pas; mais elles parlaient quelquefois à l'aventure et plus qu'il n'aurait fallu. Aux renseignements demandés on joignait des faits douteux, des légendes im-
possibles. M. Hersart se récriait; il faisait toucher au doigt l'erreur, l'impossibilité, et cela ne plaisait pas toujours. Bref, le travail était pénible, difficile, et, lorsque la mort vint l'interrompre, de nombreux matériaux étaient amassés sans doute,
mais l'édifice était encore à construire.

Et même, pour le construire, bien des pièces manquaient.
Abondants sur beaucoup de points, les documents l'étaient peu
sur d'autres; ils faisaient même complétement défaut sur un
grand nombre. Aussi n'aurais-je jamais entrepris d'y mettre la
main, même avec l'aide bienveillante des érudits les plus compé-
tents, si de douloureuses circonstances de famille ne m'avaient

rendu familier, dès l'enfance, tout ce qui tient à Quiberon. Ma mère avait perdu, dans cette épouvantable catastrophe, son père, un frère, un cousin germain et un oncle à la mode de Bretagne. Quoique bien jeune alors, elle s'était trouvée mêlée aux péripéties de ce drame affreux. Elle avait vu et entendu les victimes dans les prisons d'Auray et de Vannes ; et, durant une vie de quatre-vingt-dix ans que Dieu fit, jusqu'au dernier jour, saine et forte, nous avions trop souvent recueilli ses impressions en famille pour qu'elles ne fussent pas devenues les nôtres. J'avais donc des données acquises, et ces données m'ouvraient la voie pour trouver une partie de celles qui m'étaient encore nécessaires. Je savais où chercher et comment chercher. C'est ce qui m'a décidé à ne pas laisser perdre les documents recueillis par mon infatigable compatriote, heureux d'ailleurs, je l'avoue, d'apporter à ce qu'on peut appeler *la dernière page de l'histoire de Quiberon*, le tribut de mes efforts, de mon respect et de mes pieux souvenirs [1].

[1] Malgré toutes mes recherches, je n'ai pu, on le verra, fournir des données précises sur tous les noms ; mais l'important était d'ouvrir la voie. D'autres la suivront jusqu'au bout. Pour les dates des condamnations, j'ai pris comme guide le répertoire du greffe. S'il y avait quelque erreur, ce serait son fait et non le mien. Lorsque les dates m'ont paru douteuses, ou lorsque des noms portés sur l'*État* du général Lemoine ne se trouvaient pas sur le répertoire, j'ai simplement indiqué l'*État* comme pièce authentique et probante.

LISTE DE LA CHARTREUSE, AVEC ADDITIONS ET RECTIFICATIONS.

EXPLICATIONS PRÉLIMINAIRES. — Le premier nom est celui qui est inscrit sur le monument. Chaque nom est exactement reproduit. Nous nous sommes permis seulement quelques transpositions pour ceux qui ne sont pas à leur place rigoureusement alphabétique. La syllabe *Aj.* indique les additions; le signe — les suppressions; le signe **+** les condamnations; *Em.* signifie émigré; *Ins.*, insurgé.

Nous avons conservé pour les condamnations les dates républicaines, afin de faciliter les recherches dans les archives. Disons seulement que le 9 *thermidor*, date de la première condamnation, indique le 27 *juillet;* — le 14 *thermidor* le 1er *août;* — le 8 *fructidor* le 25 août; — le 15 *fructidor* le 1er *septembre;* — le 9 *vendémiaire* de l'an IV le 1er *octobre;* — le 11 *nivôse* le 1er *janvier* 1796.

Cher D'AIGUILLON. (Fait double emploi avec *de Guillon*, qui est écrit *Déguillon* sur l'arrêt. Voir au G.)

D'ALBERT-MIVEL (Charles). *Aj.*, militaire, 25 ans, Saint-Omer, Pas-de-Calais, condamné le 13 thermidor à Vannes. *Em.*

ALLANIC (Alexandre). *Aj.*, étudiant, Loudéac, Côtes-du-Nord **+** 15 brumaire an IV. Vannes. *Em.*

ALLARY. *Aj.*, mort le 21.

L'ALLEMAND (Pierre), domestique du baron de Damas, âgé de 37 ans, Bourgogne **+** 10 thermidor. Quiberon. *Em.*

ALLIEAUME (Pierre-Louis-Nicolas), horloger, âgé de 19 ans, Gravelines, Nord **+** 16 thermidor. Quiberon. *Em.*

ALOY (Antoine). *Aj.*, déserteur, âgé de 22 ans, Pas-de-Calais **+** 15 thermidor. Vannes. *Em.*

ALOY (Louis-Joseph). *Aj.*, déserteur, âgé de 21 ans, Pas-de-Calais **+** 15 thermidor. Vannes. *Em.*

ALYS (M.-J.). *Lire,* Joachim ALYS, 26 ans, Nord **+** 15 thermidor. Quiberon. *Em.*

D'AMBOIX (Charles). *Aj.*, sous-lieutenant de la marine, 24 ans, Mas-d'Azil, Ariége **+** 14 thermidor. Vannes. *Em.*

D'AMBOIX (F.-J.). *Lire,* Pierre-Jean, lieutenant au régiment de Béarn, 29 ans, Mas-d'Azil, Ariége **+** 14 thermidor. Vannes. *Em.*

AMELIN (Joseph). *Aj.*, soldat, 29 ans, La Bruffière, Vendée **+** 27 fructidor. Vannes. *Em.* [1]

D'ANGLARS (Charles). *Lire,* Charles-Louis, volontaire en *Béon*, né à Nachamps, Charente-Inférieure, le 18 avril 1774 **+** 9 fructidor. Auray. *Em.* [2]

---

[1] Il avait émigré avec son capitaine, M. de Buor.

[2] Fils de *Jean-Alexandre*, seigneur de Peychaure, et de *Marie-Louise-Thérèse* Griffon.

Aniéné (Marc). *Aj.*, cordonnier, fusilier dans *Béon*, 24 ans 1/2, Pas-de-Calais + 10 thermidor. Quiberon. *Em.*

D'Antresse (J.-B.). *Lire*, Jean-Baptiste-François-Marie Pallet d'Antraize, chasseur noble dans la légion de *Damas*, né à Saint-Jean-d'Angély, le 19 septembre 1770 + 28 fructidor. Vannes. *Em.* Voir ci-dessus, p. 47.

D'Apchier (A.-M.). *Aj.*, 24 ans, Ternant, arrondissement d'Issoire, Puy-de-Dôme + 5e complémentaire an III. Vannes. *Em.*

D'Apchier (Gilbert). *Aj.*, Ternant, arrondissement d'Issoire, Puy-de-Dôme + 17 fructidor. Auray. *Em.* [1].

D'Arblade (J.-L.). *Lire*, Jean-Louis Beuquet d'Arblade, capitaine au régiment d'*Hervilly*, 36 ans + 16 thermidor. Vannes. *Em.*

Arbon (Philippe). *Aj.*, soldat, 31 ans, Saint-Germain-des-Bois, Somme + 13 fructidor. Auray. *Em.*

D'Arbouville (Lis-Ch.-Hor). *Aj.*, capitaine au régiment d'*Hervilly*, tué le 16 juillet. *Em.* [2].

L'Archantel (E.-V.). *Lire*, Gilart de Larchantel, chanoine de Quimper, 46 ans + 9 thermidor. Auray, exécuté le 10 à Vannes. *Em.* Voir ci-dessus, t. XXXIV, p. 189.

D'Arnaud. *Aj.*, Louis-Auguste.

Arnoult (Pierre). *Aj.*, praticien, né le 8 mars 1753, à Calais + 13 fructidor. Auray. *Em.*

Astier. *Lire*, Charles d'Astier [3].

Cte d'Attilly. *Lire*, de Bullion d'Attilly, colonel, commandant en second le régiment d'*Hervilly*, tué à l'affaire du 21. *Em.* [4].

---

[1] Famille d'Auvergne, dont la branche aînée s'est fondue dans La Tour, en 1663, et dont une seconde branche s'est éteinte, en 1753, avec *Claude-Annet* d'Apchier, lieutenant-général et chevalier des ordres. Restait une troisième branche, qui comptait parmi ses membres, avant la Révolution, le comte d'Apchier, officier supérieur aux gendarmes de *Monsieur*, un sous-lieutenant au régiment de Royal-Vaisseaux et autres.

[2] Deux familles d'Arbouville ont marqué dans les armes : les *Chambon* d'Arbouville et les *Loyré* d'Arbouville. Ces derniers ont produit récemment un général de division, grand-croix de la Légion-d'Honneur. Les *Chambon* comptaient, en 1789, deux chevaliers de Malte. Nous remarquons, en outre, un comte d'Arbouville, maréchal-de-camp en 1788. Il nous est impossible de dire à laquelle des deux familles il appartenait; c'est probablement lui qui fut tué à Quiberon.

[3] Le régiment de *Béarn* avait, avant la Révolution, un capitaine du nom d'Astier de Monnessargue, et le régiment de *Périgord*, en 1795, un capitaine du nom de Saint-Astier; mais ce dernier ne fut pas du nombre des victimes. Il est devenu, plus tard, lieutenant-général et cordon rouge.

[4] Il devait être petit-fils de *Claude-Louis*, et de *Madeleine* de Rosnyvinen.

AUBIN (J^q-A^{le}.). *Lire*, AUBIN DE BOTCOUARD, lieutenant au régiment de Guyenne, infanterie, 34 ans, Vannes + 15 thermidor. Vannes. *Em.* [1]

AUBRY (Furcy). *Aj.*, 43 ans, Somme + 15 thermidor. Quiberon. *Déserteur*.

D'AUDEBARD (Pierre). *Aj.*, 55 ans, Paris + 16 thermidor. Quiberon. *Em.*

AUDREIN (Mathurin). *Aj.*, laboureur, réfractaire, La Prenessaye, Côtes-du-Nord. *Ins.* N° 707 de l'Etat du général Lemoine.

AUFFREY (François). *Aj.*, menuisier, réfractaire, La Prenessaye, Côtes-du-Nord. *Ins.* N° 708 de l'Etat du général Lemoine.

DE SAINT-AULAIRE (M.). *Lire*, Marc-Antoine DE BEAUPOIL SAINT-AULAIRE, 32 ans, Jonzac + 18 thermidor. Quiberon. *Em.* [2]

D'AURONT. *Aj.*, Jean-Antoine. Voir DOURROUX.

Cte D'AVARAY. *Lire*, Armand-Louis-Théophile DE BEZIADE, vicomte D'AVA-RAY, chevalier de Malte, major en second au régiment d'*Hervilly*, né à Paris, le 11 décembre 1766 + 16 thermidor. ''annes. *Em.* [3]

AVRIL (René). *Aj.*, domestique, 47 ans, Lamballe + 13 fructidor. Auray. *Em.*

BACHELOT (Michel). *Aj.*, domestique, 36 ans, Maine-et-Loire + 18 thermidor. Quiberon. *Em.*

BACHELOT (Mathurin). *Aj.*, laboureur, né à Cadillac, Côtes-du-Nord, le 4 avril 1748 + 12 thermidor. Auray. *Em.*

DE BAILLY (J.-P.-R.). *Lire*, Jean-Pierre-Raymond LE BAILLIF DE PORTSA-LUDEN, 39 ans, Pont-Croix, Finistère + 13 thermidor. Vannes. *Em.*

BANS (Pierre). *Aj.*, 50 ans, Perpignan + 20 fructidor. Vannes. *Em.*

DE BARASSOL (Jⁿ-J^{lm}-A^{ne}). *Lire*, DE BORRASSOL, capitaine au régiment de Hainaut, plus tard en *Damas*, chevalier de Saint-Louis, né à Toulouse, le 6 juin 1738 + 15 thermidor. Quiberon. *Em.* [4]

DE BARAUDIN (Louis). *Aj.*, lieutenant de vaisseau, 35 ans, Rochefort + 12 thermidor. Quiberon. *Em.* Voir ci-devant, p. 38.

---

[1] La famille *Aubin de Botcouard*, de Vannes, se composait de cinq personnes : deux fils, dont l'un fut tué à Newport, l'autre à Vannes, et de trois filles, qui n'ont pas laissé de postérité. La famille est éteinte.

[2] Deux Saint-Aulaire se trouvaient à Quiberon : *Marc-Antoine* et *Jean-Vricix*, colonel, chevalier de Saint-Louis, fils du baron de la Laminade, et titré, lui-même, *marquis de Saint-Aulaire*. Il se sauva le 21, prit du service en Russie, d'où il ne revint qu'en 1818. Louis XVIII le nomma, par ordonnance du 26 août de cette année, maréchal de camp.

[3] Il était le second fils de *Claude-Antoine* de Beziade, marquis, puis duc d'Avaray, et d'*Angélique-Adélaïde-Sophie* de Mailly de Nesle.

[4] Il était fils de *Guillaume*, seigneur de Negachedel, et avait un frère qui a continué la filiation.

BARBA (Jean-Joseph). *Aj.*, soldat, 25 ans, Fruges, Pas-de-Calais $+$ 15 thermidor. Vannes. *Em.*

BARBAROUX (François). Combat du 16 juillet.

BARBUT (Jean-Marie). Combat du 16.

DE LA BARRE (François-René). *Aj.*, né à Nantes, le 16 juillet 1738 $+$ 15 thermidor. Quiberon. *Em.* [1].

BARRÉ (Yves). *Aj.*, chirurgien, 45 ans, Châteauneuf-du-Faou, Finistère $+$ 12 thermidor. Quiberon. *Em.*

BARRET. *Aj.*, Michel.

DE BASQUIÈRES (B.-F.). *Lire*, Louis-François-Henri MORISSON DE LA BAS-SETIÈRE, né, le 30 novembre 1770, au château de la Bassetière, près des Sables-d'Olonne, ancien page de Monsieur, volontaire dans *Loyal-Émigrant* $+$ 17 fructidor. Vannes. *Em.*

DE LA BASSETIÈRE. *Lire*, Calixte-Charles MORISSON DE LA BASSETIÈRE, né le 23 janvier 1772, frère du précédent, chasseur noble dans le régiment de *Damas* $+$ 11 thermidor. Auray. *Em.* [2].

BASSOU (François). *Aj.* Perpignan $+$ 9 fructidor. Vannes. *Em.*

— BAUDOT (N.-Anne). *Lire*, Nicolas-Anne BAUDOT, comte, puis marquis de SAINNEVILLE. (Double emploi, voir *Sainneville*).

DE BAUDRAND (Louis-Charles). *Aj.*, capitaine de vaisseau, 55 ans. Saint-Vigor (Calvados) $+$ 14 thermidor. Vannes. *Em.*

BAUDUT (Jh). *Lire*, BAUDIOT ou BAUDAL, musicien, 26 ans. Nancy $+$ 12 thermidor. Auray. *Em.*

BAULAVON (Gabriel). *Aj.* Séminariste, professeur, né en janvier 1769, à Séez (Orne) $+$ 16 thermidor. Vannes. *Em.* [3].

LA BAUME DE PLUVINEL (J.-A.-T.). *Lire*, Joseph-Antoine-Bernard-Marie DE TERTULLE DE LA BAUME DE PLUVINEL, né à Carpentras, le 29 janvier 1755; lieutenant dans *Hector* $+$ 15 thermidor. Vannes. *Em.* [4].

[1] Ancien page, officier de *Royal-Cravate*, cavalerie. Il avait épousé *Marie-Jeanne Baudouin de la Ville en Bouaye*, dont trois filles et deux fils, l'un tué en 1815, l'autre colonel d'infanterie sous la Restauration. L'un et l'autre ont laissé postérité.

[2] Ils étaient fils de *Jean-Baptiste-Henri-Marie-Joseph*, ancien chevau-léger de la garde du roi, et de *Henriette* Foucher de Brandois. Deux de leurs frères périrent dans la Vendée, et deux autres, après avoir pris part aux guerres de l'émigration et de la chouannerie, ont continué la filiation.

[3] Il était tonsuré et professait la rhétorique au collège de Séez, lorsque éclata la Révolution. A Quiberon, il servait comme sergent dans *Rohan*. Avant de mourir, il écrivit à sa mère une lettre admirable de piété, de sentiment et de résignation.

[4] Son acte de baptême désigne ainsi son père : *Joseph-Séraphin*, par testament surnommé *de Tertulle*, du lieu de la Baume, chevalier, marquis de Pluvinel, etc.; et sa mère, *Laurence-Antoinette* de Lattier. Il épousa lui-même *Marie-Antoinette* d'Anglancier de Saint-Germain, dont il avait un fils, qui n'a pas laissé de postérité masculine. La famille a été continuée par son frère aîné.

DE BAUPTE (Louis-Charles). *Aj.* Officier des garde-côtes, volontaire dans *Damas*, né le 15 mars 1741, à Ecrammeville, (Calvados) + 11 thermidor. Auray. *Em.* [1].

DE BAVIÈRE (Cher). *Lire*, CAQUERAY DE BAVIÈRE, s.-lieutenant en d'*Hervilly*, tué ou noyé le 21 juillet. *Em.* [2].

DE BAYARD (Emile). Combat du 16 [3].

DE BÉARN (Pre-Ph). *Lire*, GALARD DE BÉARN. Combat du 16 [4].

— DE BEAUCORPS (Cher). Double emploi avec le suivant.

DE BEAUCORPS (J.-J.). *Aj.* Ancien officier de cavalerie, vétéran dans *Loyal-Emigrant*, 57 ans. L'Epineuil, près de Saintes + 15 thermidor. Quiberon. *Em.* [5].

DE BEAUDENET. *Aj.*, né à Avallon, vers 1770, mort dans un des premiers combats. *Em.* [6].

Mis DE BEAUFORT (DE GOYON) *Lire* Joseph-Marie-Jean-Michel Mis de BEAUFORT, capitaine-major en second au régiment d'*Hervilly*, 48 ans, Paris + 16 thermidor. Vannes. *Em.* [7].

[1] Fils de *François de Baupte*, seigneur de Baumer, garde de la porte du roi, et de *Marie-Gillette-Geneviève* Bauquet. Lui-même avait épousé *Marie-Louise-Victorine* de Baudre, dont il avait un fils et une fille.

[2] Quarante Caqueray, suivant M. de Villeneuve La Roche-Barnaud, se trouvèrent réunis dans l'*Armée des princes*, en 1792. Ils voulaient former une compagnie à eux seuls; mais le comte d'Artois s'y refusa, ne voulant pas exposer une telle famille à être exterminée dans un seul combat. Trois d'entre eux périrent, à Famars, à Menin, en Hollande; quatre à l'armée de Condé, un en Normandie, un autre parmi les chouans, deux à Quiberon (Caqueray de Mezanci et Caqueray de *Bavière*), et un dernier à Jersey, de blessures reçues à Quiberon (Caqueray de l'Orme). Voir plus loin *Caqueray*.

[3] La famille du chevalier *sans peur et sans reproche* est depuis longtemps éteinte; mais l'histoire cite d'autres Bayards : *Castel Bayard*, notamment, un des capitaines d'Henri IV; dans le dernier siècle, un capitaine de vaisseau, *Georges* Bayard des Catelais, en Picardie; un brigadier des gardes-du-corps, en 1789; des barons de Bayard en Languedoc, etc.

[4] La généalogie de la famille ne le mentionne pas; mais toutes les branches n'y sont pas comprises, et la victime paraît avoir appartenu à un rameau qui s'était fixé dans l'Angoumois, depuis deux siècles.

[5] Son véritable prénom était *Paul*; *Jean-Jacques* étaient les prénoms de son père. De son mariage avec N. Raboteau, il avait une fille, mariée à *Casimir* de Montalembert, ancien capitaine d'infanterie.

[6] Son père, qui mourut en émigration, s'était allié dans la famille *Le Tors de Crécy*, et avait quatre fils, dont deux seulement ont laissé postérité. Un cousin germain, M. de Baudenet d'*Annour*, nom que portait l'aïeul commun, a laissé, de son côté, un fils et une fille, Mme de Virieu, propriétaire actuel du château d'Annoux, près d'Avallon.

[7] Suivant M. Pol de Courcy, qui fait autorité, il faut supprimer *Goyon*. La victime serait un Beaufort de l'Artois.

De Beaufort (Casimir). *Lire* DE Gouyon de Beaufort, sous-lieutenant en *du Dresnay*, 29 ans, Rennes + 8 fructidor. Vannes. *Em.* [1].

De Beaugendre (Cher). *Aj.*, Lieutenant en d'*Hervilly*. *Em.*

De Beaumetz (Charles). *Lire*, du Val de Beaumetz, Lieutenant dans *Rohan*, 19 ans, né à Rouen (Seine-Inférieure) + 5e complémentaire, an III. Vannes. *Em.*

De Beaumont. Combat du 16.

De Beaumont (J.-P.). *Lire*, Joseph Pascal du Chérou de Beaumont, capitaine du génie, 43 ans. Périgueux + 15 thermidor. Vannes. *Em.*

— De Beaupoil (P.-M.). Double emploi. Voir à l'A *Saint-Aulaire*.

— De Beauregard. Double emploi. Voir ci-après *De Guerry*.

— De Beauregard (Cher). Double emploi. Voir ci-après Cher *De Guerry*.

Beauregard (F.-A.-M.). *Lire*, Dubois de Beauregard, né le 30 octobre 1740, à la Guyondais, près de Ploërmel, lieutenant dans *du Dresnay*, chevalier de Saint-Louis + 15 thermidor. Vannes. *Em.* [2].

Beauvais (Etienne). *Aj.*, marchand, 44 ans, Bruxelles + 9 fructidor. Auray.

De Beauvillié. *Aj.*, 35 ans, Indre + 15 thermidor. Vannes. *Em.*

De Bechillon (Charles-Sylvain). *Aj.*, Capitaine dans *Picardie*, infanterie, soldat aux vétérans émigrés; né le 21 septembre 1743, au château de Presecq, près de Poitiers + 10 thermidor. Quiberon. *Em.* [3].

Beghin (P.-E.), ou Beguin (Emmanuel), domestique, 20 ans, Nord + 15 thermidor. Auray. *Em.*

Belisson (Louis). *Aj.* Soldat, 22 ans, La Cambe, Calvados + 15 thermidor. Vannes. *Em.*

Vte De Bélizal. *Lire*, André-Marie Gouzillon, vte de Bélizal, brigadier des armées navales, chevalier de Saint-Louis, né à Brest, le 12 mai 1741, blessé le 16 juillet, massacré le 21. *Em.* [a].

---

[1] Deuxième fils de *Luc-Jean*, capitaine au régiment de *Colonel-général* dragons, décapité à Paris, le 20 juin 1794, et d'*Aubine-Louise* Gouyon de Launay-Comatz, sa deuxième femme, dont 17 enfants. La postérité de deux d'entre eux existe encore à Saint-Malo.

[2] Il servait, avant la Révolution, dans les grenadiers royaux de Bretagne. De son mariage avec *Élisabeth-Jeanne* de Lesquelen, sont issus sept enfants, quatre fils et trois filles. Avant de mourir, il écrivit une lettre touchante à sa femme.

[3] Il était fils de *Jacques-Charles-Louis* et de *Claude-Sylvine-Rosalie* Duris, et avait lui-même épousé, en 1779, *Marie-Hélène* Venault, dont deux fils, qui ont laissé une nombreuse postérité.

[a] Son père portait le titre de comte de Kermeno, et s'était allié dans la maison de La Jaille. Lui-même avait épousé *Marie-Hyacinthe-Charlotte* Gogibus de Méni-

DE BELLEFONDS (J.-E.-F.). *Lire,* Jean-François-Florent GIGAULT DE BEL-
LEFONDS, lieutenant de vaisseau, né le 22 septembre 1760, à Equeu-
dreville, près de Cherbourg + 14 thermidor. Vannes. *Em.* [1].

DE BELLEGARDE (Jn-Fois). *Lire,* VASSAL DE BELLEGARDE, né au château de
Bellegarde, près de Bergerac (Dordogne), le 7 novembre 1767 +
13 fructidor. Auray. *Em.* [2].

BÉNIZET (Henri). *Aj.,* laboureur, 24 ans, Péaule (Morbihan), n° 696 de
l'Etat. *Ins.*

BENOIT (C.-J.). *Aj.,* volontaire, 26 ans, Nord + 15 thermidor. Vannes.

DE BÉON (Fois). *Aj.,* de la GUTTÈRE, volontaire dans *Loyal-Émigrant,* 17
ans, Moréal (Gers) + 8 fructidor. Vannes. *Em.*

BÉRIENNE (Jq). *Aj.,* meunier, 31 ans, Pluvigner (Morbihan) + 17 fructidor. Auray. *Ins.*

DE BERMOND (Raymond). *Aj.,* 22 ans, Béziers + 8 fructidor. Vannes. *Em.*

BERNARD (Charles). *Aj.,* menuisier, 40 ans, Neuville (Rhône) + 9 fructidor. Vannes. *Em.*

BERNARD (Jn-Mel). *Aj.,* faiseur de piques, 25 ans, Vannes + 8 fructidor.
Vannes. *Ins.*

BERNEY (Jn). *Aj,* 53 ans, Bergerac (Dordogne) + 16 thermidor.
Vannes. *Em.*

BERTHE (Jh). *Lire,* Joseph-Armand BRETHÉ DE LA GUIGNARDIÈRE, né en
1778, au château de ce nom, commune de Sainte-Florence,
(Vendée), volontaire. *Ins.* [3].

---

mande, et avait eu deux enfants : un fils qui a continué la filiation, et une fille,
Mme de La Noue, dont le petit-fils, *Charles* de La Noue, est mort glorieusement à la
bataille du Mans, sur le plateau d'Auvours.

[1] Il était chevalier de Saint-Louis, et s'était distingué dans l'Inde, sous les ordres
du bailly de Suffren. Marié à sa cousine issue de germains, *Françoise-Bernardine-
Marine* Gigault, il en avait deux fils, qui n'ont pas laissé de postérité. Lui-même
était fils de *Guillaume-Jean-Léonard* Gigault, seigneur de Bellefonds et de Marennes,
ancien capitaine, chevalier de Saint-Louis, et de *Thérèse-Françoise* Duprey de Se-
nessey, dont cinq fils et cinq filles. Le marquis de Bellefonds, blessé d'un coup de
feu au visage (Voir p. 59), était cousin issu de germains et beau-frère de la victime.
La famille existe toujours.

[2] Fils de *Louis,* lieutenant au régiment de Noailles, et de *Marie* de Faubournet de
Montferrand.

[3] Il n'avait pas émigré, mais avait pris part, dans la Vendée, à toute la campagne de 1793. Après le désastre de Savenay, il gagna le Morbihan, et s'y trouvait
encore lors de l'expédition de Quiberon, à la suite de laquelle il fut pris et fusillé.
Neuf membres de cette famille sont morts victimes de la révolution. *Hortense-Char-
lotte-Sydaris* Brethé avait épousé, en 1786, le vicomte de Goulaine.

BERTHELOT (Augustin). *Aj.*, étudiant, 25 ans, Angers (Maine-et-Loire) +
15 thermidor. Quiberon. *Em.* [1].

BERTHELOT (J.-M.). *Aj.*, cultivateur, 30 ans, Plaintel (Côtes-du-Nord) +
14 thermidor. Auray. *Ins.*

BERTHOU (II.-J.). *Lire*, Jean-Henri DE BERTHOU DE LA VIOLAYE, lieutenant
de vaisseau, né à Nantes, le 3 septembre 1766 + 13 fructidor.
Auray. *Em.* (Voir ci-dessus, p. 6-8).

BERTRAND (François). *Aj.*, 49 ans, Moselle + 8 fructidor. Vannes. *Em.*

BESNARD (P.-J.). *Lire*, Lucien-Pierre-Joseph, maître-clerc au parlement
de Paris, né à Ligueil (Indre-et-Loire), le 15 avril 1760 + 18
thermidor. Quiberon. *Em.* [2].

BESSIN (G^mᵉ). *Aj.*, soldat, 21 ans, Vannes + 15 thermidor. Vannes. *Em.*

BÉTARD (Pre). *Aj.*, volontaire dans *Béon*, 25 ans, Gironde + 10 thermidor.
Quiberon. *Em.*

BIAR (A.). *Lire*, Jacques-Félix-Augustin BIARD, cultivateur, né le 28
février 1772, à Valiquerville (Seine-Inférieure) + 15 thermidor.
Vannes. *Em.* (Voir ci-dessus, p. 60).

DE BIBEAU OU LE BIDEAU (Jean-Marie), laboureur, Plouharnel + 23 thermidor. Quiberon. *Ins.*

DE BIDERAN. (Famille de l'Agénois, qui donna un page au duc d'Orléans,
en 1730, et comptait un capitaine au régiment de la Marine en 89.)

BIGOUEN (Jean). *Aj.*, laboureur, 29 ans, Morbihan + 17 fructidor. Auray.
Ins.

DE LA BIOCHAIE (S.-M.). *Lire*, Séraphin-Marie COLIN DE LA BIOCHAIE,
lieutenant, né à Brest, le 14 août 1770 + 8 fructidor. Vannes.
Em. [3].

BIOT (Henri). *Aj.*, étudiant, Péaule, Morbihan. Suivant M. Rado du Matz,
il faut lire : Henri GUYOT, lieutenant dans la compagnie de Péaule,
âgé de 25 ans, fils de *Louis* et de *Françoise* Géferlo. N° 254 de
l'Etat.

BIOT (Pierre), étudiant, Péaule, Morbihan. Suivant M. Rado du Matz, il
faut lire : Pierre GUYOT, soldat dans la compagnie de Péaule, âgé
de 20 ans, frère du précédent. *Ins.* N° 251 de l'Etat.

---

[1] Il était fils de *Joseph* Berthelot, seigneur de la Durandière, conseiller du roi au
présidial d'Angers, exécuté révolutionnairement dans cette ville, le 23 février 1794,
et frère de *Joseph* Berthelot de la Durandière, officier vendéen, mortellement blessé
en repassant la Loire, au commencement de 1794.

[2] Fils de *Charles-Louis*, notaire royal, et de Marguerite Posson.

[3] Il avait été page du roi, puis officier dans les *Gardes françaises*. A Quiberon il
servait comme lieutenant dans *du Dresnay*. Son père, *Pierre-Marie-Auguste*, était
brigadier des armées navales et chevalier de Saint-Louis. Sa mère se nommait *Marie-
Jeanne* du Tertre de Montalais.

BLAIZE (Louis). *Aj.*, laboureur, 55 ans, Kervillau, district d'Auray + 15 fructidor. Auray. *Ins.*

DE BLANCHOIN (Jq). *Lire*, BLANCHOUIN DE VILLECOURTE, garde-du-corps du roi, lieutenant dans *du Dresnay*, né à Fougères, le 3 décembre 1755, mortellement blessé le 16 juillet, mort en rade de Porthsmouth quelques jours après. *Em.* [1].

BLEU (P.-A.-J.). *Aj.*, soldat, 23 ans, Pas-de-Calais + 15 thermidor. Vannes. *Em.*

BLUHERNE (Joseph). *Aj.*, laboureur, 28 ans, Grandchamp, Morbihan + 26 nivôse an IV. Vannes. *Ins.*

DE BOCCOSEL (J.-H.). *Lire*, Armand-Jacques-Guillaume GOUYQUET DE BOCOZEL, capitaine au régiment de Béarn, chevalier de Saint-Louis, né le 30 mars 1749, à Quimperlé + 15 thermidor. Vannes. *Em.* [2].

DU BOCQUET (A.-J.). *Aj*, clerc de notaire, volontaire dans *Béon*, né à Laires, Pas-de-Calais, le 12 mai 1765 + 10 thermidor. Quiberon. *Em.*

BOCQUET (Nas). *Aj.*, jardinier, 36 ans, Belleu, Aisne + 23 fructidor. Vannes. *Em.*

DE BOGUAIS (Lls-Hor). *Lire*, BOGUAIS DE LA BOISSIÈRE, sous-lieutenant au régiment d'*Hervilly*, 18 ans, Angers + 8 fructidor. Vannes. *Em.* [3].

BOILLETEAU (Jq). *Aj.*, domestique du marquis de Goulaine, 35 ans, La Merlatière, Vendée + 10 thermidor. Quiberon. *Em.*

BOISANGER (Th.). *Lire*, Thomas-Charles-Armand-Nicolas BRÉART DE BOISANGER, né le 20 août 1756, au château de Québlain, près de Quimperlé + 12 thermidor. Auray. *Em.*

Cher DE BOISBAUDRY. *Aj.*, Antoine-François, capitaine d'artillerie au régiment de Grenoble, lieutenant en *du Dresnay*, né à Rennes, le 21 juillet 1769, tué le 16 juillet. *Em.* [4].

BOIS-DUC (Michel), laboureur, 18 ans, Grandchamp, Morbihan + 6 vendémiaire an IV. Vannes. *Ins.*

[1] Il était fils de *Julien* Blanchouin et de *Anne-Madeleine* Chesnot. Sur cinq enfants, deux seulement ont laissé postérité : M˟˟ de Mesenge et Le Mercier des Alleux.

[2] Dernier rejeton d'une famille à laquelle appartenait *Roland* Gouyquet, le héros de Guingamp. Il était fils de *Thomas-Marie-Hyacinthe* et de *Marie-Jeanne* Briant. Lui-même avait épousé *Clémence* Le Gouvello de Rosmeno, dont il avait une fille, *Caroline*, qui est morte à l'âge de seize ans. A Quiberon, Armand de Bocozel servait comme capitaine dans *du Dresnay*.

[3] Voir dans *Une commune vendéenne sous la Terreur*, par le comte Théodore de Quatrebarbes, l'histoire tragique et touchante du M˟˟ Boguais de la Boissière et de sa fille, M˟˟ de Fromental.

[4] Il était le troisième fils de *François-Dominique-Joseph*, comte du Boisbaudry conseiller au Parlement de Bretagne, et d'*Angélique-Perrine* de Narnière de Guer. A Quiberon, il servait comme lieutenant dans *du Dresnay*.

DE BOISENDES (Eudes). *Aj.*, 57 ans, Orne + 14 thermidor. Vannes. *Em.*

Cte DE BOISÉON (FORESTIER). *Lire*, Jacques-Nicolas LE FORESTIER, comte DE BOISÉON, officier de marine, 30 ans, Morlaix + 15 thermidor. Vannes. *Em.* [1].

Mis DE BOIS-FÉVRIER. *Lire*, Eugène-Bonne-Louis DE LANGAN, marquis DE BOIS-FÉVRIER, né à Mortagne-en-Perche, le 23 octobre 1770, officier au régiment de Béarn, tué le 4 juillet 1795, dans un combat près de Landévant. *Em.* [2].

DU BOIS-FRÉRENT (Victor). *Lire*, Jacques-Victor-Hyacinthe-Auguste DU BOIS-TESSELIN, aspirant de la marine, sergent-major dans *Béon*, né à Beauvain, Orne, en 1770 + 11 thermidor. Auray. *Em.* [3].

DU BOIS-HUE (GUÉHÉNEUC). *Lire*, Anne-Charles-Marie, sergent-major en *du Dresnay*, né en juin 1771, au château d'Evignac, commune de Lanhélin (Ille-et-Vilaine), blessé le 16 juillet + 8 fructidor. Vannes. *Em.* [4].

DU BOIS TESSELIN (Jⁿ-René). *Aj.*, oncle de celui déjà cité, né le 21 novembre 1744, à Joué-du-Bois (Orne), capitaine des grenadiers royaux, volontaire dans *Damas* + 11 thermidor. Auray. *Em.*

.— DE BOISSENDES. Double emploi. Voir *E. de Boisendes.*

— DE LA BOISSIÈRE. Double emploi. Voir *Boguais.*

Cte DE BOISSIEUX. *Aj.*, maréchal de camp en 1788, capitaine au régiment d'*Hervilly*, blessé le 16 juillet, mort le 2 août. *Em.* [5].

LE BOITREUSE (P^{re}). *Aj.*, laboureur, 20 ans, Ambon (Morbihan) + 8 pluviôse, IV. Vannes. *Ins.*

---

[1] Il était gendre du comte de Soulange, qui fut blessé le 16, et dont il ne voulut jamais se séparer, bien qu'il lui eût été facile de se sauver.

[2] Il était le dernier de son nom. Le nom de Langan a été relevé depuis par MM. Treton de Vaujuas, fils de sa sœur, et neveux, par leur père, d'une autre victime de Quiberon.

[3] Son père était mort, quelques jours auparavant, en Hanovre; un de ses oncles, porte-étendart des mousquetaires noirs, avait succombé aux fatigues de la campagne de 1792; un autre fut fusillé à Quiberon, comme lui. Un de ses frères avait été tué, le 15 juillet 1793, près de Menin. Son second frère a continué la filiation. — C'est par erreur qu'on a inscrit sur le mausolée *du Bois-Frérent*. Les Dubois de Frérent sont une autre famille.

[4] Il était fils de *Jean-Baptiste-René* et de *Sylvie-Gabrielle-Antoinette* de Bruc. Son frère, *Louis-Pierre*, avait été, à Rennes, la première victime de nos troubles civils.

[5] Il existe plusieurs familles de Boissieux : les Salvaing de Boissieux, du Dauphiné, entre autres, qui sont les plus connus; ils séparent rarement les deux noms; et les Boissieux d'Auvergne, qui n'ont d'autre nom que Boissieux. Ces derniers ont fourni des élèves à l'École militaire en 1741 et 1763.

De Bombart (André). *Aj.*, chasseur dans *Loyal-Émigrant*, 48 ans, Aisne; + 15 thermidor, Quiberon. *Em.*

De Bonafous (M.). *Lire*, Maurice-Catherine-Gérard de Bonnefous, sous-lieutenant en d'*Hervilly*, 19 ans, Milhau (Aveyron); + 10 fructidor, Vannes, *Em.* [1].

Bonard (L.-N.). *Aj.*, journalier, 24 ans, Embry, Pas-de-Calais; + 13 fructidor, Auray. *Em.*

Bonge (Eustache). *Aj.*, journalier, volontaire dans *Béon*, 25 ans, Lestrem, Pas-de-Calais; + 10 thermidor, Quiberon. *Em.*

Bonge (Henri). *Aj.*, journalier, volontaire dans *Béon*, 22 ans, Lestrem, Pas-de-Calais; + 10 thermidor, Quiberon. *Em.*

— De la Bonnelière. *Lire*, Louis-Marc Marreau de la Bonnetière, blessé le 16 juillet; il est mort quarante-cinq ans après Quiberon. Voir p. 63.

De Bonneville (Ill.-Jq). *Lire*, Le Fauconnier de la Bonneville, né à Picauville (Manche), en 1735, capitaine en *du Dresnay*; + 16 thermidor, Vannes. *Em.*

De Bonneville (R.). *Lire*, Raphaël Bonneville, horloger, 41 ans, Saint-Benin, Nord; + 13 fructidor, Auray. *Em.*

De Bonore (Lis.), ou Bonhore, garde-du-corps, volontaire dans *Périgord*, 36 ans, Périgueux; + 11 thermidor, Auray. *Em.* [2].

Bonoure (Henri). Tué dans les premiers combats.

Bossenot (Gme.). *Aj.*, laboureur, Péaule (Morbihan); + 30 pluviôse, IV, Vannes. *Ins.*

De Botterel (H.-D.). *Lire*, Henri-François de Botherel, né au Plessis-Botherel, commune de la Chapelle-du-Lou (Ille-et-Vilaine), le 5 mars 1777; + 8 fructidor, Vannes. *Em.* [3].

Le Bouche (P.). *Lire*, Pierre Guillemot, dit Le Bouche, d'Aradon (Morbihan. *Ins.* (No 253 de l'État) [4].

---

[1] Il n'avait qu'une sœur. Cette famille paraît éteinte.

[2] Fils de *Joseph* et d'*Élisabeth* Branson, il avait un frère chanoine de Périgueux. Un autre frère a continué la famille.

[3] Il était fils de *René-Jean*, comte de Botherel, ancien procureur-général-syndic des États de Bretagne, et d'*Anne-Marie-Charlotte* de Saint-Genys. Son père faisait partie, lui aussi, de l'expédition, sans appartenir à aucun corps. Il parvint à se sauver le 21 juillet.

[4] Ils étaient sept frères; deux se trouvaient à Quiberon; un autre se sauva, mais fut repris longtemps après, les armes à la main, et fusillé sur la Garenne de Vannes. Ce dernier était fermier de Limur et connu sous le sobriquet de Guillemot *sans pouces*. Guillemot, *le roi de Bignan*, n'était pas de la même famille.

Boucher (F.-G.). *Aj.*, journalier, Dieppe (Seine-Inférieure). (N° 297 de l'État).

Du Bouetiez (J.-J.). *Lire*, Jacques-Marie-Joseph Du Bouetiez de Kerorguen, né à Hennebont, le 31 août 1756, conseiller au Parlement de Bretagne, tué le 20 nivôse an IV, du côté de Grandchamp. *Em.* [1].

Du Bouetiez (Ja.-Jh.-Fortuné). *Aj.*, lieutenant dans *Rohan*, né à Hennebont, le 7 juin 1771; ✝ 9 fructidor, Auray. *Em.* (Voir ci-dessus, p. 27).

De Boukin. (Il existe une famille Bouquin en Provence.)

La Boulandière. (Il y avait un capitaine de ce nom, chevalier de Saint-Louis, dans le régiment d'Auvergne.) Combat du 11 juillet.

Boulard (Nicolas). *Aj.*, prêtre, 57 ans; ✝ 9 thermidor, Auray. Voir ci-dessus, p. 12. *Em.*

Boule (Ja). *Aj.*, soldat, 21 ans (Pas-de-Calais); ✝ 15 thermidor, Vannes. *Em.*

De Boulefroy (Claude-L.). *Aj.*, soldat, 26 ans (Somme); ✝ 15 thermidor, Vannes.

De Boulon.

Boulot (Jn). *Aj.*, capitaine au régiment de *Damas*, 60 ans, Fribourg en Brisgaw; ✝ 15 thermidor, Quiberon.

De Bourdon de Ris (Jh). *Aj.*, 27 ans, Paris; ✝ 15 thermidor, Vannes. *Em.*

De Bourdon (Grammont) (Claude-An). *Lire*, Claude-Antonin Bourdon de Grammont, capitaine de canonniers-garde-côtes, chevalier de Saint-Lazare, capitaine major en d'*Hervilly*, né à Verson, près de Caen, le 6 octobre 1744; ✝ 9 fructidor. Auray. *Em.* [2].

De La Bourdonnière (J.-J.). *Lire*, Jean-Jacques-Christophe Le Barbier de La Bourdonnière, né à Baumont-le-Vicomte (Sarthe), vers 1745; ✝ 12 thermidor, Quiberon, *Em.* [3].

Bourguignon (François). *Aj.*, militaire, 43 ans (Ain); ✝ 14 fructidor, Vannes *Em.*

De Boussineau (Pierre-Sylvestre). *Aj.*, lieutenant dans *Rohan*, né à

---

[1] De son mariage avec *Louise-Olive* Le Deist de Botidoux, il avait trois filles, mariées depuis à MM. du Bouëtiez, de Mauduit et du Vergier.

[2] De son mariage avec *Félicité* Bouchard de la Poterie, il laissait cinq enfants, dont un fils et quatre filles. Deux seulement de ses filles se sont mariées : Mme la vicomtesse de Quatrebarbes et la marquise de Rasilly.

[3] Il avait épousé, en 1785, *Renée-Catherine-Louise* de Barville, dont il n'avait qu'une fille, qui est restée célibataire.

Saint-Herblain, près de Nantes, le 24 novembre 1769; ✝ 15 thermidor, Quiberon. *Em.* [1].

BOUVIER (Jacques). *Aj.*, laboureur, 26 ans (Mayenne); ✝ 15 thermidor, Vannes. *Em.*

BRÉBION (François). *Aj.*, déserteur, 26 ans (Pas-de-Calais); ✝ 14 thermidor, Auray.

BRÉHAUT (François). *Aj.*, soldat déserteur, Auray. No 117 de l'État.

BRÉHERN (Pierre-François). *Lire,* BRÉHÉRET, prêtre, né au Louroux-Béconnais (Maine-et-Loire), vers 1765; ✝ 9 thermidor, Auray, exécuté le 10 à Vannes. *Em.*

Cte DU BREIGNOU (H.-J.-G.-T.-H.). *Lire,* Hervé-Jean-Goueznou THÉPAULT, comte DU BREIGNOU, ancien mousquetaire, lieutenant dans *Hector,* né au Breignou, près de Brest, le 5 janvier 1745; ✝ 16 thermidor, Quiberon. *Em.* Voir p. 52.

BRETON (Jh.-François). *Aj.*, instituteur au collège de Navarre à Paris, 32 ans 1/2, Saint-Quentin (Aisne); ✝ 11 thermidor, Quiberon. *Em.*

LE BRETON. *Aj.*, laboureur, 27 ans, Grandchamp (Morbihan); ✝ 26 nivôse an IV, Vannes. *Ins.*

DU BREUIL (André-François). *Aj.*, 55 ans, Brest; ✝ 13 thermidor, Auray. *Em.*

BREVELLEY, ou DE BREVELLEY (Pierre). Sainte-Hélène, canton du Port-Louis (Morbihan). *Em.* No 248 de l'État.

BRICHE (Louis-Joseph). *Aj.*, laboureur, volontaire dans *Béon,* 26 ans (Pas-de-Calais); ✝ 10 thermidor, Quiberon. *Em.*

DE BRIE (Jn-Mle-Mle). *Aj.*, lieutenant de vaisseau, sous-lieutenant dans *Hector,* né au château de la Géra, près de Saint-Yrieix (Haute-Vienne), vers 1761; ✝ 15 thermidor, Quiberon. *Em.* [2].

BRIEND (Pierre-Marie). *Aj.*, marchand, 28 ans, Auray (Morbihan); ✝ 18 thermidor, Quiberon. *Ins.*

Cte DE BRIGES. *Lire,* Joseph-Christophe DE MALBEC DE MONTJOC, comte DE BRIGES, premier écuyer du roi, major en second au régiment

---

[1] Il était le septième des sept fils de *Louis-Philippe,* sr de la Joliverie, et de *Catherine* Biguer d'Orange. L'aîné de ses frères, *Louis-Étienne,* avait été fusillé à Châteaubriant, au mois de décembre 1793, à la suite du désastre du Mans; un autre mourut en émigration à Londres, le 18 juin 1800; un troisième, garde-du-corps de Monsieur, était mort en 1782. La famille est aujourd'hui représentée par les descendants de l'aîné et de trois des plus jeunes.

[2] Fils du comte de Brie et de N. Coustin du Masnadau; il servait comme sous-lieutenant dans *Hector.* Son frère aîné, *Jean-Marguerite,* avait été tué dans les guerres de l'émigration.

des chasseurs de Flandre, puis en d'*Hervilly*, né en 1761 à Paris;
+ 16 thermidor, Vannes. *Ém.* [1].

— Le Bris (Gabriel-Hyacinthe). Aide-chirurgien dans *du Dresnay*, né à
Lannion, le 8 avril 1770. Il fut sauvé par un chirurgien républicain,
nommé Mallet, et n'est mort à Lannion que le 16 juillet 1797 [2].

Brodier (Cl.-Georges). *Aj.*, domestique du comte de Soulange, né à Cha-
moy (Aube), le 29 septembre 1761; + 14 thermidor, Auray. *Ém.*
Voir ci-dessus, p. 61 [3].

Vte de Broglie. *Lire*, Auguste-Louis-Joseph, comte de Broglie, né le
30 janvier 1765, colonel de chasseurs; + 15 thermidor, Vannes.
Ém. [4].

Brohan (J^n). *Aj.*, laboureur, capitaine de la compagnie royaliste de
Péaule, 40 ans, Péaule (Morbihan). *Ins.* N° 249 de l'État.

Brossard (Charles-Claude). *Lire*, de Brossard, né à Duault (Côtes-du-
Nord), le 4 janvier 1733, habitant à Pluvigner (Morbihan), chef de
chouans; + 21 nivôse an IV. Vannes. *Ins.* [5].

De Brossard (Louis-Auguste). *Aj.*, de Sainte-Croix, 25 ans; + 13 thermidor, Auray. *Ém.*

La Brousse (Jean). *Aj.*, de la réquisition; Loudéac (Côtes-du-Nord). *Ins.*

La Brousse (Pierre-Joseph). *Aj.*, ancien gendarme de la garde du roi,
né à Argentac (Corrèze), en 1751; + 15 thermidor, Quiberon.
Ém. [6].

De Brumeau. *Lire*, Thomas Brumault de Beauregard, garde-du-corps,

---

[1] Le comte de Briges ne quitta pas le roi pendant toutes les scènes de la Révolution; il était près de Louis XVI dans la funeste journée du 10 août, et fut enfermé
avec lui dans la loge du *Logographe*. Il avait épousé, en 1780, *Rose-Jaqueline* d'Os-
mond, dont il avait un fils et deux filles.

[2] Il était célibataire et avait trois sœurs, dont une seule a laissé postérité, Mme *Yves*
Lebail.

[3] « Il savait par cœur beaucoup de prières, dit M. de La Roche-Barnaud, et était
plus instruit que nous des devoirs religieux qu'il nous restait à remplir....., et telle
était l'onction, même l'éloquence, qu'il mettait dans ses exhortations, que cet homme,
habitué à un humble service, avait dans ses paroles, dans ses regards et dans toute
sa personne, quelque chose de surnaturel. »

[4] Il était le fils aîné de *Charles-François*, comte de Broglie, lieutenant-général, que
sa défense de Cassel, en 1761, a rendu célèbre et de *Louise-Augustine* de Montmo-
rency-Logny.

[5] De son mariage avec *Françoise* Berthelot, il avait cinq enfants, dont l'aîné
mourut émigré au Brésil. Un seul, *Guillaume-Nicolas-Marie*, a laissé postérité.

[6] Il avait trois frères, dont l'un fut massacré à Saint-Domingue, le deuxième
assassiné à Bordeaux et le troisième tué à l'armée de Condé.

lieutenant dans *Béon*, né à Poitiers, le 14 mars 1758, mort en prison à Vannes, en novembre 1795. *Em.* [1].

DE BRUSLY (François-Pierre). *Lire*, ERNAULT DES BRUSLYS, garde-du-corps, lieutenant dans *Loyal-Emigrant*, né à Brives-la-Gaillarde en 1751; + 13 thermidor, Auray. *Em.* [2].

DE BRY (Th.) ou DE BRIE, 30 ans (Dordogne); + 10 thermidor, Quiberon. *Em.*

DU BUAT (François). *Aj.*, volontaire dans *Périgord*, 20 ans, Condé (Nord); + 28 fructidor, Vannes. *Em.* Voir p. 47.

DE BUISSY (Charles-Maximilien). *Aj.*, volontaire dans *Béon*, né à Douai (Nord) le 23 juin 1761. *Em.* N° 592 de l'Etat.

DE BUISSY (Louis-François-Bonaventure). *Aj.*, attaché au parc d'artillerie, né à Douai (Nord) le 10 novembre 1775; + 10 thermidor, Quiberon. *Em.* [3].

BULTELLE (Jq). *Aj.*, domestique, 25 ans (Seine-Inférieure); + 12 thermidor, Quiberon. *Em.*

BURNOLLE (Claude-Marie). *Aj.*, écrivain, 17 ans, Vannes; + 8 fructidor, Vannes. *Ins.*

CADART (Jq). *Aj.*, bourrelier, 20 ans (Pas-de-Calais); + 10 thermidor, Quiberon. *Em.*

DE CAFFARELLI. *Aj.*, Philippe, officier dans *Béon*, neveu du commandant du régiment, comte d'Anceau. *Em.* [4].

DE CAMPAROT (François). *Lire*, COMPAROT DE LONGSOLS; né à Troyes, le 13 mars 1772; + 9 fructidor, Auray. *Em.*

CANDOLS (Jn). Combat du 10 [5].

---

[1] Il était frère d'*André-Georges*, vicaire général de Luçon, exécuté à Paris, le 27 juillet 1794, et de *Jean*, déporté à Sinnamari et évêque d'Orléans de 1823 à 1839. Cette famille, qui comptait cinq frères, n'est plus aujourd'hui représentée que par les enfants d'une sœur, M°° Parent de Curzon.

[2] Il était frère du général de division des Bruslys, mort en 1809, et de l'abbé des Bruslys, vicaire général de Tulle.

[3] Ces deux frères étaient fils de *Maximilien-Louis*, ancien président au Parlement de Flandre, et de *Claire-Louise-Christine* d'Armand. Ils avaient une sœur mariée à M. Desages du Houx, officier breton du corps de l'artillerie, qui se trouvait, lui aussi, à Quiberon, mais fut assez heureux pour se sauver.

[4] La famille Caffarelli, établie dans le Languedoc, a produit, depuis quatre-vingts ans, deux lieutenants-généraux, un préfet maritime à Brest, un préfet de l'Aube, plusieurs conseillers d'Etat, un sénateur et un évêque de Saint-Brieuc de 1802 à 1815.

[5] Peut-être faudrait-il Candolle, famille très-connue de la Provence.

DE CANDOU (F.). *Lire*, François CANDOU, matelot, 60 ans, Plouharnel (Morbihan); + 25 thermidor, Auray. *Ins.*

DU CAP DE SAINT-PAUL (M.-A.-J.-B.) ou DU CUP DE SAINT-PAUL. Famille du Languedoc qui comptait, en 1789, un chevalier de Saint-Louis. Combat du 16.

DE CAQUERAY (François). *Aj.*, DE MEZANCI, volontaire en *Loyal-Emigrant*, 30 ans, Blangy (Seine-Inférieure). *Em.* N° 220 de l'Etat [1].

DE CARCARADEC (Ad-Marie Louis). *Lire*, ROGON DE CARCARADEC, lieutenant de vaisseau, sous-lieutenant dans *Hector*, né à Morlaix, le 7 février 1763. *Em.* N° 543 de l'Etat.

DE CARCARADEC (Hte-M.-F.-M.). *Lire*, Hyacinthe-Félix-Augustin-Madeleine ROGON DE CARCARADEC, dit de KENSALIOU, lieutenant de vaisseau, chevalier de S.-Louis, lieutenant dans *Hector*, né à Morlaix, le 27 août 1759, blessé le 16 juillet; + 14 thermidor, Vannes. *Em.*

DE CARCARADEC (Lis-Mle-Thre). *Lire*, ROGON DE CARCARADEC, capitaine au régiment *Royal-Vaisseaux*, aide-major dans *du Dresnay*, né à Lannion, le 19 octobre 1758, blessé le 16 juillet; + 15 thermidor, Auray. *Em.* [2].

DE CARHEIL (Pierre-Joseph). *Aj.*, volontaire dans *Rohan*, né à Sucé (Loire-Inférieure) le 21 octobre 1770. Tué ou noyé. *Em.* [3].

CARMOUCHE (L¹). *Aj.*, tanneur, 22 ans, Meuse; + 12 thermidor, Auray. *Em.*

DE CARNEVILLE. *Lire*, LE FORT DE CARNEVILLE, lieutenant de vaisseau, sergent dans *Hector*. Tué le 7 juillet. *Em.* [4].

CARON (Ane-Jh-Mln). *Aj.*, domestique, né à Wandonne (Pas-de-Calais), le 22 octobre 1761; + 20 fructidor, Vannes. *Em.*

CARPENTIER (Jh-F.). *Aj.*, 48 ans, Vesquer (Nord); + 15 thermidor, Vannes. *Em.*

---

[1] Deux Caqueray de Mezancy servaient dans *Loyal-Emigrant*. L'un fut tué à Menin, en 1794; l'autre périt à Quiberon, en 1795. Voir p. 406.

[2] Ces trois victimes avaient un frère aîné, *René-Louis*, mort en 1788, qui s'était marié deux fois: 1° à *Georgette-Louise-Prudence* de La Haye de Plouër, dont il avait un fils et une fille, Mme du Marhallac'h; et 2° à *Jeanne* de Belingant, dont il avait également un fils et une fille, Mme Cillart de la Villeneuve, belle-fille d'une autre victime de Quiberon. Ils étaient tous trois enfants de *Louis-Jean* Rogon, seigneur de Carcaradec, et de *Marie-Catherine-Emilie* du Breil de Rais.

[3] Il avait une sœur, *Marie-Louise*, qui épousa un de ses parents, *Jean-Marie* de Carheil de La Guichardais, dont postérité.

[4] Un de ses parents, le comte de Carneville, de Valogne, avait formé dans l'émigration, un régiment de son nom, composé en grande partie de Normands. Devenu ensuite officier-général autrichien, il se fixa en Autriche.

DE CASAL (J.-B.). *Lire*, Jean-Baptiste TAPINOIS DE CASAL, garde-du-corps, chevalier de Saint-Louis, 51 ans, Sarlat (Dordogne) ; + 14 thermidor, Vannes. *Em.*

DU CASTÉ (François). *Aj.*, 30 ans (Haute-Garonne) ; + 24 fructidor, Vannes. *Em.*

DE CASTEL. Tué ou noyé le 21 juillet. *Em.*

DE CAUX. *Aj.*, capitaine de vaisseau, capitaine dans *Hector*, tué le 16 juillet. *Em.*

— DE CAZAL. Double emploi. Voir CASAL.

DE CASEAUX (Charles-Alfred-François-Maurice). *Lire*, GAUNÉ DE CAZAU, né au château du Fort (Yonne), le 21 décembre 1773 ; + 9 fructidor, Auray. *Em.* [1].

DE CAZAUX. Peut-être y a-t-il double emploi ; voir le précédent.

CHABLE (Jean). *Aj.*, militaire, 60 ans, Saint-Martin d'Iger (Orne); 14 thermidor, Auray [2].

DE CHAMPCLOS (BURLES). *Lire*, Joseph-Henri-Marie BURLE DE CHAMPCLOS, lieutenant de vaisseau, sous-lieutenant dans *Hector*, né à Manosque (Basses-Alpes, le 22 septembre 1766, tué le 16 juillet. *Em.* [3].

DE CHAMPFLOUR. *Aj.*, capitaine dans *Hervilly*. Blessé à mort le 7 juillet. *Em.* [4].

DE CHAMPSAVOY. *Lire*, Guy-Firmin GRIGNARD DE CHAMPSAVOY, sous-lieutenant dans *du Dresnay*, né au château de la Muce-Brulon, en Guichen (Ille-et-Vilaine), le 5 septembre 1772 ; + 8 fructidor. Vannes. *Em.* [5].

---

[1] Il était fils de *Charles-François-Delphin-Edme-Bernard*, lieutenant-colonel de cavalerie, et de *Marie-Jeanne-Catherine* de Frouhofer. Sa sœur, M** de Vathaire, a été attachée à la maison de M** la duchesse de Berry. La famille *Gauné de Cazau* est éteinte.

[2] Nous devons dire que le jugement du 14 thermidor ordonna sa mise en liberté. Comme plusieurs autres, il aura été condamné plus tard.

[3] Fils de *Pierre-Jean-Henri* de Burle, seigneur de Champclos, lieutenant de vaisseau, chevalier de Saint-Louis, et de *Marie-Madeleine-Victoire-Rossoline* de Thomas d'Ivène et d'Orves. Il était fils unique, mais avait trois sœurs.

[4] On trouve à Clermont, en Auvergne, une famille de Champflour, qui a produit un évêque de La Rochelle en 1703, archevêque d'Aix en 1729, et un évêque de Mirepoix de 1736 à 1763.

[5] Fils de *Joseph-Marie*, ancien capitaine de dragons, chevalier de Saint-Louis, et de *Renée-Louise* Milon de Bellevue; il avait deux frères et huit sœurs. De cette nombreuse famille, il ne reste aujourd'hui que les descendants de quatre sœurs: MM** Bouan, Harrington, de Loménie et de La Touche-Limousinière.

DE CHANTELLENOT. *Aj.*, DE SÉRÉ, mort dans les combats. Il était de Langres. *Em.*

DE LA CHAPELLE (Exupère). Tué dans les premiers combats.

DE LA CHAPELLE (Jh.-François). *Aj.*, Conflans, près Moutiers (Savoie); ✝ 12 thermidor, Auray.

DE LA CHAPELLE (Pierre-Paul). *Lire*, DU BAC DE LA CHAPELLE, lieutenant-colonel d'infanterie, capitaine en d'*Hervilly*, né à Argentac (Corrèze), en 1750; ✝ 14 thermidor, Vannes. *Em.* [1].

CHAPITEAU (Salomon). *Aj.*, volontaire dans *Périgord*, né le 15 mars 1741, à Minsac (Charente); ✝ 15 thermidor, Quiberon. *Em.* [2].

CHAPON (J.-F.). *Aj.*, journalier, 21 ans, Seine-Inférieure; ✝ 21 thermidor, Auray. *Em.*

DE CHARBONNEAU. *Aj.*, Charles-Marie-Gabriel, ancien lieutenant dans *Hervilly*, chevalier de Saint-Louis, né à la Pilotière, en Vieillevigne (Loire-Inférieure), le 6 juillet 1746, tué au combat du 16 juillet. *Em.* [3].

DE CHARBONNEAU (Henri). *Lire*, Charles-Henri-Joseph, sous-lieutenant dans *Hervilly*, né à la Pilotière, le 18 juin 1772; ✝ 9 fructidor, Vannes. *Em.* (Voir ci-dessus, p. 40.)

CHARDON (J.-B.). *Aj.*, 22 ans, Argenton (Indre); ✝ 12 thermidor, Auray. *Em.*

CHARLANNE (Jean). *Aj.*, tailleur, 25 ans, Villeneuve (Aveyron); ✝ 16 vendémiaire IV, Vannes. *Em.*

DU CHARMOIS. *Lire*, Louis-Charles LE MAIRE DU CHARMOIS, sous-lieutenant, 36 ans, Villemoutiers (Loiret); ✝ 14 thermidor, Vannes. *Em.*

DE CHASTEIGNIER (P.-F.-A). *Lire*, Eutrope-Alexis DE CHASTEIGNER, brigadier des gardes-du-corps, né au château de Lindois, près de Confolens (Charente), le 1er août 1738, vétéran dans *Loyal-Emigrant ;* ✝ 15 thermidor, Quiberon. *Em.*

DE CHASTEIGNER (Jean-Pierre-Alexis). *Aj.*, DE LAGRANGE, lieutenant au régiment de *Damas*, 42 ans, Gard ; no 552 de l'Etat, *Em.*

CHATAIGNE ou CHADAGNE (Jean), domestique, de Cossé (Mayenne); ✝ 16 thermidor, Quiberon. *Em.*

---

[1] Il était fils de *Jean-Félix* et de *Marie* du Vigier, et avait quatre frères et cinq sœurs. Lui-même avait épousé *Gabrielle* de Ferrière de Sauvebœuf, dont il n'eut qu'une fille, décédée célibataire. Il n'a pas laissé de neveux de son nom.

[2] Il avait épousé N. de Couhé de Lusignan, dont il avait eu quatre enfants. Un seul, *Joseph* de Chapiteau, vivait encore il y a quelques années. La famille existe toujours.

[3] Il était fils d'*Alexis-Gabriel*, seigneur de La Pilotière, et de *Anne-Henriette* Fermanteau. La famille est éteinte. La branche de La Pilotière, à laquelle appartenaient les deux victimes de Quiberon, s'est fondue dans Polys et Caqueray. (Voir p. 40).

CHATEL (Louis). *Aj.*, soldat, 26 ans, Guibré (Calvados); + 15 thermidor, Vannes.

DE CHATON (Auguste). Combat du 16 juillet.

DE CHAVOY (R.-G.-M. PAYEN). *Lire*, Raoul-Gustave-Martial-Pierre PAYEN DE CHAVOY, élève de la marine, volontaire dans *Hector*, né à Avranches, le 2 octobre 1772; + 15 thermidor, Auray. *Em.* [1].

DE CHEFFONTAINES (A.-M.-F.). *Lire*, Alexandre-Marie-Fortuné de PENFUN-TENIOU DE CHEFFONTAINE, lieutenant de vaisseau, lieutenant en *du Dresnay*, né à Quimper, le 13 mai 1763; + 15 thermidor, Vannes. *Em.* [2].

DE LA CHENARDIÈRE (N.-J.). *Lire*, Nicolas-Jacques BALLET DE LA CHENAR-DIÈRE, capitaine de dragons, chevalier de Saint-Louis, né à Nantes, le 21 novembre 1739; + 15 thermidor, Quiberon. *Em.* [3].

DE CHENU (Charles-Germain-Gabriel). *Aj.*, capitaine au régiment de Normandie, officier en *Damas*, né à Auxerre (Yonne), le 5 juillet 1755; + onze fructidor, Auray. *Em.* [4].

DU CHESNAY. *Lire*, Pierre-François POULAIN DU CHESNAY, né à Plougue-noal, près de Pléneuf (Côtes-du-Nord), le 5 septembre 1742 + 14 thermidor. Vannes. *Em.*

CHEVÉ (François). *Aj.*, tisserand, 34 ans, Vannes; + 8 fructidor. Vannes. *Ins.*

DE LA CHEVIÈRE (Benjamin-René-Michel). *Aj.*, officier dans Bourbon, infanterie, lieutenant en *du Dresnay*, né, château et commune de Senonnes (Mayenne), vers 1742; + 16 thermidor, Vannes. *Em.* [5].

---

[1] Fils de *Gabriel-Jean-Baptiste-Victor*, seigneur de Chavoy, et de *Jeanne-Madeleine-Jacqueline* de Verdun. Il avait un frère et deux sœurs, (MM^mes de Lancesseur et Re-gnouf de Vains), et était neveu du chevalier de Payen, qui, après s'être dit quelque temps : *Payen de nom et de fait*, se mit sous la direction de l'abbé Carron et devint prêtre. La victime de Quiberon avait refusé de dissimuler son âge pour profiter du sursis.

[2] Il était le quatrième des onze enfants de *François-Hyacinthe-Louis*, marquis de Cheffontaine, officier aux *Gardes françaises*, chevalier de Saint-Louis, et de *Marie-Jeanne* du Coëtlosquet.

[3] Il était fils de *Jacques*, président à la chambre des Comptes, et de *Jeanne* Benoît, famille éteinte.

[4] Il était fils de *Gaspard* de Chenu, capitaine au régiment de *Royal-vaisseaux*, che-valier de Saint-Louis, et de *Germaine* Gilloton. L'un de ses frères fut fusillé à Paris, sous le Directoire (2 juillet 1797). La famille est éteinte. Voir dans le *Récit som-maire* de M. Berthier de Grandry, p. 41, un trait qui honore le chevalier de Chenu.

[5] Il était fils de *Jean-Baptiste-André-René* de La Chevière, seigneur dudit lieu, en Martigné-Ferchaud (Ille-et-Vilaine), et d'*Elisabeth* de La Motte de Senonnes, et lui-même avait épousé *Agathe* de Freslon.

DE LA CHEVIÈRE (Joseph). *Lire*, Joseph-Marie, fils cadet du précédent, sergent-major en *du Dresnay*, né vers 1776, tué au combat du 16 juillet. *Em*.

DE LA CHEVIÈRE (A). *Lire*, René-Auguste-Toussaint, frère aîné du précédent, né vers 1774, sous-lieutenant dans *du Dresnay;* + 9 fructidor, Vannes. *Em*. [1].

DE LA CHEVIÈRE (Jean-Baptiste-Germain). *Aj*., oncle des deux derniers et frère de Benjamin-René Michel, né à Martigné-Ferchaud, le 22 février 1749, capitaine au régiment de Lorraine, infanterie, volontaire dans *Damas ;* + 16 thermidor, Vannes. *Em*. [2].

DE CHEVREUX (Jean-Marc). *L'État* du général Lemoine dit à tort *de Chevreuse*. Volontaire, 59 ans, Vitrac (Charente) ; + 14 thermidor, Vannes. *Em*. [3].

— CHEVRIER (Joseph). Double emploi et altération du nom de Joseph de La Chevière.

DE CHESEA. *Lire*, DE CHIESA, lieutenant au régiment du Roi, capitaine en d'*Hervilly*, blessé le 16 juillet, mort le 25. *Em*.

CHOLET (J.-B. Baron de). *Aj*., âgé de 27 ans, Longeau (Meuse) ; + 15 thermidor, Vannes. *Em*.

CHOPE (J.-B.). *Aj*., domestique, 24 ans, Stenay (Meuse) ; + 20 fructidor Vannes. *Em*.

DE CHRÉTIEN. *Aj*., ancien officier au régiment d'Isle-de-France, infanterie, tué dans les premiers combats. *Em*.

CHRÉTIEN (J.-M.). *Aj*., sellier, Vannes (Morbihan). *Ins*. (N° 697 de l'*État*).

DE CHRISTON (J.-F.). *Lire*, Louis-François MARCHANT DE CHRISTON, lieutenant au régiment de Flandre, adjudant dans *Rohan*, né à Nuisement (Marne), en 1758 (n° 537 de l'Etat.) *Em*. [4].

[1] Le jugement qui le condamne porte à tort les prénoms de son plus jeune frère *Joseph*, tué le 16 juillet, et non les siens. Peut-être les avait-il pris pour jouir du sursis.

[2] La famille de La Chevière compte ainsi quatre des siens parmi les victimes de Quiberon. Un cinquième, *Louis-Jean-François*, était tué en Espagne. Un sixième, *Benjamin-Pierre*, avait péri sous Nimègue, en 1794. La famille aujourd'hui est éteinte et fondue dans Richard de Beauchamp, La Faucherie du Pin et de Broons de Vauvert.

[3] Il existait réellement en Angoumois une famille de *Chevreuse*, qui a perdu beaucoup des siens pendant la Révolution ; mais, renseignements pris, on n'en voit aucun qui soit mentionné comme ayant pris part à l'expédition de Quiberon. La victime de Quiberon avait pour mère *Rose-Charlotte* de La Rochefoucauld.

[4] Fils de *François-Louis-Marie*, seigneur de Nuisement-aux-Bois, ancien officier d'artillerie, et de *Marie-Catherine* de Boyolt d'Orsonval. Lui-même avait épousé à Epernay, le 29 mars 1781, *Marie-Charlotte* d'Argent, dame de Dammartin-la-Planchette, et il avait un fils et une fille.

Ch^{er} DE CILLART. *Lire*, Amand-Mathieu-Marie DE CILLART DE LA VILLENEUVE, élève de la marine, né à Tréguier, le 26 septembre 1766, tué dans le combat du 16 juillet *Em.* [1].

DE CILLART (Etienne-Joseph-Marie) *Lire*, CILLART DE LA VILLENEUVE. frère du précédent, né à Tréguier, le 12 octobre 1755, sous-lieutenant dans *du Dresnay;* + 16 thermidor, Vannes. *Em.* [2].

DE CILLART (J^h M.). *Lire*, Jean-Marie DE CILLART DE LA VILLENEUVE, oncle des précédents, capitaine de vaisseau, capitaine dans *Hector*, Chevalier de Saint-Louis, né à Lanmodez (Côtes-du-Nord), le 15 novembre 1737, tué au combat du 16 juillet. *Em.* [3].

DE CLABAT (François Baptiste) [4].

DE CLABAT (Pierre). Combat du 21 juillet. *Em.*

CLINCHAMP (J^h). *Lire*, Jacques-René Bernard DE CLINCHAMP, né le 7 octobre 1774, à Beaumont-le-Vicomte (Sarthe); + 8 fructidor, Vannes. *Em.* [5].

LA CLOCHETERIE (Louis). *Lire*, CHADEAU DE LA CLOCHETERIE, major de vaisseau, lieutenant dans *Hector*, 48 ans, Rochefort (Charente-Inférieure); + 15 thermidor, Vannes. *Em.* [6].

Vte DE CLUZEL (Antoine-Robert). *Aj.*, major de vaisseau, Périgueux; + 15 thermidor, Auray. *Em.* [7].

DE COATAUDON (F.-A.). *Lire*, François-Vincent DE COATAUDON, officier de marine, lieutenant dans *Hector*, 34 ans, Guipavas (Finistère); + 8 fructidor, Vannes. *Em.* (Voir p. 34) [8].

---

[1] Il était le troisième fils de *Jean-Marie-François*, seigneur de La Villeneuve, et de *Marie-Françoise* de Kerouzy.

[2] Frère aîné du précédent. C'est le seul des trois Cillart morts à Quiberon qui ait laissé postérité. Il avait, d'*Agathe* Le Gentil de Rosmorduc, quatre fils. L'un d'eux périt dans la retraite de Moscou; un autre s'est allié dans la famille de Forsanz; un troisième dans la famille de Carcaradec.

[3] Oncle des précédents, fils d'*Etienne-Gabriel* et de *Françoise* Guillemot.

[4] On trouve trois maires de ce nom sur la liste des officiers municipaux de Poitiers. L'une des branches de cette famille, celle des barons du Chillou, s'est alliée en Bretagne aux Kerveno et aux Blanchard de la Buharaye. Elle vient de s'éteindre.

[5] Il était fils de *Jacques-René*, major d'infanterie, et de *Jacquine-Renée* Brunet du Moland. De ce mariage étaient nés huit enfants, dont un seul a laissé postérité, Mme *Delelés de Corbon*. Mais *Jacques-René* avait des frères qui ont continué la famille.

[6] Il était frère de l'illustre commandant de la *Belle-Poule*.

[7] Son frère, lieutenant-général, mort à 96 ans, n'a laissé qu'une fille, mariée d'abord au comte de Merode, tué au combat de Berchem, le 4 novembre 1830, puis au marquis de Cossé.

[8] Son frère aîné, conseiller au Parlement, et un de ses frères cadets, Coataudon de Tromanoir, ont continué la famille.

COEFFETEAU (J.-F.-Laurent). *Aj.*, élève en chirurgie, 22 ans, Douay (Nord); ╋ 15 thermidor, Vannes. *Em.*

Ch^{er} DE COETLOSQUET. *Lire*, Louis-Marie-Joseph-Fortuné, ancien officier au régiment de Bretagne, sous-lieutenant en *du Dresnay*, né au château du Portzmeur, près de Morlaix, le 19 mars 1772; ╋ 15 thermidor, Vannes. *Em.*

Mis DU COETLOSQUET (François-Jean-Marie-Magloire), frère aîné du précédent, ancien officier des gardes françaises, lieutenant en *du Dresnay*, né à Morlaix, le 14 juin 1769; ╋ 15 thermidor, Vannes. *Em.* [1]

DE COETUDAVEL (L.-E.). *Lire*, Louis-Emmanuel LE NY DE COETUDAVEL, lieutenant de vaisseau, lieutenant au régiment d'*Hector*, 38 ans, Brest; ╋ 15 thermidor, Vannes. *Em.*

COGNET. *Aj.*, Joseph, sous-lieutenant dans *Hervilly*, pris dans l'affaire du 20 juillet, fusillé depuis. *Em.*

COLARDIN (Marie-Claude). *Lire*, DE COLLARDIN, garde-du-corps, lieutenant dans *du Dresnay*, 42 ans, Vire (Calvados); ╋ 15 thermidor, Vannes. *Em.*

COLIN (Pierre). *Aj.*, soldat, 32 ans, Louppy (Meuse); ╋ 15 thermidor, Vannes. *Em.*

COLINET (Jean-Baptiste) ou COTTINEL, domestique, 29 ans, Pontoise; n° 231 de l'État. *Em.*

DE COLLARDEVILLE (A.-J.). *Lire*, Anne-Jean COLLARD DE VILLE, lieutenant d'artillerie, 25 ans, Châlons-sur-Marne, blessé le 16 juillet; ╋ 15 thermidor, Vannes. *Em.* [2]

COLLETTE (François). *Lire*, COLLET, domestique, 31 ans, Saint-Pern (Ille-et-Vilaine); ╋ 12 thermidor, Auray.

COLLIBEAUT (T.-H.-J.). *Lire*, Théodore-Henri-Julien COLLIBEAUX, cadet dans *Rohan*, né à Nantes, le 25 novembre 1775; ╋ 14 thermidor, Auray. *Em.* [3]

[1] Ces deux frères, derniers représentants de la branche aînée, étaient fils de *Marc-Guy-Marie* du Coëtlosquet, et de *Pauline-Anne-Pélagie* de Farcy du Cuillé. Ils n'avaient qu'une sœur, qui épousa le frère d'une autre victime de Quiberon, M. du Bahuno de Kerolain. — La seule branche existante aujourd'hui s'est fixée, dans le dernier siècle, à Metz. Elle remonte à un frère aîné de *Jean-Gilles* du Coëtlosquet, évêque de Limoges, précepteur des petits-fils de Louis XV et membre de l'Académie française. Ce prélat était né à Saint-Pol-de-Léon, le 15 septembre 1700.

[2] Il était fils de *Charles-Jean-Pierre*, chevalier de Saint-Louis, lieutenant des maréchaux de France, baron de la Sainte-Ampoule pour la baronnie de Tary, et de *Agathe-Félicité-Germaine* Bureau de Charmois. Avec lui s'est éteinte sa famille.

[3] Il était fils de *Henri-Charles*, directeur des devoirs à Nantes, et de *Marie-Françoise* Bonvalet.

DE COLLOIBET (J^h). *Aj.*, âgé de 43 ans, du Puy (Haute-Loire) ; + 13 thermidor, Auray. *Em.*

DE COMBLAT (François). *Lire*, DE LA CARRIÈRE DE COMBLAT, lieutenant de vaisseau, sous-lieutenant dans *Hector* (Cantal); + 15 thermidor, Vannes. *Em.*

DE COMPREIGNAC (II^{er}). *Lire*, Yrieix MARTIN DE COMPREIGNAC, lieutenant au régiment de Foix, puis garde-du-corps, né au château de Compreignac, près de Limoges, en 1767, officier dans *Périgord;* + 11 thermidor, Auray. *Em.* [1]

DE CONCISES (GRESLIER). *Lire*, Charles-Auguste-Roland GRELLIER DE CONCIZE, major de vaisseau, chevalier de Saint-Louis, capitaine dans *Hector*, né à Chambretaud (Vendée), vers 1746, blessé le 16 juillet; + 15 thermidor. Vannes. *Em.* [2]

DE CORDAY (Ch.). *Lire*, Charles-Jacques-François DE CORDAY D'ARMONT, volontaire dans *Loyal-Emigrant*, chevalier de Saint-Louis le 17 juillet 1795, né au Mesnil-Imbert (Orne), le 21 septembre 1774; + 13 thermidor, Auray. *Em.* [3]

DE CORDAY (Pierre-Jean). Oncle du précédent, officier au régiment de La Fère, infanterie, né au Mesnil-Imbert (Orne), le 19 février 1734; + 14 thermidor, Vannes. *Em.* [4]

DU CORMIER. Combat du 21 juillet.

— DE CORNULIER (René). *Lire*, Arnaud-Désiré-René-Victor DE CORNULIER DE LA CARATERIE, blessé le 16 juillet. Il n'est décédé à Nantes que le 21 avril 1830. Voir ci-dessus, p. 67.

CORVAY (Pierre). *Aj.*, laboureur, 40 ans, Auray; + 8 ventôse IV, Vannes. *Ins.*

COSTINIC (François). *Aj.*, cultivateur, 29 ans, Lille (Nord); + 14 thermidor, Auray. *Em.*

[1] Il était le plus jeune des dix enfants de *François* Martin, seigneur baron de Compreignac, et de *Marie* Blondeau. Sur ces dix enfants, il y avait quatre gardes-du-corps et deux chanoines.

[2] Fils de *Philippe* Grellier, seigneur de Concize, et de *Cécile-Catherine* Demollière. Lui-même avait épousé à Rochefort le 23 août 1773, *Eléonore* de Chavagnac, dont il avait un fils et une fille. Mme de Concize et sa fille furent noyées à Nantes pendant la Révolution. Son fils, chef d'escadron, chevalier de Saint-Louis et de la Légion d'honneur, est décédé sans postérité. Le seul représentant de la famille Grellier est aujourd'hui M. Grellier du Fougeroux, ancien représentant de la Vendée.

[3] Il était fils de *Jacques-François* et de *Charlotte-Jaqueline-Marie* de Gaultier, et frère de la célèbre Charlotte Corday. L'un et l'autre étaient arrière-petits-fils de *Françoise* de Farcy, dont la mère, *Marie* Corneille, était la fille aînée de notre grand poète. La branche des Corday d'Armont est aujourd'hui éteinte.

[4] Oncle du précédent. Il était fils de *Jacques-Adrien* de Corday et de *Marie-Renée-Adélaïde* de Belleau. Marié, sans enfant.

De Cotelle (R.-S.). *Lire*, Saturnin-René Cotelle, avocat, volontaire dans *Rohan*, né à Châteaubriant, le 29 novembre 1766; + 15 thermidor, Vannes. *Em*. [1].

De Cotte (A**n**e). *Aj*., 17 ans, Toulon (Var); + 2 fructidor, Vannes. *Em*.

Coupet (Pierre). *Lire*, Coupé, journalier, volontaire dans *Béon*, 23 ans (Nord); + 10 thermidor, Quiberon. *Em*.

Courcy (Paul-Pierre-Augustin). *Lire*, Hellouin de Courcy, ancien officier, cadet en *Rohan*, 52 ans, Pierrelitte (Calvados); + 15 thermidor, Vannes. *Em*. [2].

Courreau (Alexandre). *Aj*., soldat, 31 ans, Vivarais; + 15 thermidor, Vannes. *Em*.

Ch**er** de Cours. *Aj*., capitaine en d'*Hervilly*, blessé le 21 juillet, mort au mois d'août. *Em*. [3].

De Courteville. *Aj*., d'Hodicq, 68 ans, Pas-de-Calais; + 12 thermidor, Quiberon. *Em*.

De Coustin (J.-F.). *Lire*, Jean-François Coustin du Masnadau, sous-lieutenant en *du Dresnay*, né vers 1768 à Saint-Bertrand de la Guadeloupe; + 8 fructidor, Vannes. *Em*. Voir p. 36.

De Saint-Crend (N. M.). *Lire*, Feugeret de Saint-Crend, ancien lieutenant-colonel de *Royal-Picardie*, chevalier de Saint-Louis, capitaine adjudant major en d'*Hervilly*, tué le 16 juillet. *Em*. [4].

De Croissanville (T¹). *Lire*, Bailleul de Croissanville, volontaire en *Béon*, 42 ans, Vire (Calvados); + 18 thermidor, Quiberon *Em*.

De Crommbois (M¹n). *Lire*, Mathurin Crouillebois, 34 ans, Mayenne; + 13 fructidor, Auray. *Em*.

De Croutte (N.-H). *Lire*, Nicolas La Groy de Croutte, étudiant, 21 ans, Le Quesnoy (Nord); + 10 thermidor, Quiberon. *Em*.

B**on** de Crouzeilhes. *Lire*, Jean-Baptiste Dombideau de Crouseilhes, major de vaisseau, 46 ans, Pau (Basses-Pyrénées); + 15 thermidor, Vannes. *Em* [5].

---

[1] Il était fils de noble maître *Pierre-Louis* Cotelle, avocat au Parlement, premier fiscal de la baronnie de Châteaubriand, et de *Anne-Marie* Chérel.

[2] Fils de *Mar-Antoine-Auguste* Hellouin, marquis de Courcy, maréchal de camp, gouverneur de Carentan, en 1755

[3] Nous trouvons dans la Saintonge un chevalier de Cours (*François*), seigneur de Ponsors, dont le frère aîné était capitaine au régiment de la Sarre, infanterie. Les descendants de celui-ci habitent maintenant Toulouse.

[4] Son unique frère avait été guillotiné le 12 mai 1774.

[5] Fils de *Jean*, baron de Crouseilhes, conseiller au Parlement de Navarre, et de N. de Capdeville. Il avait un frère aîné qui a continué la famille, et un autre frère qui a été évêque de Quimper, de 1805 à 1823.

De Crozet (J.-B.). *Lire*, du Crozet de la Regnaude, officier au régiment de Vexin, quartier maître en *Damas*, né à Riom, le 8 janvier 1761; + 15 thermidor, Quiberon. *Em.* [1].

De Cruzel (P.-M.-F). *Lire*, Pierre Maffre de Cruzel, garde-du-corps, 45 ans, Verteuil (Aveyron); + 15 thermidor, Quiberon. *Em.*

Cunier (Charles) *Aj.*, étudiant, volontaire en *Damas*, 22 ans, Valenciennes; + 11 thermidor, Auray. *Em.*

Dagord (Jacques). *Aj.*, laboureur, 27 ans, Grandchamp (Morbihan); + 29 nivôse, Vannes. *Ins.*

Dallot (François). Combats du 18 au 21.

Bon de Damas. *Lire*, Charles, baron de Damas-Cormaillon, né à Pain-léz Montbard, le 21 mars 1758, colonel au régiment de la Marche, cavalerie, major en d'*Herrilly*, tué le 21 juillet. *Em.* [2].

De Damoiseau (P.-J.). *Lire*, Frédéric-François Joseph Damoiseau de la Bande, capitaine au régiment de Champagne, chevalier de Saint-Louis, volontaire aux vétérans de La Châtre, né en 1748 au château de la Bande, commune de Chaource (Aube); + 15 thermidor, Vannes. *Em.* [3].

De Danceau (J.-C.-T.). *Lire*, Jean-Constantin-Théodore d'Anceau ou de Danceau, lieutenant-colonel, commandant le régiment de *Béon*, 54 ans, Toulouse; + 13 thermidor, Auray. *Em.*

Danic (Etienne). *Aj.*, portefaix, 48 ans, Auray; + 28 nivôse IV, Vannes. *Ins.*

Daniel (François). *Aj*, laboureur, 24 ans, Noyal-Muzillac (Morbihan) ; + 24 nivôse IV, Vannes. *Ins.*

Daniel (Jh), tué ou noyé le 21.

Daniel (L¹) *Aj.*, 21 ans, Guingamp; + 12 thermidor, Vannes. *Déserteur.*

Dano (Isidore). *Aj.*, laboureur, 28 ans, Vannes; + 8 fructidor, Vannes. *Ins.*

David (Jean). *Aj*, laboureur, 45 ans, Auray; + 20 nivôse IV, Vannes. *Ins.*

Delcroix (Antoine-François). *Aj.*, journalier, volontaire dans *Béon*, 20 ans Pas-de-Calais; + 10 thermidor, Quiberon. *Em.*

---

[1] Fils de *Jean-Baptiste* du Crozet de Couche, seigneur de la Regnaude, et de *Marie-Gilberte* Pannoy du Vellan. Il avait un frère major aux dragons de La Tour, au service d'Autriche, qui fut pris par trahison et fusillé, en 1793, à Valenciennes.

[2] Fils de *Charles-Jules*, baron de Cormaillon, et de *Jacqueline* du Bois d'Aisy Lui-même avait épousé, en 1784, *Marie-Gabrielle-Marguerite* de Saarsfield, dont il avait plusieurs fils, notamment le baron de Damas, ministre sous la Restauration et gouverneur du duc de Bordeaux.

[3] Il était fils de *Frédéric*, ancien capitaine d'infanterie, chevalier de Saint-Louis, et de *Agnès* Jolly.

DELEBARRE (Antoine). *Aj.*, tisserand, 27 ans, Nord ; ✝ 12 thermidor, Auray. *Em.*

DELISLE (Paul-Louis). *Lire,* DE L'ISLE DE LA FERTÉ et DE BARSAUVAGE, cadet dans *Rohan*, né à Nantes, le 17 juillet 1774 ; ✝ 9 fructidor, Vannes. *Em.* (Voir p. 39).

DELONAY (Jean). *Lire,* DELAUNAY, domestique, 30 ans, d'Amaillet (Calvados) ; ✝ 11 thermidor, Auray. *Em.*

DELORNE (Jh). *Lire,* Joseph LORNE, laboureur, 22 ans, Soumaintrain (Yonne) ; ✝ 13 fructidor, Auray. *Em.*

DESMOTO (Jn-Pre). *Lire,* DESMOTE, tourneur, capitaine de chouans, 55 ans, Auray ; ✝ 18 thermidor, Quiberon. *Ins.*

DESSAT (Jean). *Aj.*, soldat, volontaire dans *Béon* 27 ans, Clermont (Puy-de-Dôme) ; ✝ 11 thermidor, Auray. *Déserteur.*

DETHORT (Emmanuel). *Aj.*, du Verquin (Nord). (No 371 de l'*Etat*).

DIETRICH (Jh). *Aj.*, tailleur de pierres, volontaire dans *Béon*, 39 ans, (Bas-Rhin) ; ✝ 15 thermidor, Auray. *Em.*

DISERDILLE (Louis). *Aj.*, domestique du chevalier de Chabot, 40 ans, Guéret (Creuse) ; ✝ 11 thermidor, Auray. *Em.*

DOCO .-J.). *Aj.*, charron, né à Gœulzin (Nord), le 25 septembre 1771, servait dans *Béon ;* ✝ 10 thermidor, Quiberon. *Em.*

DORIGNY (C.-M.). *Lire,* DORIGNÉ, étudiant, volontaire dans *Périgord*, 24 ans, Saint-Quentin (Aisne) ; ✝ 11 thermidor, Auray. *Em.*

DOUDMAN (Thomas). *Lire,* Jean-Nicolas-Thomas DOUDEMENT, cultivateur, né à Valiquerville (Seine-inférieure), le 9 décembre 1764 ; ✝ 14 thermidor, Auray. *Em.* (Voir p. 60).

DOUROUX (Jean-Antoine). *Aj.*, 57 ans, Dordogne ; ✝ 15 thermidor, Vannes. *Em.* [1].

Cher DU DRESNAY. *Lire,* Julien-Jean-François, sous-lieutenant en *du Dresnay*, né au château de Kerlaudi, en Plouénan (Finistère), le 2 février 1773, tué le 16 juillet. *Em.* [2].

DROUIN (François). *Aj*, 19 ans, Commercy (Meuse) ; ✝ 29 vendémiaire, IV, Vannes. *Em.*

DUFÉRIO (François). *Aj.*, praticien, 22 ans, Noyon (Oise) ; ✝ 11 thermidor, Auray. *Em.*

---

[1] N'y aurait-il pas double emploi? Voir d'Auront. Les prénoms sont les mêmes, et d'Auront ne se trouve pas sur l'État du général Lemoine.

[2] Son père, *Louis-Marie-Ambroise-René*, marquis du Dresnay, maréchal de camp, chevalier de Saint-Louis, était colonel du régiment qui portait son nom ; il s'était allié dans la famille du Coëtlosquet, et avait plusieurs enfants. Il avait, en outre, un demi-frère qui s'était allié dans la famille Le Forestier de Kerosven, et qui a également ment laissé postérité.

DUMAINE (Jean). Combat du 16.

DUPUY (Claude-Dominique). Combat du 16.

DUQUESNE (Alexis). *Aj.*, soldat au 22º régiment, 21 ans, Béthune (Pas-de-Calais) ; † 15 thermidor, Quiberon. *Em.*

DURET (Ch.). *Aj.*, marchand, 60 ans, Côtes-du-Nord ; † 15 ventôse, IV, Vannes.

DURY (Louis). *Aj.*, 20 ans, Deux-Sèvres ; † 9 fructidor, Auray. *Em.*

DUSAULTOIR (Florentin). *Lire*, Florentin-Ignace-Marie DUSSAUTOIR, laboureur, 20 ans, Pas-de-Calais, volontaire en *Damas* ; † 10 thermidor, Quiberon. *Em.* [1].

DUTERTRE (Pierre). *Aj.*, 60 ans, Calvados ; † 13 thermidor, Vannes. *Em.*

DUTERTRY (Jh). *Lire*, Louis-Marie-Joseph DUTERTRE DELMARCQ, garde-du-corps, né à Bimont (Pas-de-Calais), en 1752 ; servait comme enseigne dans *Béon* ; † 11 thermidor, Auray. *Em.* [2].

DUVAL (T.). *Lire*, Tranquille DUVAL, coiffeur, 30 ans, Gacé (Orne) ; † 14 thermidor, Auray. *Em.*

D'ELBÈQUE (C.-L.). *Aj.*, 21 ans, Nord ; † 12 thermidor, Quiberon *Em.* [3].

ELEC (Nol). *Aj.*, laboureur, 35 ans, Locmariaquer (Morbihan) ; † 1er fructidor, Auray. *Ins.*

D'ELQUE. Combat du 16.

ENAMF (Jh). *Aj.*, laboureur, 26 ans, Grandchamp (Morbihan) ; † 24 nivôse, IV, Vannes. *Ins.*

D'ENNEVAL. *Aj.*, major en second au régiment d'*Hervilly*. *Em.* Combat du 16 [4].

D'ERVAL (J.-J.-M.-H.). *Lire*, Joseph-Jean-Marie Hyacinthe de DERVAL, lieutenant au régiment du roi, lieutenant en *du Dresnay*, né au

---

[1] Il était fils de *Jean-Jacques*, cultivateur, et de *Marie-Jaqueline-Josèphe* Dublaron.

[2] Il était fils d'*Antoine*, chevalier de Saint-Louis, ancien major d'infanterie, et avait épousé N. *Leroy d'Ambreville*, dont il avait deux fils. Son frère, l'abbé Dutertre, ancien officier, chevalier de Saint-Louis, fut, pendant quelque temps, aumônier de *Béon* ; mais il ne se trouva pas à Quiberon.

[3] Le nom de Delbeque est très-connu dans les Flandres ; Gand a eu un évêque de ce nom, de nos jours.

[4] Serait-il de la famille des Le Roux d'Esneval, vidames de Normandie, qui comptaient parmi leurs aïeules maternelles *Anne de Dreux*, de la maison royale de France ? Nous ne pouvons le dire. Cette famille, fondue aujourd'hui dans *Du Val du Manoir*, était représentée, avant la révolution, par *Esprit-Robert-Marie*, marquis de Grimonville, président à mortier au Parlement de Rouen et par son fils, *Esprit-Marie-Robert*, né le 21 mai 1777. Peut-être a-t-on voulu dire *Wamelle d'Enneval*. Mais alors il y aurait double emploi. Voir *Wamelle*.

château de Kergos, en Plomeur, le 11 décembre 1765; ✝ 15 thermidor, Vannes. *Em.* **t**.

ESLEVEN (Nicolas). *Aj.*, laboureur, 41 ans, Brech (Morbihan); ✝ 15 fructidor, Auray. *Ins.*

Cher D'ESPAGNE. *Lire*, Arnaud-Roger-Bernard, comte D'ESPAGNE, né le
9 octobre 1771, premier lieutenant dans *Loyal-Emigrant*, mortellement blessé le 16 juillet. *Em.* **2**.

D'ESPIART (François). *Aj.*, 36 ans, Lierney (Côte-d'Or); ✝ 13 thermidor,
Vannes. *Em.* **3**.

EVAN (François). Combat du 16. *Ins.*

EVRARD (Pierre). *Aj.*, 21 ans, Noyelle (Pas-de-Calais); ✝ 13 thermidor,
Vannes. *Em.*

EZANNO (Pierre). *Aj.*, marin, 24 ans, Erdeven (Morbihan); ✝ 17 fructidor, Auray. *Ins.*

EZANOT (Pierre). *Lire*, EZANNO, laboureur, 63 ans, Erdeven (Morbihan);
✝ 16 thermidor, Auray. *Ins.* **4**.

FAGET (C^ilo). *Aj.*, 21 ans (Pas-de-Calais); ✝ 13 fructidor, Auray. *Em.*

FALHUN (Guillaume). *Aj.*, jardinier, 24 ans (Finistère); ✝ 15 vendémiaire
IV, Vannes. *Ins.*

FALLEN (Joachim). *Aj.*, laboureur, 30 ans, Plaudren (Morbihan); ✝
15 vendémiaire IV, Vannes. *Ins.*

FAURE (Bertrand). *Aj.*, 35 ans, Ille-en-Périgord (Dordogne); ✝ 11 thermidor, Auray. *Em.*

DE FAUVILLE (Antoine). *Aj.*, 37 ans, Surke (Pas-de-Calais); ✝ 13 thermidor, Vannes. *Em.*

FAVAL. *Aj.*, sergent en *du Dresnay*, tué le 16 juillet.

DE FAYDIT (Maurice). *Aj.*, capitaine, 57 ans, Riom (Puy-de-Dôme); ✝
13 thermidor, Auray. *Em.* **5**.

---

t Il était fils de *Joseph-Marie* de Derval et d'*Angélique* Fleuriot de Langle, et
n'avait que des sœurs. La famille n'est plus aujourd'hui représentée que par les
descendants de sa sœur, *Pauline-Jeanne*, mariée, en 1800 au chevalier de Bonafos, et
qui n'a laissé elle-même qu'une fille, Mme de La Lande de Calan. C'est à cette dernière famille, dont un membre figure aussi parmi les morts de Quiberon, qu'appartient aujourd'hui le château de Kerminaouët en Tregunc, ancienne demeure de la
victime.

2 Famille d'origine espagnole fixée dans le Midi. Arnaud d'Espagne était fils de
Henri-Bernard, marquis d'Espagne, baron de Ramefort, deuxième baronnie de la
vicomté de Nebouzan, et de *Claire-Charlotte* de Cebalbi, fille du baron d'Esplas.

3 Un Espiart de Miespinot était officier d'artillerie au régiment de Toul.

4 On a raconté qu'ayant échappé à une première fusillade, il fut fusillé de nouveau trois jours après. Sur ce point, toute espèce de documents nous manque.

5 Trois officiers de ce nom, nés en 1736, 1737 et 1741, servaient dans le régiment de Beaujolais. L'âge de la victime de Quiberon (57 ans en 1795) semble indi-

DE FAYMOREAU (J.-M.-J.). *Lire*, Jacques-Marie-Joseph PANOU DE FAYMO-
REAU, cadet dans *Rohan*, puis sous-lieutenant en d'*Hervilly*, né à
Nantes, le 10 mai 1776; ✝ 10 fructidor, Vannes. *Em.* [1].

DE FELETZ (Antoine-Joseph). *Aj.*, sous-lieutenant au régiment de Champagne, sergent-major en *du Dresnay*, né à Gumont, près de
Brives-la-Gaillarde, le 6 février 1766, blessé le 16 juillet; ✝ le
10 thermidor, Quiberon. *Em.* [2].

FELIX (Michel). *Lire*, Michel-Félix DE LA JUMELIÈRE, 34 ans, Lizon (Calvados); ✝ 13 thermidor, Vannes. *Em.* [3].

DE FÉNELON (A.-F.). *Lire*, André-Emmanuel DE SALIGNAC-FÉNELON, ancien
porte-étendard des chevau-légers de la maison du roi, soldat dans
les vétérans émigrés, né le 30 novembre 1716 à Cellefrouin (Charente); ✝ 15 thermidor, Quiberon. *Em.* [4].

DE LA FERAUDIÈRE (Louis-Joseph-Casimir). *Aj.*, 18 ans, Bar-le-Duc; ✝
9 fructidor, Auray. *Em.* [5].

FERET (T.-G.). *Lire*, Jacques-Louis-Alexis, volontaire dans *Béon*, né à
Cormeilles (Eure), le 6 avril 1774; ✝ 8 fructidor, Vannes. *Em.* [6].

Ch⁰ʳ DE LA FERTÉ-MEUN. (Famille bourguignonne, dont deux membres
ont épousé, de nos jours, les dernières représentantes de l'illustre
famille Molé.) Combat du 16.

FENARDENT (C.-Yⁿ.). *Lire*, Jean-François-Cyprien FEUARDENT, né à

---

quer un frère. Le père de ces officiers était *Jean-François* de Faydit de Terssac, et
leur mère, *Isabeau* Souech des Baux. Deux Faydit de Terssac servaient dans le
génie.

[1] Il était fils de *Jacques-Louis*, ancien conseiller à la chambre des comptes de
Bretagne, et de *Louise-Adrienne* Deurbroucq. Son frère aîné faisait aussi partie de
l'expédition, et l'on ne s'explique pas qu'il ait été oublié sur le monument, car il
fut très-certainement du nombre des victimes.

[2] Il était fils d'*Étienne* de Feletz et de *Catherine* de Fars, et frère de l'abbé de
Feletz, de l'Académie française. La branche de la famille à laquelle il appartenait est
éteinte. La branche aînée subsiste.

[3] Un officier de ce nom servait dans l'artillerie, régiment de Strasbourg.

[4] Les Salignac de l'Angoumois et du Limousin, auxquels appartenait ce noble et
courageux vétéran, existent encore. *Claude-Pierre* de Salignac, son père, était capitaine d'infanterie. Il avait épousé *Catherine* Carron.

[5] Peut-être était-il fils du lieutenant-colonel de ce nom, au régiment *de la Couronne,* en 1779.

[6] Les prénoms de *Thomas-Godefroi,* sous lesquels il a été condamné, étaient ceux
de son plus jeune frère dont ses parents lui avaient envoyé l'acte de baptême pour
le rajeunir devant ses juges. C'est de lui qu'on a dit qu'il avait échappé à la fusillade
(voir p. 39); mais ses parents ne l'ont jamais revu. Il était fils de *Jacques-Louis,*
propriétaire et commerçant, et de *Geneviève-Marie* Delamare. Il avait sept frères et
trois sœurs.

Jobourg, près de Cherbourg, vers 1772 ; + 9 fructidor, Auray. *Em.* ¹.

FIOLET (Jⁿ). *Aj.*, tisserand, volontaire dans *Béon*, 21 ans, Avroult (Pas-de-Calais) ; + 10 thermidor, Quiberon. *Em.*

FLAMENT (Mⁱ-Anne). *Aj.*, sergent-major en *du Dresnay*, 21 ans, Quimper ; + 8 fructidor, Vannes. *Em.*

FLAU (Mathurin). *Aj* , laboureur, 20 ans, Surzur (Morbihan) ; + 26 nivôse, Vannes. *Ins.*

DE FLAYELLE (Jean). *Aj.*, 30 ans, Paris ; + 13 thermidor, Auray. *Em.*

DE FLISELLE (H.-M.). Tué ou noyé le 21.

FLORENTIN (Pierre). *Aj.*, domestique, 22 ans, Villers (Meuse) ; + 8 fructidor, Vannes. *Em.*

FLOURIS (Louis). *Aj.*, laboureur, 23 ans (Morbihan) ; + 29 nivôse IV, Vannes. *Ins.*

DE FLOUY (Jⁿ). Combat du 16.

DE FOLMONT (Antoine). *Lire*, TESTAS DE FOLMONT, capitaine du génie, 46 ans, de Bagat (Lot) ; + 15 thermidor, Vannes. *Em.*

FONTAINE (Louis). *Aj.*, maréchal-ferrant, 21 ans (Somme) ; + 15 thermidor, Quiberon. *Em.*

DE FONTAINES (Lⁿⁿ). *Lire*, Hilarion DES FONTAINES, 64 ans, Saint-Pierre-Longueville (Eure) ; + 15 thermidor, Quiberon. *Em.*

DES FORGES (Guy). *Aj.*, volontaire dans *Hector*, 18 ans, Vannes ; + 9 fructidor, Auray. *Em.*

DE FOUCAULT (A.-D.). *Lire*, Armand-Daniel dit le chevalier DE FOUCAULT, lieutenant au régiment de Rouergue, servait dans *Loyal-Emigrant*, né à Landrecies (Nord), le 14 octobre 1759 ; + 13 thermidor, Auray. *Em.* ².

FOUGERET (Antoine). *Aj.*, meunier, né à Gizeux (Indre-et-Loire) vers 1760 ; + 13 fructidor, Auray. *Dés.*

DE FOUQUET (François-Paul). *Lire*, DE FOUCHER DE PONTMOREAU, capitaine aux *Grenadiers royaux* de Touraine, né au château du Pressoir-Bachelier, en Mauzé-Thouarsais (Deux-Sèvres), en 1753. Lieutenant dans *Rohan* ; + 13 thermidor, Vannes. *Em.* ³.

---

¹ Fils de *Jacques-François*, capitaine des garde-côtes, et d'*Elisabeth* Le Fort d'Anneville. Il avait cinq sœurs et cinq frères. L'un de ses frères avait été fusillé à Newport, l'année précédente.

² Il était fils de *Marc-Alexandre-Armand*, lieutenant-colonel du génie, et de *Louise-Thérèse* Dézérable. Il avait deux frères, dont un seul s'est marié et n'a eu qu'un fils, tué, en 1813, à Leipsik ; mais un frère de leur père a continué la filiation. Il existe trois branches de cette famille : à Bourges, à Orléans et à Calais.

³ Fils unique d'*Augustin-François* et d'*Anne* de *Laspaye*, il avait épousé, le 4 juillet 1780, *Marie-Adélaïde-Angélique* Le Maignan, dont il avait un fils.

Du Four (G.-F.). *Aj.*, commis de bureau, 22 ans, Paris; + 24 nivôse, IV. Vannes. *Em.*

— Fournier (P.-A). *Lire*, Pierre-Auguste Fournier de Boisavrault d'Oy- ron, s'échappa du lieu du supplice et n'est mort qu'en 1837. Voir p. 20.

Fournier (J.-M.). *Aj.*, militaire, 49 ans, Montreuil (Meurthe); + 12 ther- midor, Auray. *Dés.*

Foutroyé (Jean). *Lire*, de Fonterougen, capitaine d'artillerie, che- valier de Saint-Louis, aide-de-camp du comte de Sombreuil, né au château de Fonterouger, commune de Gandaille (Lot-et-Garonne), en 1748; + 15 thermidor, Vannes. *Em.* [1].

De Fréville (Jean-Pierre). *Aj.*, né à la Haye-de-Boutot (Eure), vers 1765; + 14 thermidor, Auray. *Em.* [2].

Du Fresne (R.-B.). *Lire*, René-Barbe Bignon du Fresne, capitaine, che- valier de Saint-Louis, né à Saint-Ouen-le-Brisoult (Orne), en 1728; + 10 thermidor, Quiberon. *Em.* [3].

Du Fresnoy (J.-B.). *Aj.*, garde-du-corps et soldat aux vétérans émigrés, 47 ans, Sainte-Marie (Moselle); 15 thermidor, Quiberon. *Em.*

De Frogen (Charles-André). *Lire*, Frogen de la Clisse, né le 21 février 1769, à la Clisse (Charente-Inférieure), volontaire de la marine; + 10 thermidor, Quiberon. *Em.* [4].

De Frogen (Henri). *Lire*, Michel-Henri de Frogen de l'Eguille, capitaine de vaisseau, chevalier de Saint-Louis, capitaine dans *Hector*, né à Rochefort (Charente-Inférieure), vers 1748, blessé le 16 juillet; + 15 thermidor, Vannes. *Em.*

Cher de Frogen (Louis). *Aj.*, dit le chevalier de l'Eguille, capitaine de vaisseau, aide-major dans *Hector*, né à Rochefort, le 15 août 1750; + 15 thermidor, Vannes. *Em.* [5].

---

[1] Il s'était marié, en 1780, dans la famille *de Nodigier*, et avait trois fils et une fille.

[2] Fils de *Pierre-Jacques* et de *Marie-Geneviève* de Fréville de l'Orme.

[3] Son frère avait pris alliance dans la famille *Malet de Graville*, et lui-même avait épousé, en mars 1763, *Marie-Jeanne* Balavoine de la Trulière, dont il avait cinq fils et une fille.

[4] Fils de *Charles-Alexis* de Froger, seigneur de la Clisse, et d'*Henriette* Chevillard, d'après son interrogatoire, il avait partagé le dévouement de Gesril du Paspeu, en allant prévenir un des canots anglais de la capitulation et revenant se constituer prisonnier.

[5] Le père de ces deux derniers était lieutenant-général des armées navales et com- mandant de la marine à Rochefort. L'aîné, Henri, avait épousé *Paule* de Pont Des Granges et avait un fils qui a continué la filiation et deux filles : Mmes du Puy d'Anché

FROTTIN (François). *Aj.*, prêtre, vicaire de Saint-Thual, né à Lenen-Pommerit, en 1761 ; + 9 thermidor, Auray. *Em.* (Voir p. 12).

GABEAU (Félix). *Aj.*, militaire, Saint-Omer (Pas-de-Calais). *Dés.* (N° 95 de l'*État*).

DU GAGEC (Joseph-Marie). *Lire*, GLAIS DU GAGE, garde-du-corps d'Artois, né à Quintin (Côtes-du-Nord), le 21 avril 1762 ; + 14 thermidor, Auray. *Em.* [1].

LE GALIDEC (J^h). *Aj.*, tailleur, 27 ans, Noyal-Muzillac (Morbihan) ; + 26 nivôse IV, Vannes. *Ins.*

GALLEC (Gilles). *Aj.*, journalier, 20 ans, Surzur (Morbihan) ; + 24 nivôse IV, Vannes. *Ins.*

LA GUARIGUE (J.-S.-M.). *Lire*, Jean-Savinien-Marie DE LA GUARIGUE DE LA TOURNERIE, ancien élève de la marine, capitaine d'artillerie, né à Rochefort (Charente-Inférieure), le 15 janvier 1767 ; + 9 fructidor, Auray. *Em.* [2].

GARNIER (Joseph). *Aj.*, militaire, 30 ans, Dol (Ille-et-Vilaine) ; + 23 nivôse IV, Vannes. *Em.*

GAROT (Pierre). *Aj.*, militaire, 32 ans, Chambeire, Côte-d'Or ; + 13 thermidor, Vannes. *Dés.*

LE GAUCHE (L.-Henri). Indiqué comme fusillé par M. Rosenzweig.

GAUTHIER (J^n). *Lire*, Julien-Pierre, prêtre, curé de Treffendel (Ille-et-Vilaine), secrétaire de Mgr de Hercé, évêque de Dol, né vers 1766 ; + 9 thermidor, Auray. Fusillé, avec son évêque, à Vannes, le 10. *Em.*

GAUTIER (J^n). *Aj.*, domestique de Mgr de Hercé, évêque de Dol, né à Epiniac (Ille-et-Vilaine), vers 1755 ; + 18 thermidor, Vannes. *Em.*

GEGU (Louis). *Aj.*, domestique, 41 ans, Nantes ; + 12 thermidor, Auray. *Em.*

---

et d'Isle de Beauchaine. Le second avait épousé *Marie-Louise* de Chavagnac, veuve de l'illustre La Clocheterie, et en avait deux fils, qui n'ont pas laissé de postérité. Le chevalier de l'Eguille passait pour être un des officiers les plus distingués de la marine.

[1] Fils de *René* Glais, directeur des *Devoirs* de Bretagne, et de *Marie-Ursule* Lucas ; de ce mariage étaient nés sept enfants, dont aucun n'a laissé de postérité.

[2] Son père était capitaine de vaisseau, chevalier de Saint-Louis. Sa mère se nommait *Suzanne-Anne* Sorry de la Chaume. Lui-même avait épousé, en 1789, *Marie-Suzanne-Hippolyte* de Camont, dont il n'eut qu'une fille, Mme Loquet de Blossac. La famille de La Guarigue, originaire du Béarn, est aujourd'hui éteinte en Saintonge. On voit, à la chartreuse d'Auray, une fort belle chasuble faite par Mme de Blossac, avec des morceaux de soieries de toutes couleurs ayant appartenu aux victimes.

— GENHAUT (Ch.). Colonel en second de *Damas*, âgé de 36 ans, né à Nyon, en Suisse; + 15 thermidor, Quiberon. Voir *Rouault* [1].

DE GENOT (Edme). *Aj.*, Lieutenant au régiment de *Rohan*, 35 ans, Nolay (Côte-d'Or); + 15 thermidor, Quiberon. *Em.* [2].

DE GENOUILLÉ (P.-A.). *Lire*, Pierre-Abel SAVATTE DE GENOUILLÉ, volontaire dans *Loyal-Emigrant*, né à Poitiers, le 21 décembre 1776; + 8 fructidor, Vannes. *Em.* (Voir p. 36).

DE GENOUILLÉ cadet (L.-M.-A.). *Lire*, Louis-Marie-Ange SAVATTE DE GENOUILLÉ, volontaire dans *Loyal-Emigrant*, né à Poitiers, le 10 janvier 1774; + 8 fructidor, Vannes. *Em.* [3].

DE SAINT-GEORGES (F.-M.). *Lire*, marquis DE SAINT-GEORGES. Premiers combats [4].

GENARD (Jn). *Aj.*, prêtre, né à Montauban (Ille-et-Vilaine), le 27 août 1765, attaché à Mgr de Hercé; + 9 thermidor, Auray. *Em.*

GERCIOQUE (Mln). *Aj.*, laboureur, 20 ans, Ambon (Morbihan); + 8 pluviôse, IV, Vannes. *Ins.*

DE GÉRUPRÉ (Antoine-Jean-Louis). *Lire*, PAILLOT DE GRANDPRÉ, gendarme de la garde du roi, 35 ans, Caen (Calvados); + 13 thermidor, Auray. *Em.*

GESRIL DU PASPEU (Joseph-Anne). *Lire*, Joseph-François-Anne, officier de marine, sous-lieutenant dans *Hector*, né à Saint-Malo, le 23 février 1767, + 10 fructidor, Vannes. *Em.* [5].

GIBRAL (J.-B.). Combat du 21.

GILET (Pierre). *Aj.*, laboureur, 22 ans, Arzal (Morbihan); + 8 pluviôse IV, Vannes. *Ins.*

[1] *Genhaut* est le nom sous lequel a été condamné le comte de Rouault de Gamache. La qualification de *colonel en second de Damas* ne peut laisser, sur ce point, aucun doute.

[2] Il était de la même fusillade que M. d'Oyron, et voulut, lui aussi, se sauver; mais il fut moins heureux : s'étant jeté à la mer, il fut atteint par une décharge, comme le comte de Rieux et le jeune de Penvern.

[3] C'est à tort, comme on le voit, qu'il a été inscrit sur le monument avec l'indication de *cadet*.

[4] Nous n'avons pu découvrir le premier nom de cette victime; il y avait des *Saint-Georges* dans les régiments de Champagne, de Limousin, et un marquis de Saint-Georges dans Champagne, cavalerie. Ce dernier était des Saint-Georges de la Marche, qui n'ont pas d'autre nom.

[5] Fils de *Joseph-François-Marie* Gesril, seigneur du Paspeu, et d'*Anne-Marie-Thérèse* Jolif; il avait trois sœurs : Mmes *Colas de la Baronnais*, *Le Roy de la Trochardais* et *Le Metaër de la Ravillais*. Les deux dernières seules ont laissé des enfants; la famille Gesril se trouve éteinte et fondue dans Le Metaër et, par Le Roy, dans Boisguéhéneuc et du Raquet.

DE GIMEL père (J⁹). *Aj.*, ancien garde-du-corps, volontaire au régiment de *Périgord*, 67 ans, Calviat (Dordogne); ✝ 15 thermidor, Auray. *Em.* ¹.

DE GIMEL fils aîné. *Lire*, Jean-Paul-Timoléon, volontaire en *Périgord*, tué le 16 juillet. *Em.*

DE GIMEL fils cadet. *Lire*, Charles, garde-du-corps, volontaire dans *Périgord*. Combat du 21. *Em.*

GIRAUD (Alexis). *Aj.*, militaire, 45 ans, Nîmes (Gard); ✝ 25 thermidor, Vannes. *Déserteur.*

GONDIER (J⁹). *Aj.*, volontaire dans *Béon*, né à Verneuil (Nièvre), le 24 novembre 1766; ✝ 13 thermidor, Vannes. *Em.* ².

DE GOULAINE (Henri). *Lire*, Pierre-Marie-Henri, baron DE GOULAINE, ancien page de Louis XVI, officier au régiment d'Anjou, lieutenant dans *Rohan*, né à Nantes, le 1ᵉʳ juillet 1758; ✝ 15 thermidor, Quiberon. *Em.*

Marquis DE GOULAINE. *Lire*, Anne-Marie-Charles-Samuel, marquis DE GOULAINE, frère aîné du précédent, ancien page, officier au régiment du roi, né à Nantes, le 30 septembre 1751; ✝ 14 thermidor, Auray. *Em.* ³.

GOURDET (Julien). *Aj.*, tailleur, 26 ans, Noyal-Muzillac (Morbihan); ✝ 26 nivôse IV, Vannes. *Ins.*

DE GOURIN. Combat du 16. *Em.*

GOUROT (J.-Pierre). *Lire*, GOURAUD ou GOURREAU, prêtre, né à Saint-Georges-de-Montaigu (Vendée), en 1739, curé de Saint-André, canton de Mareuil; ✝ 9 thermidor, Auray; fusillé le lendemain à Vannes. *Em.*

GOUY (Augustin) ou GONY. *Lire*, CONY, volontaire dans *Béon*, né à Goeulzin (Nord), le 10 mars 1774; ✝ 10 thermidor, Quiberon. *Em.* ⁴.

---

¹ *Jacques* de Gimel avait épousé, en 1751, *Suzanne* de Saint-Viance, dont il avait cinq enfants, entre lesquels les deux suivants. Un de ses fils fut, sous la Restauration, chapelain de S. A. R. *Monsieur.*

² Il était fils de *Jean* Gondier et de *Jeanne* Gondier des Aubus, et avait un frère et quatre sœurs. Son frère n'a laissé qu'une fille.

³ Ils étaient fils de *Charles-Jacques*, seigneur de Laudonnière, et de *Marie-Renée-Françoise* du Bois de la Feronnière. Leur frère *François*, dit le vicomte de Goulaine, mort à Berg-op-Zoom, en 1793, a continué la filiation.

⁴ Fils d'*Antoine* Cony, cultivateur, et de *Jeanne-Rose* Branque. Il partit avec plusieurs de ses parents et amis de Goerlzin pour aller servir dans *Béon*.

GOYER (Ch-Nas). *Lire*, Charles-Nicolas GOHIER DU GAST, âgé de 28 ans, né à Saint-Jean, près de Vire, ajourné le 11 thermidor; ne se trouve pas sur l'État du général Lemoine. Porté comme fusillé par M. Rosenzweig.

DE GRANDCHAMP (Antoine-Gabriel). *Lire*, COTHEREAU DE GRANDCHAMP, volontaire en *Béon*, 18 ans, Availles (Haute-Vienne); + 3 fructidor, Auray. *Em.* [1].

— LA GRANGE. Les registres du greffe portent Jean-Alexis LA GRANGE-CHATAIGNAIE, âgé de 42 ans, de Genolhac (Gard); + 15 thermidor, Quiberon. *Em.* Voir CHASTEIGNER.

LA GRANGE (Pierre). *Aj.*, militaire, 19 ans (Dordogne); + 12 thermidor, Auray. *Dés.*

DE GRANVAL. *Lire*, Guillaume BAUQUET DE GRANDVAL, ancien capitaine de dragons, chevalier de Saint-Louis, lieutenant en *du Dresnay*, né à Méautis (Manche), le 20 juillet 1742; + 14 thermidor, Vannes. *Em.* [2].

DE GRAS (Dominique). *Lire*, Dominique GRAS, domestique, 23 ans, né à Bourg-Saint-Andéol (Ardèche); + 11 thermidor, Auray. *Em.* [3].

Marquis DE GRAVE. *Aj.*, colonel, capitaine en *d'Herrilly*, tué le 21 juillet. *Em.* [4].

GRELA (Joseph). *Aj.*, marin, 24 ans, Riantec (Morbihan); + 18 thermidor, Vannes. *Ins.*

GRENIER (Nicaise-Valentin). *Aj.*, domestique du comte Archambaud de Périgord, 31 ans, Ourville (Seine-Inférieure); + 10 thermidor, Quiberon. *Em.*

---

[1] Fils de *Paschal* de Grandchamp, seigneur de la Tour d'Oiré, en Touraine, et de *Julie* Jouslin. Famille éteinte.

[2] Son père, *Gédéon-François-Joseph*, seigneur de la Grandvalière, avait épousé *Marie-Anne* Poisson d'Auville. Lui-même s'était marié au Mans avec *Agnès-Louise-Françoise* Samson de Lorchère, dont il n'avait qu'une fille, morte, en 1830, sans alliance. La famille existe toujours. Son chef est aujourd'hui le marquis Stanislas de Grandval.

[3] L'inscription du monument semble concerner le baron de Gras, ancien major des chasseurs à cheval de Champagne, aide-de-camp du comte de Puisaye, blessé le 16 juillet. Ce serait une erreur. Le baron de Gras fut de ceux qui purent se sauver le 21. La victime de ce nom est ainsi indiquée dans le texte de l'arrêt :— « Dominique Gras, fils de feu *Camille* et de feue *Flamande*, domestique du citoyen Desser, sous-lieutenant au ci-devant régiment de cuirassiers... »

[4] Famille du Languedoc, qui comptait parmi ses membres un lieutenant-général, commandeur de l'ordre de Saint-Louis.

DE GRIMONVILLE (Ch.). *Lire*, DE GRIMOUVILLE, de la Haye (Manche); + 13 thermidor, Auray. *Em.* [1].

DE GROZON (J.). *Lire*, Just-Anne-Ignace-François SARRET DE GROZON, lieutenant de vaisseau à 22 ans, lieutenant dans *Hector*, né à Arbois (Jura), le 6 février 1764; + 12 thermidor, Quiberon. *Em.* [2]

GRUE (L.-J.-M.), ou DE LA GRUE. Combat du 16.

DU GUEGAN (L.-J.). *Aj.*, 22 ans, Berric (Morbihan). Etat du général Lemoine, n° 250. *Em.*

GUÉGUÉ (J.-B.). *Lire*, Jean-Baptiste-René GAIGNET, prêtre, vicaire de Doix (Vendée), né au Gué-de-Velluire, arrondissement de Fontenay, le 6 janvier 1764; + 9 thermidor, Auray, fusillé le lendemain à Vannes. *Em.* [3].

GUENEDEVAL (Jean). *Aj.*, laboureur, 23 ans, Plérin (Morbihan); + 1er fructidor, Auray. *Ins.*

DE GUERGELIN (René-Marie). *Lire*, LE BOUTOUILLIC DE GUERGELIN, sous-lieutenant au régiment de Languedoc, infanterie, volontaire dans *Périgord*, 32 ans, Hennebont (Morbihan); + 18 thermidor, Quiberon. *Em.*

DE GUERROUX (J.-F.). *Lire*, Jean-Louis DE GUEROUST, Nogent-le-Rotrou, 38 ans; + 13 thermidor, Auray. *Em.*

— DE GUERRY. A supprimer, se confond avec les suivants :

DE GUERRY (Ch.). *Lire*, Louis-Benjamin DE GUERRY DE BEAUREGARD, officier de marine, adjudant dans *Hector*, né à Dompierre-sur-Yon (Vendée), le 11 février 1768; + 15 thermidor, Auray. *Em.* [4].

GUERRY (Ger¹). *Lire*, Gilbert-Alexis-Marie DE GUERRY DE BEAUREGARD, che-

---

[1] Famille éteinte à laquelle appartenait l'abbé de Grimouville, chanoine de Coutances, nommé évêque de Saint-Malo en 1817, mais dont la nomination n'eut pas d'effet par suite de l'inexécution du concordat.

[2] L'un des plus énergiques et des plus brillants officiers de notre marine. Il était fils de *Just-Denis*, capitaine de cavalerie, chevalier de Saint-Louis, et de *Louise* Barberot, et avait trois frères et six sœurs. Deux seulement des sœurs se sont mariées : M*** de Moréal et de Deservillers, et un seul des frères a laissé postérité. Il avait épousé *Louise-Marie-Caroline* Domet de Mont et en a eu un fils.

[3] Fils de *François* Gaignet, boulanger, et de *Marie-Françoise* Bichon, lesquels avaient quatre fils et deux filles. On a imprimé qu'étant prisonnier, il avait été reconnu par un de ses frères qui servait dans l'armée républicaine. C'est une erreur. Aucun des Gaignet n'a figuré dans les armées de la République.

[4] Il fut condamné sous le prénom de *Charles* et la qualité de *chevalier de Malte*, qui appartenaient à un de ses frères, son aîné de six ans. Sans doute, il avait pris ce nom et ce titre pour profiter de la loi de 1790, qui considérait les chevaliers de Malte comme des étrangers.

valier de Malte, aide-major dans *Hector*, né à Dompierre-sur-Yon (Vendée), le 16 mars 1764; ✝ 12 fructidor, Auray. *Em.* [1].

GUERRY (Michel). *Aj.*, laboureur, 25 ans, Arzal (Morbihan); ✝ 30 pluviôse IV. *Ins.*

DU GUET (François). Porté comme fusillé par M. Rosenzweig.

DE GUICHETEAU (Jean-Dominique). *Aj.*, avocat, volontaire en *Damas*, 28 ans, Bréal (Ille-et-Vilaine); ✝ 11 thermidor, Auray. *Em.*

DE GUICHEN (DU BOUEXIC). Ne se trouve ni sur l'État du général Lemoine ni sur le répertoire du greffe; porté néanmoins comme fusillé, sur d'autres listes [2].

— GUIGAN (Jean). Double emploi. Voir Jean GUÉGAN.

GUILLAS (G.). *Aj.*, laboureur, 29 ans, Landevant (Morbihan); ✝ 9 fructidor, Auray. *Ins.*

GUILLEMAIN (Henri). *Aj.*, de la réquisition; Saint-Gravé (Morbihan). État du général Lemoine, n° 711. *Ins.*

GUILLEROT (Jh). *Aj.*, meunier, 21 ans, Vannes; ✝ 8 fructidor, Vannes. *Ins.*

GUILLEROUX (Jean). *Aj.*, tailleur, 21 ans, Morbihan; ✝ 29 nivôse IV, Vannes. *Ins.*

---

[1] Dans le répertoire du greffe, *Gilbert* se trouve porté deux fois: une première avec la date du 12 fructidor pour la condamnation et la seconde avec la date du 9.

Gilbert et *Louis* étaient fils de *Jacques-Charles* Guerry de Beauregard, et de *Marie-Osmane* du Chaffault, lesquels avaient eu cinq fils et deux filles. L'un des frères des victimes épousa une sœur des trois La Rochejaquelein; un autre, une nièce des de ?? Royrand, de Quiberon.

[2] Nous regrettons de n'avoir pu obtenir, ni de l'Ille-et-Vilaine ni du Morbihan, aucun renseignement précis sur cette victime. Ce qui est certain, c'est que l'amiral du Bouëxic de Guichen était mort en 1790, ne laissant qu'une fille, *Françoise-Félicité*, mariée, le 20 mai 1780, à *Toussaint-Joseph* de Lauzanne, capitaine de cavalerie. Le frère aîné de l'amiral, *Luc-Claude*, n'avait également laissé qu'une fille qui, par son mariage, avait porté la seigneurie de Guichen aux Talhouët-Boisorhant; mais la branche de la famille du Bouëxic, dont les Guichen étaient un rameau, avait tenu à honneur de relever un nom devenu illustre. Cette branche comprenait les du Bouëxic de la Bottellerais, dont le chef était cousin germain de l'amiral, et les du Bouëxic de la Driennays. Nous avons vu qu'un de ces derniers faisait partie de l'expédition, mais fut assez heureux pour se sauver des prisons de Vannes; il ne peut dès lors être question de lui. Nous supposons que le Guichen du monument doit être un du Bouëxic de la Bottellerais. Deux la Bottellerais figurent sur l'*Annuaire de la marine* de 1781, comme lieutenants de vaisseau. Le nom de Guichen était porté, sous la Restauration, par un chef d'escadron aux lanciers de la garde, et il l'est encore aujourd'hui par plusieurs membres de la famille du Bouëxic, qui continuent d'habiter les châteaux de la Bottellerais en Pipriac, et de la Driennays, en Saint-Malo de Phily.

— De Guillon (Jh). Garde-du-corps, 40 ans, Astaffort (Lot-et-Garonne);
14 thermidor, Vannes. *Em.* (Voir d'*Aiguillon*).

Guimvert (L.-L.). *Aj.*, laboureur, Tréguier; † 13 thermidor, Auray. *Ins.*

Guinguené (François). *Lire*, Ginguené, capitaine au régiment de Picardie, officier en *Rohan*, né à Langouet (Ille-et-Vilaine), le 12 juin
1752; † 16 thermidor, Quiberon. *Em.* [1].

De Guiquerneau (A.-C.). *Lire*, Anne-Claude Le Bihannic de Guiquerneau,
lieutenant de vaisseau, chevalier de Saint-Louis, sous-lieutenant
dans *Hector*, né au château de Tromenec en Landéda (Finistère),
le 28 juin 1750; † 16 thermidor, Quiberon. *Em.* [2].

De Guyomarais (Jh). *Lire*, Joseph-François de la Motte de la Guyomarais, sous-lieutenant dans *Hector*, né à Lamballe, le 10 février
1764; † 16 thermidor, Quiberon. *Em.* [3].

Du Haffont. (J.-M.-G.). *Aj.*, capitaine d'infanterie, chevalier de Saint-
Louis, aide-major dans *Rohan*, né à Quimper, le 8 décembre 1745;
† 15 thermidor, Quiberon. *Em.* [4].

D'Haise (Louis-François). *Aj.*, capitaine-major en *Loyal-Emigrant*,
commandant le régiment à Quiberon, chevalier de Saint-Louis,
45 ans, le Havre (Seine-Inférieure); † 13 thermidor, Auray. *Em.*

Hamon (Jh). *Aj.*, laboureur, domestique de M. de la Monneraye, né à
Guingamp, le 22 mars 1769. *Em.* (No 298 de l'*Etat*).

De Harscouet (Casimir-Julien-Mathieu). *Aj.*, officier au régiment de la

---

[1] Il était fils de *Elie* Ginguené de Rictraon et de *Jeanne* Agnosse. Lui-même avait
épousé *Marie-Eugénie* de Talhouet-Brignac, dont il n'avait qu'une fille, mariée depuis
à M. Charles Le Fer. *François* Ginguené n'avait pas de frère.

[2] Il était fils d'*Yves-Alexis*, major des garde-côtes, chevalier de Saint-Louis, et de
Marie-Gabrielle de Kerlangui du Trevoux. De ce mariage étaient issus 22 enfants,
dont neuf survécurent à leurs père et mère. Lui-même avait épousé *Julie* Guézennec
de Kervisien, dont il avait un fils qui mourut en bas âge. Un de ses frères avait été
tué par un boulet, à Newport, en 1794. Un autre, Le Bihannic de Tromenec, était
sous-lieutenant dans *Hector*, mais ne fut pas de l'expédition de Quiberon. C'est le
seul qui ait laissé postérité. Marié deux fois, il eut trois fils de son second mariage
avec *Marie-Anne-Jacquette* Huon de Kermadec. Un seul toutefois de ces trois fils,
Charles-Edouard-Marie, marié en 1828 à *Amélie-Marie-Prudence* de Blois de la Ca-
lande, a continué la filiation.

[3] Frère de celui qui paya de sa vie et de la vie de sa femme sa généreuse hospi-
talité pour la Rouërie.

[4] Son père, *François-Guillaume*, chevalier du Haffont de Kerescant, avait épousé
Anne-Thérèse-Thomase de Robien, dont il avait eu trois fils et une fille. L'un de ses
fils périt à Quiberon; un autre à l'armée de Condé.

Sarre, volontaire dans *Rohan*, né à Plouha (Côtes-du-Nord), le 16 décembre 1737 ; + 15 thermidor, Quiberon. *Em.* [1].

DE LA HAYE MONTBAULT (G^{el}). *Lire,* Charles-Gabriel DE LA HAYE-MONTBAULT, chevalier de Malte, l'un des otages du roi Louis XVI et de la reine Marie-Antoinette, né en 1757, au château de la Dubrie, commune de Beaulieu-sous-Bressuire ; + 18 thermidor, Quiberon. *Em.* [2].

HEBERT (Alexis). *Aj.,* gantier, 19 ans, Caen (Calvados) ; + 9 fructidor, Auray. *Em.*

HELIN (F^d). *Aj.,* cordonnier, volontaire dans *Béon*, 25 ans, Marolles (Nord) ; + 10 thermidor, Quiberon. *Em.*

Le HELLEC (F^{le} Le CHAUFF). *Lire,* Fidèle-Hyacinthe-Julien LE CHAUFF DE LÉHÉLEC, lieutenant de vaisseau, sous-lieutenant dans *Hector*, né à Messac (Ille-et-Vilaine), le 26 décembre 1765 ; + 17 fructidor, Vannes. *Em.* [3].

HÉMERY (G.). *Aj.,* domestique, Montfort (Ille-et-Vilaine). *Em.* (N° 564 de l'*État*).

HENRIOT (Yves). *Aj.,* laboureur, 20 ans, Grandchamp (Morbihan) ; + 26 nivôse IV. Vannes. *Ins.*

DE L'HÉRONDEL (A.-M. HUE). *Lire,* André-Marie HUE DE LERONDEL, lieutenant de vaisseau, chevalier de Saint-Louis, lieutenant dans *Hector ;* né à Benouville (Calvados) le 27 juillet 1730 ; + 14 thermidor, Vannes. *Em.* [4].

---

[1] Il était fils de *François-Mathias*, comte Harscouët, et de *Marie-Marguerite* Rolland, et avait épousé *Bonne-Marguerite* de Boisdevid, dont postérité.

[2] Il était fils de *Gabriel*, baron de Bourneau, et de *Radegonde* de la Haye-Montbault, et avait épousé lui-même *Agathe* de la Haye-Montbault, sa cousine, dont il avait un fils qui mourut jeune. Dans une lettre qu'il écrivit avant d'être fusillé, on lit : « S'il vous est possible de voir mon fils, qui doit avoir à présent onze ans, dites-lui... d'être fidèlement attaché à sa patrie et de pardonner les malheurs de son père... Embrassez ce cher fils, ma mère, ma belle-mère, mes deux belles-sœurs ; dites-leur que mes derniers vœux sont pour ma famille, que mon seul regret est de ne pas les embrasser avant de mourir, mais que je meurs sans reproche et avec toutes les consolations de la religion.... »

[3] Fils de *Jean-Hyacinthe* Le Chauff et de *Pélagie-Madeleine-Vincente-Pauline* Picaud de La Pommeraie, dont la mère était *Madeleine* de Becdelièvre, sœur de l'évêque de Nîmes de ce nom. De neuf enfants issus de ce mariage, deux seulement ont laissé postérité : Mme de Lambert de Boisjan et Mme Apuril. La famille Le Chauff s'est continuée par d'autres branches.

[4] Fils de *Hervé*, seigneur de Navarre, et de *Marie-Anne* Jamot de Montcarel, il avait un frère et une sœur mariée au comte de Beauvoir du Roscol. Ayant voulu en-

DE HERCÉ (Urbain). *Lire*, Urbain-René DE HERCÉ, évêque de Dol, né à Mayenne, le 6 février 1726; + 9 thermidor, Auray. (Voir ci-dessus, p. 12.)

DE HERCÉ, (François). *Aj.*, grand vicaire de Dol, né à Mayenne, le 8 mai 1733; + 9 thermidor, Auray. (Voir p. 13.)

HERVET (Louis). *Aj.*, domestique, 34 ans, Lantivy (Côtes-du-Nord); + 16 thermidor, Quiberon. *Em.*

Cte D'HERVILLY. *Lire*, Louis-Charles, comte d'HERVILLY, maréchal de camp, né à Paris, en 1755, blessé mortellement le 16 juillet, mort de ses blessures le 14 novembre suivant. (Voir p. 92) [1].

DE LA HEUSE (P.-A.). *Lire*, Pierre-André-Wulfrand LANGLOIS DE LA HEUSE, prêtre, 42 ans, Neville (Seine-Inférieure); + 9 fructidor, Auray. *Em.*

HOCHENAC (Augustin). *Aj.*, maçon, 22 ans, Castres (Tarn); + 15 thermidor, Quiberon. *Em.*

HOCHIN (François). *Aj.*, Laboureur, 22 ans, Pas-de-Calais; 12 thermidor, Auray. *Em.*

HORHANT (Alexandre). *Aj.*, domestique, 20 ans, Kervignac (Morbihan); + 26 nivôse IV, Vannes.

HOUIX (Jean). *Aj.*, laboureur, 20 ans, Morbihan; + 26 nivôse IV. *Ins.*

DE HOULIER (J.-B.). *Lire*, Jean-Baptiste HOULIER, conscrit, né le 9 mars 1769, à Thiembronne (Pas-de-Calais); + 14 thermidor, Auray. *Em.* [2].

Ch^er DE LA HOUSSAYE (Vte). *Lire*, Augustin-Jean-Marie LE VICOMTE, dit le *chevalier* DE LA HOUSSAYE, ancien officier des mousquetaires, capitaine en *du Dresnay*, né à Sévignac (Côtes-du-Nord), le 19 janvier 1742; + 14 thermidor, Vannes. *Em.* [3].

Vte DE LA HOUSSAYE (Jean-Baptiste). *Lire*, Jean-Baptiste-Marie LE VICOMTE DE LA HOUSSAYE, né à Rennes, le 26 janvier 1776, sous-lieutenant

voyer à cette sœur une lettre et sa montre, le soldat auquel il s'adressa refusa de se charger de ces objets, dans la crainte de se compromettre, et se borna à faire savoir à Mme de Beauvoir les choses telles qu'elles s'étaient passées.

[1] Le nom d'*Hervilly* était représenté dans l'armée, sous la Restauration, par un capitaine au 9e cuirassiers. (*Eloi* d'Hervilly). Sans doute il devait être parent de la victime. Aucun membre de la famille n'assista toutefois à l'inauguration du monument de Quiberon.

[2] Fils de *Pierre-François*, simple journalier, et de *Marie-Françoise* Taleux. On ne s'explique pas pourquoi on a mis un *de* à son nom. Ce jeune homme avait d'ailleurs la noblesse des sentiments. « Sa mémoire vit encore parmi nous, écrivait le curé de Thiembronne; il était digne de mourir pour une si belle cause. »

[3] Il était frère du président de la Houssaye et fils de *Jean-François* Le Vicomte et de *Marie-Louise* Ferri de la Villéblanc. Lui-même avait épousé *Marie* Gratien, de Guingamp, dont il n'avait pas d'enfants.

dans *du Dresnay*, blessé mortellement le 16 juillet; + 12 thermidor, Quiberon. *Em.* [1].

Huby (Pierre). *Aj.*, tisserand, conscrit de la réquisition, 20 ans, Trevé (Côtes-du-Nord). *Ins.* Etat du général Lemoine, n° 701.

Huchet (François). *Lire*, Huchette, tisserand, 24 ans (Pas-de-Calais); + 10 thermidor, Quiberon. *Em.*

D'Hudebert. *Aj.*, Jacques-François, officier d'infanterie, 37 ans, Dammartin (Seine-et-Marne); + 16 thermidor, Vannes. *Em.* [2].

Hugon (C.-L.). *Lire*, Claude Hugon, 26 ans, Uzerche (Corrèze; + 12 thermidor, Quiberon. *Em.* [3].

Imbert (Joseph), âgé de 35 ans. Lauzerte (Tarn-et-Garonne); + 16 thermidor, Vannes. *Em.*

Imbert de Thoumouard (Th.), garde-du-corps, 60 ans, Port-Sainte-Marie (Lot-et-Garonne); + 15 thermidor, Quiberon. *Em.*

Jacob (Jean-Baptiste). *Aj.*, combat du 6 juillet.

Jacques (Louis). *Aj.*, parfumeur, 28 ans, Lunéville (Moselle); + 13 thermidor, Vannes. *Déserteur.*

De Jallays (Auguste). *Lire*, Louis-Auguste, distingué dans sa famille par le surnom de La Tirandrie, né à Saint-Philbert-du-Pont-Charrault (Vendée), le 22 mars 1753, capitaine de cavalerie, volontaire dans *Béon;* + 13 thermidor, Vannes. *Em.*

De Jallays (Louis). *Lire*, Cyr-Louis, distingué par le surnom de La Gaudinière, ancien gendarme de la garde, volontaire dans *Béon,* né à Saint-Philbert-du-Pont-Charrault (Vendée), le 26 août 1760; + 13 thermidor, Vannes. *Em.*

De Jallays (Pierre). *Lire,* Pierre-Benjamin, ancien gendarme de la garde, volontaire en *Béon,* né à Saint-Philbert, etc., le 12 novembre 1747, mort en combattant.

De Jallays (Victor). *Lire,* Victor-Félix, ancien gendarme de la garde, volontaire dans *Béon,* né à Fontenay-le-Comte, le 5 juin 1767; + 13 thermidor, Vannes. *Em.* [4].

---

[1] Neveu du précédent; il était fils du président de la Houssaye et de *Gabrielle-Marie-Anne* de la Rivière-Beauchesne.

[2] Fils d'*André-Charles-Alexandre,* seigneur de Blancbuisson, et de *Jeanne-Mélanie* d'Azemar; il avait plusieurs frères et sœurs.

[3] La généalogie des Hugon, en Limousin, se trouve dans d'Hozier. Elle s'arrête à 1722.

[4] Les quatre Jallays étaient frères. Leur père se nommait *Pierre-Benjamin* et leur mère *Marie-Renée* Payneau. Ils avaient été seize enfants. Ils étaient encore quatorze au moment de la Révolution, neuf frères et cinq sœurs. Un des frères était prêtre; les huit autres s'illustrèrent dans la légion de *Béon* par leurs faits d'armes. Cinq se trouvèrent à Quiberon. De ces cinq, un seul, *Jean-Pierre,* parvint à se sauver, le

JAMIN (Jean). *Aj.*, combat du 16.

JAVEL père. *Lire*, Antoine-Louis JAVEL, chirurgien, 42 ans, Moidieu (Isère); + 10 thermidor, Quiberon. *Em.*

JAVEL (Alexis) fils. *Aj.*, chirurgien, 18 ans 1/2, Lyon, (Rhône); + 10 thermidor, Quiberon. *Em.*

Vᵗᵒ DU JAY (Frédéric-Joseph). *Aj.*, officier dans *Loyal-Emigrant*, blessé le 16 juillet, 25 ans, Rozoy-le-Grand (Aisne); + 13 thermidor, Auray. *Em.*

JEANNO (François). *Aj.*, cordonnier, 21 ans, Marzan (Morbihan); + 26 nivôse IV, Vannes *Ins.*

JEANNO (Joseph). *Aj.*, laboureur, 22 ans, Penhouet (Morbihan); 29 nivôse IV, Vannes. *Ins.*

JEANNOT (Antoine). *Aj.*, laboureur, 28 ans, Bignan (Morbihan); + 5 fructidor, Auray. *Ins.*

JEHANNO (Julien). *Aj.*, volontaire de la 61ᵉ demi-brigade', Landévant (Morbihan). Nᵒ 698 de l'Etat.

JEHANNOT (Cʰ.). *Lire*, JÉHANNO ou GÉANNO ¹, apothicaire, né à Vannes, en avril 1778; + 8 fructidor, Vannes.

JEHOQUET (L.-M.-F.). *Lire*, JOCQUET, procureur à Saint-Pol-de-Léon, 41 ans; + 15 thermidor, Vannes. *Em.* ².

JÉRÔME (Claude-Nicolas). *Aj.*, propriétaire, né à Reims, en mai 1749, domicilié à Nostang (Morbihan); + 18 thermidor, Quiberon. *Ins.* ³.

JOUANGAY (Vincent). *Aj.*, perruquier, 39 ans, Vannes; + 8 fructidor; Vannes. *Ins.*

JOUBERT (Jacques). *Lire*, Jacques-Victor JOUSBERT DE LA COUR-GORONIÈRE, né le 17 avril 1762, à la Chapelle-Hermier (Vendée); + 13 thermidor, Vannes. *Em.* ⁴.

21 juillet, dans le trajet de Quiberon à Auray. Il se rendit dans la Vendée, où il mourut quelques mois après, criblé de blessures. Un sixième, *Philippe*, avait été tué en Flandre, le 19 août 1793. Deux seuls ont été mariés, mais n'ont pas laissé d'enfants. Quatre sœurs étaient religieuses. Une seule était mariée, Mᵐᵉ de Carrel, qui n'a pas laissé de postérité. Cette famille remontait à Simon Jallays, conseiller au présidial de Poitiers, en 1559.

¹ L'acte de baptême de la victime porte *Jéhanno;* mais celui de son frère aîné, qui a été longtemps proviseur du collège de Vannes, porte *Géanno.*

² Il avait quatre frères et sœurs, tous restés célibataires.

³ *Claude-Nicolas* Jérôme avait épousé à Kervignac, le 8 janvier 1778, *Jeanne-Thérèse* Gardie de la Chapelle, dont postérité.

⁴ Il avait épousé, en 1789, *Eulalie* de Rorthays de Girondor, dont il n'avait pas d'enfant, et qui avait disparu à Savenay. M. et Mᵐᵉ de Rorthays avaient également péri à la suite de l'armée vendéenne. M. de Jousbert avait six sœurs, dont aucune n'a laissé de postérité.

JOUENNE (Jean-François). *Aj.*, officier de marine, sergent dans *Hector*, 34 ans, Sottevast (Manche); + 19 thermidor, Quiberon. *Em.* [1].

JOUVAIN (Jn). *Aj.*, 19 ans, Yvrande (Orne); + 20 fructidor, Vannes. *Em.*

JOYEUX (Jh). *Aj.*, frappé dans les premiers combats.

DE SAINT-JUST. *Aj.*, combat du 6 juillet.

DE KERANDRAON (J.-H.). *Lire*, Joseph-Marie CABON DE KERANDRAON, ancien capitaine au régiment du Berry, 51 ans, Lesneven (Finistère); + 13 thermidor, Vannes. *Em.* [2].

DE KERAVEL (KERRET). *Lire*, Georges-Yves Marie-Anselme DE KERRET DE KERAVEL, lieutenant de vaisseau, Morlaix, 33 ans, blessé le 16 juillet, + 11 thermidor, Auray. *Em.* [3].

KERBELET (Mathurin). *Aj.*, marin, 20 ans, Landévant (Morbihan); + 15 thermidor, Quiberon. *Déserteur.*

DE KERDANIEL (Rémy). *Lire*, Rémy-Vincent-Marie LE MÉTAYER DE LA GARDE, de la famille des LE MÉTAYER DE KERDANIEL, né à l'Ile-aux-Moines (Morbihan), le 3 juillet 1775, officier chouan; + 18 thermidor, Quiberon. *Ins.* [4].

DE KÉRÉBARS (Jean-Nicolas-Auguste). *Lire.*, PRIGENT DE QUERÉBARS, major de vaisseau, capitaine en *du Dresnay*, chevalier de Saint-Louis, né à Rennes vers 1748; + 15 thermidor, Vannes. *Em.* [5].

[1] Il devait être fils de *Jean-René* de Jouenne, seigneur d'Esgrigny, capitaine au régiment *Commissaire-Général*, et d'*Anne-Marie* Le Febvre. Un autre membre de la même famille, l'abbé d'Esgrigny, faisait partie de l'expédition comme agent de Louis XVIII près de Puisaye, qui suivait assez peu les instructions royales et avec lequel il eut de vives altercations. L'abbé d'Esgrigny passa ensuite dans la Vendée.

[2] Il était fils de *Clet* Cabon de Kerandraon et de *Marie-Madeleine* Henry-Kergoff. Lui-même avait épousé, en premières noces, *Marie-Josèphe* Gourio, dont il avait un fils, et, en secondes noces, *Anne* Le Livec, dont il avait une fille qui épousa plus tard M. de Mauduit de Plassamen.

[3] Dernier représentant de la branche de Keravel, qui était la branche aînée de la famille Kerret. Elle s'est fondue dans les Querret de Franche-Comté, et, par eux, dans Labbé du Bousquet et Nielly.

[4] Rameau des Le Métayer de Kerdaniel, qui seuls existent aujourd'hui. La victime de Quiberon avait pour père *Marie-Louis* Le Métayer, seigneur de La Garde, et pour mère *Geneviève-Gabrielle-Anne* Cohan. On dit que sa mère s'attacha à le suivre jusqu'au lieu du supplice.

[5] Son père, *Jean-Claude* Prigent, seigneur de Quérébars, avait épousé *Thérèse-Jeanne* du Clos de La Moinnerie, dont il avait eu deux fils : la victime, un capitaine d'infanterie qui servait à l'armée de Condé, et trois filles : Mmes Salaün de Keromnès, d'Herbaut et Kermerc'hou de Kerautem.

DE KEREVER. *Lire*, Jean-François GUILLOTOU DE KEREVER, ancien capitaine au régiment de Provence, lieutenant dans *Hector*, chevalier de Saint-Louis, né le 10 janvier 1731, tué le 16 juillet 1795. *Em.* [1].

Mis DE KERGARIOU. *Lire*, Pierre-Joseph, marquis DE KERGARIOU DE COETILLIO, chef de division des armées navales, chevalier de Saint-Louis, membre de l'association de Cincinnatus, gouverneur de Lannion, major en *du Dresnay*, tué le 16 juillet. *Em.* [2].

Cte DE KERGARIOU-LOCMARIA. *Aj.*, Théobald-René, capitaine de vaisseau, chevalier de Saint-Louis, né le 17 septembre 1739, à Ploubezre (Côtes-du-Nord); ✝ 15 thermidor, Vannes, *Em.* [3].

Cte DE KERGUERN. *Aj.*, Yves-Joseph, capitaine de vaisseau, chevalier de Saint-Louis, capitaine dans *Hector*, tué le 16 juillet. *Em.* [4].

DE KERLEREC (G^{el}-Jⁿ). *Lire*, Joseph BILLOUARD DE KERLEREC, enseigne de vaisseau, sous-lieutenant dans *Hector*, né à Morlaix, en janvier 1770; ✝ 13 fructidor, Auray. *Em.* [5].

---

[1] Il était fils de *François-Joseph*, seigneur de Kerever et de *Thérèse-Françoise* de Kergroas de Kermorvan, et avait épousé, en 1763, *Thérèse* Gourcun de Keromnès, dont trois fils qui se sont alliés dans les maisons de Cillart de la Villeneuve, Kersauson de Vieuxchâtel et Le Lay de Kermabain. — M. de Kerever avait de brillants services et plus de 60 ans lorsqu'il émigra en 1792. Il fut aussitôt nommé chef de section dans l'une des compagnies de gentilshommes bretons qui se formaient à Wittlich, et une lettre du comte de Provence, depuis Louis XVIII, témoigne du zèle dont il fit preuve dans la *conduite de cette valeureuse troupe*.

[2] Il avait épousé *Louise-Julie-Charlotte-Marie* de Moëlieu, dont il avait un fils qui se maria d'abord dans la famille de la Roche-Macé, puis, devenu veuf, dans la famille de Lauzanne, et deux filles: *Henriette*, qui épousa le comte de Las Cases, *et Eulalie* le chevalier *Jean-Marie* Hersart. Coëtillio appartient toujours à ses descendants.

[3] Il avait épousé *Marie-Josèphe-Michelle-Marguerite* de Trédern, dont il avait un fils et une fille. Voir p. 51.

[4] Il avait épousé *Marie-Rosalie-Yves* de Kerguelen, fille du contre-amiral et célèbre navigateur de ce nom. Un de ses frères avait été tué dans la guerre d'Amérique; deux autres furent tués à Sainte-Lucie. Un quatrième dirigeait les études à l'école d'artillerie de Metz, et mourut pendant la tenue des derniers Etats de Bretagne. Lui-même était un marin des plus distingués; son fils marcha rapidement sur ses traces et fit preuve dans plusieurs combats d'une audacieuse bravoure, mais il mourut à 25 ans, aux Antilles. Le nom de Kerguern est encore aujourd'hui dignement représenté dans la marine.

[5] On lui a donné sur le monument les prénoms de *Gabriel-Julien*, qui étaient ceux de son frère cadet, tué l'année précédente à Newport, et qu'il avait pris, sans doute, pour avoir droit au sursis. Voir, sur sa famille, p. 30.

De Kerloury (J.-M.-M.). *Lire*, René-Marie-Magdelin Rolland de Kerloury, chanoine de Tréguier (voir p. 65); ✝ 12 thermidor, Quiberon. *Em.*

De Kermoisan (R.-G.-M.). *Lire*, Roland-Gabriel-Marie, chevalier de Kermoysan, élève de la marine, volontaire dans *Loyal-Emigrant*, né à Rennes en 1776; ✝ 8 fructidor, Vannes. *Em.* [1].

De Kernescop (C.-J.-E.-M.). *Lire*, Charlemagne-Joseph-Mathurin-François de Courson de Kernescop, cadet dans *Rohan*, né à Moncontour (Côtes-du-Nord), le 22 avril 1769; ✝ 15 thermidor, Quiberon. *Em.* [2].

Keroider (J.-F.). *Aj.*, perruquier, 17 ans, Auray; ✝ 23 nivôse IV Vannes. *Ins.*

De Kerouars. *Lire*, Claude-François-Louis de Kerouartz, sous-lieutenant au régiment de Beauce, chevalier de Malte, sous-lieutenant dans *Hector*, né à Morlaix, le 22 mai 1771, tué le 16 juillet. *Em.* [3].

De Keruhé (Cramezel Jacques-Marie). *Lire*, Cramezel de Kerhué, lieutenant de vaisseau, capitaine en *du Dresnay*, né à Guérande vers 1741; ✝ 15 thrmidor, Vannes. *Em.* [4].

---

[1] Fils de *Roland-René*, seigneur de Cromartin, lieutenant de vaisseau, chevalier de Saint-Louis, et d'*Angélique* l'itouays de Kervégan; il avait un frère aîné, mort chevalier de Saint-Louis, décoré de la médaille d'or de *Marie-Thérèse*, lequel a continué la filiation, et deux sœurs : Mᵐᵉ de Courson de Lanvolon et Berthauld de la Pissonnière.

[2] Il était le huitième fils de *Jean-François* de Courson, seigneur de Kernescop, et de *Jeanne* de la Villéon. L'un de ses frères, *Alexandre-Jacques-François* de Courson de la Villevalio, a été, sous la Restauration, colonel du 5ᵉ régiment de la garde. Deux autres Courson périrent à Quiberon : Courson de la Villehélio, que nous trouverons au V, et Courson de la Belle-Issue, condamné le 12 thermidor, à Auray, mais qui ne figure pas sur le monument.

[3] Il était le quatrième fils de *François-Jacques*, seigneur de Lomenven, conseiller au Parlement de Bretagne, et de *Jeanne-Louise-Charlotte-Toussaint* de Kerouartz, sa cousine. A Quiberon, il était sous-lieutenant dans la compagnie que commandait son oncle, *Alexandre-Mathurin-Auguste* de Kerouartz, capitaine de vaisseau. Ce dernier, blessé le 16, rejoignit la flotte anglaise et mourut de ses blessures à Gosport. C'est à tort qu'il ne figure pas sur le monument.

[4] Il avait fait le tour du monde avec M. de Bougainville. Le contrôle du régiment *du Dresnay* le porte comme blessé le 16 juillet. Il avait épousé, en 1786, N. de Combles, dont il avait un fils, né à Jersey à la fin de 1794, qui épousa dans la suite *Julie* de Courson de Kernescop, nièce de la victime de ce nom.

DE KERUIGEREL (Olivier). *Lire*, Pierre-Olivier DARGENT DE KERBIGUET, né à Pont-Croix (Finistère), fusillé le 8 nivôse an IV, sur la route d'Hennebont au Port-Louis. *Em.* [1].

DE KERVASDOUÉ (Ch.-Marie). *Lire*, DE KERGUISIAU DE KERVASDOUÉ, capitaine au 4º régiment de chasseurs à cheval, chevalier de Saint-Louis en 1794, né à Lesneven, le 30 décembre 1749 ; + 16 thermidor, Vannes. *Em.* [2].

DE KERVENOAEL (B.-M.). *Lire*, Bernard-Marie JOUAN DE KERVENOAEL, lieu- tenant des canonniers garde-côtes, sergent dans *du Dresnay*, né à Roscoff (Finistère), en 1763, blessé le 16 juillet; + 12 thermidor, Quiberon. *Em.* [3].

LAFÉTEUR (Philippe). *Aj*, domestique de M. de Scelles, chirurgien-major en chef, 30 ans, Coutances (Manche); + 15 brumaire IV, Vannes.

DE LAGE DE VOLUDE (Henri). *Lire*, Jean-Henri, chevalier de Malte, lieu- tenant de vaisseau, sous-lieutenant dans *du Dresnay*, né le 10 avril 1767, au château de Coëtillio (Côtes-du-Nord), blessé le 16 juillet; + 12 thermidor, Quiberon. *Em.* (Voir, p. 51) [4].

---

[1] L'État du général Lemoine porte *Olivier Dargent de Keruigerel*, de Pont-Croix. Le tableau de Brest et le monument ne portent que *Ol. de Keruigerel*. Il est évident qu'il s'agit de *Pierre-Olivier Dargent de Kerbiguet*, qui était réellement de Pont- Croix, fit partie de l'expédition de Quiberon, se sauva le 21, fut repris quelque temps après et fusillé près d'Hennebont. Le supplice de M. Dargent et la fermeté dont il fit preuve, laissèrent à Hennebont de longs souvenirs. Quant au nom de Keruigerel, il est complétement inconnu à Pont-Croix. Dargent de Kerbiguet était célibataire et n'avait qu'une sœur, *Jeanne-Olive*. mariée depuis à M. Jouan de Ker- noter, dont elle n'a laissé qu'une fille aveugle.

[2] Après avoir émigré, il était rentré en France, se trouvait à Lyon lors du siége et y reçut d'horribles blessures. Passé ensuite dans la Vendée, il devint colonel de cavalerie dans l'armée de Charette. Lors de l'expédition de Quiberon, il commandait un corps de chouans de la division de Lantivy. Il avait épousé *Louise-Claude* Le Bar- bier de Lescoët, dont il avait deux fils et deux filles.

[3] Fils de *Michel-François*, seigneur de Kervenoaël, et d'*Élisabeth* Le Guillou de Keranroy, son frère, *Jacques-Gabriel*, marié à *Marie-Josèphe* Hervé du Penhoat, fille du sénéchal de Léon, décapité à Brest en 1794, a continué la filiation. *Bernard-Marie* adressa à son frère, avant de mourir, une lettre qui rappelle, par son calme, celle qu'un de ses grands oncles, Jouan de Pennanech, capitaine au régiment de Maulévrier, écrivait à sa famille, après avoir reçu une balle à la tête au siége de Namur (août 1695), et au moment où le chirurgien du roi se disposait à le trépaner.

[4] Il appartenait à une famille poitevine dont une branche s'était établie en Sain- tonge, au commencement du XVII⁰ siècle, et s'y était alliée aux Montaigne, La Roche-

LAHERGNE (François). *Aj.*, jardinier, 17 ans, Vannes; + 8 fructidor, Vannes. *Ins.*

LAINÉ (Mel). *Aj.*, tapissier, sergent dans *Rohan*, né à Alençon, en 1769; + 9 fructidor, Vannes. *Em.*

LAIRET (François). *Aj.*, domestique du comte de Puisaye, 41 ans, Montluçon (Allier); + 10 thermidor, Quiberon. *Em.*

DE LAITRE (Louis-Florentin). *Aj.*, volontaire dans *Salm*, 24 ans 1/2, Argentan (Orne); + 10 thermidor, Quiberon. *Em.*

DE LALANDE (Adrien), verrier, 25 ans, Beauvoir (Seine-Inférieure); + 15 thermidor, Quiberon. *Em.*

Cher DE LA LANDECASLAN. *Lire*, Pierre, chevalier DE LA LANDE DE CALAN, lieutenant, né à Plélo (Côtes-du-Nord), vers 1761, blessé le 16 juillet, achevé par les républicains. *Em.*

DE LA LANDELLE (René). *Lire*, René-Vincent-Marie DE LA LANDELLE DE ROSCANVEC, sous-lieutenant en d'*Hervilly*, né à Vannes, le 4 juillet 1765; + 9 thermidor, Auray; exécuté le 10 à Vannes. *Em.* [1].

DE LAMBERTERIE (Pierre). *Aj.*, ancien capitaine au régiment *Royal*, infanterie, soldat aux vétérans émigrés, 53 ans, La Chapelle-Montmoreau (Dordogne); + 15 thermidor, Quiberon. *Em.* [2].

DE LAMBRUNIÈRE (François). *Lire*, François-Claude REGNIER DE LAMBRUNIÈRE, volontaire, né à Poitiers, le 15 novembre 1766; + 20 thermidor, Auray. *Em.* [3].

Foucauld, d'Amblimont, etc. La mère de la victime était Kergariou. Voir, p. 51. Les de Lâge de Volude n'étaient plus représentés, après la Révolution, que par Mesdames Sumter et comtesse d'Isle, nièces de la victime.

[1] Voir sur sa famille, p. 12. Son oncle, *Anne-René-Augustin*, capitaine de vaisseau, avait épousé, à Brest, le 18 avril 1764, *Jeanne-Suzanne-Armande* de Coëtnempren de Kersaint, dont il avait un fils, sous-lieutenant au régiment de Touraine, qui échappa aux massacres de Quiberon et a continué la famille.

[2] Lemoine et Pihan disent *Lambertye*; mais l'arrêt de mort porte *Lambertry*, ce qui revient certainement à *Lamberterie*, car la Chapelle-Montmoreau, où naquit la victime, était une seigneurie appartenant aux Lamberterie depuis plusieurs siècles. Ils en portaient même le nom au temps de Brantôme, qui parle d'eux comme de ses *voisins*. La famille est aujourd'hui représentée par le baron *Arnault-Pierre* de Lamberterie, marié à *Anne-Thérèse-Adeline* de Boislinard, dont postérité, et par ses deux frères alliés dans les maisons de Serre de la Roque et de Saint-Pardoux, dont plusieurs enfants.

[3] Il avait un frère, marié à *Marie-Elisabeth-Chantal* Frottier de la Messelière, et qui n'en a eu qu'une fille. Les Regnier de Lambrunière étaient de la même famille que Regnier de la Planche, le célèbre historien protestant.

DE LAMOIGNON (Ch.). *Lire*, Marie-Charles-Guillaume, capitaine dans *Périgord*, né à Paris, le 31 janvier 1767; ✝ 15 thermidor, Quiberon. *Em.* [1].

LAMOUR (François). *Lire*, François-Gaëtan LAMOUR DE LANJÉGU, né à Rennes, le 5 mai 1756; ✝ 12 thermidor, Auray. *Em.* [2].

LAMY (François). *Aj.*, domestique de M. de Balleroy, 28 ans, Sarreguemines; ✝ 10 thermidor, Quiberon. *Em.*

LANCIENS (Jean). *Aj.*, laboureur, 27 ans, Berric (Morbihan); ✝ 6 ventôse IV, Vannes. *Ins.*

LANDREIN (Jean). *Aj.*, laboureur, 20 ans, Plescop (Morbihan); ✝ 26 nivôse IV, Vannes. *Ins.*

LANDREIN (Yves). *Aj.*, laboureur, 22 ans, Plescop (Morbihan); ✝ 26 nivôse IV, Vannes. *Ins.*

LANFERNAT. *Lire*, L'ENFERNAT, combat du 20 juillet [3].

DE LANGLE (Louis-Vincent-Marie). *Aj.*, lieutenant d'artillerie, né à Hennebont (Morbihan), en 1768; ✝ 13 thermidor, Vannes. *Em.* Voir p. 87.

DE LANJAMET (Alexandre-Jean-Julien). *Lire*. DE VAUCOULEURS, comte DE LANJAMET, officier au régiment du roi, sous-lieutenant en *du Dresnay*, né au château de Pacé (Sarthe), en 1772; ✝ 8 fructidor, Vannes. *Em.* Voir p. 36.

DE LANOUE (César-Guillaume). *Lire*, César-Marie-Guillaume DE LA NOUE, sous-lieutenant dans *du Dresnay*, né à Quintin, le 17 août 1769; ✝ 8 fructidor, Vannes. *Em.*

DE LANTIVY (Paul). *Lire*, Paul DE LANTIVY-KERVÉNO, commandant une division de l'armée royale du Morbihan, blessé le 16 juillet; ✝ 16 thermidor, Auray. Voir p. 25.

DE LANTIVY (René-Joseph). *Lire*, DE LANTIVY-TRÉDION, élève de la marine, fourrier dans *Béon*, né à Ploërmel, le 12 juin 1778; ✝ 8 fructidor, Vannes. *Em.* Voir ci-devant, p. 37.

---

[1] Il était fils de *Chrestien-François*, marquis de Baville, ancien garde-des-sceaux, et de *Marie-Elisabeth* Berryer, fille de *Nicolas-René* Berryer, secrétaire d'Etat et garde-des-sceaux.

[2] La date du 12 thermidor se rapporte à sa condamnation; mais nous avons dit que M. de Lanjégu s'échappa de la prison d'Auray. Repris, quelque temps après, par des *contre-chouans*, il fut conduit, suivant les uns à Lorient, suivant d'autres à Vannes, et fusillé sur la Rabine. Il était fils de *Mathurin*, seigneur de Lanjégu, et de *Charlotte* Bellemare de Cherançay, et avait épousé, en 1786, *Etiennette* Lemercier, dont il avait un fils qui, de son mariage avec *Adélaïde* Le Bastard de Villeneuve, n'a eu que deux filles.

[3] Famille de Champagne, qui a pour devise : *Qui fait bien, l'enfer n'a.*

DE LANZÉON (François-Charles-Marie). *Lire*, LE GUALÈS DE LANZÉON, sous-lieutenant au régiment d'Austrasie, puis en *du Dresnay*, né à Morlaix, en 1763, blessé le 16 juillet; + 12 thermidor, Quiberon. *Em.* Voir p. 94 [1].

LARCHER (Louis-Joseph). *Aj.*, cadet dans *Périgord*, 34 ans, Lille (Nord); + 15 thermidor, Quiberon. *Em.*

DE LARGENTAYE (René). *Lire*, René-Marie-Constant-Michel DE LESQUEN DE LARGENTAYE, lieutenant au régiment de Penthièvre, infanterie, sous-lieutenant en *du Dresnay*, né à Lamballe, le 29 septembre 1758; combat du 21. *Em.* [2].

— DU LARGÈS. Double emploi. Voir les suivants.

DU LARGÈS (Pierre-François-Marie). *Lire*, DU LARGEZ, sergent dans *du Dresnay*, né à Louargat (Côtes-du-Nord), le 26 juillet 1745; + 15 thermidor, Vannes. *Em.*

DU LARGEZ (Louis-Gabriel). *Aj.*, prêtre, recteur de Plemeur-Bodou, aumônier de *du Dresnay*, né à Louargat (Côtes-du-Nord), le 14 janvier 1748; + 12 thermidor, Quiberon. *Em.* [3].

DE LASEINIE (Pierre). *Lire*, DU GARREAU DE LA SEINIE, chevalier de Malte, volontaire en *Damas*, 16 ans, Saint-Yrieix (Corrèze); + 9 fructidor, Auray. *Em.*

DE LASEINIE (Théodore). *Lire*, DU GARREAU DE LA SEINIE, volontaire en

---

[1] Fils d'*Alain-Louis* Le Gualès, seigneur de Lanzéon, capitaine des canonniers-garde-côtes de la compagnie de Lanmeur, au combat de Saint-Cast (1758), et de *Marie-Jeanne* Guillotou de Kerduff; marié lui-même, en 1790, à *Céleste-Hyacinthe* Le Gentil de Rosmorduc, il n'en avait pas d'enfant. Un autre Le Gualès, d'une branche différente, servait dans *Rohan*, mais se trouvait au dépôt, en Angleterre, au mois de juillet 1795. Il devint, sous la Restauration, adjudant de place à Brest et chevalier de Saint-Louis. De son mariage avec *Ambroisine* d'Arnaud, il n'a pas laissé de postérité, mais la famille a été continuée par ses trois frères, mariés dans les maisons Le Dourgny de Roscerf, de Kerautem du Cours et Gouyon de Vaurouault.

[2] Fils de *Constance-René-François* de Lesquen, comte de Largentaye, et de *Reine-Pauline* Le Noir de Carlan. Il avait sept sœurs, dont une seule M⁽ᵉ⁾ Rioust de l'Argentaye, a laissé des enfants. M⁽ʳ⁾ de Lesquen, évêque de Rennes, était son cousin-germain.

[3] Les deux du Largez avaient pour père *Joseph-Jean-Marie* et pour mère *Marie* Kerentef de Kerbalaneg, et ils étaient les seuls enfants de ce mariage. *Pierre-François-Marie*, l'aîné, avait épousé *Anne-Adélaïde* Pic de la Mirandole, dont il avait un fils et une fille. Son fils n'a eu que des filles. On avait proposé à l'abbé du Largez des moyens d'évasion, mais il répondit: « Ce serait une lâcheté de quitter mes compagnons d'infortune, aujourd'hui surtout qu'ils ont besoin de mon ministère. Je les conduirai à la mort et saurai mourir avec eux. » Et en effet, il marcha à la mort avec les blessés de son régiment: De Lâge de Volude, le Gualès, Kernevoaël, etc., en leur récitant les prières des agonisants.

Damas, 17 ans, Saint-Yrieix (Corrèze) ; 9 fructidor, Auray. *Em.* [1].

LAUDU (Jean). *Lire*, LENDU, domestique, né à Quessoy (Côtes-du-Nord), le 26 février 1769 ; † 12 thermidor, Quiberon. *Em.*

Ceur DE LA LAURENCIE. *Aj.*, François, commandeur de l'ordre de Malte, chef de division des armées navales, né au château de Villeneuve-la-Comtesse (Charente-Inférieure), le 15 août 1735, mortellement blessé le 16 juillet. *Em.* [2].

DU LAURENT (Florentin). *Lire*, Florentin-Germain DU LAURENS DE LA BARRE, chasseur noble en *Damas*, né à Quimper, le 7 juillet 1773 ; † 8 fructidor, Vannes. *Em.*

DU LAURENT (Fidèle). *Lire*, Jean-Hervé-Fidèle DU LAURENS DE LA BARRE, chasseur noble en *Damas*, né à Quimper, le 10 décembre 1776 ; † 8 fructidor, Vannes. *Em.* Voir sur leur famille p. 36.

LAVENNE. *Aj.*, Combat du 21 juillet.

LEBAIL (Julien). *Aj.*, laboureur, 23 ans, Musillac (Morbihan) ; † 26 nivôse IV, Vannes. *Ins.*

LEBEAU (Sébastien). *Aj.*, laboureur, Noyal-Musillac (Morbihan) ; † 23 nivôse IV, Vannes. *Ins.*

LEBIAN (Louis) ou LE BIAN, laboureur, 53 ans, Brech (Morbihan) ; † 17 fructidor, Auray. *Ins.*

LEBLANC (Joseph). *Aj.*, 20 ans, Haut-Volet (Suisse) ; † 13 thermidor, Vannes.

LEBOUCHER (Louis-Etienne). *Lire*, Louis-Etienne-Ambroise LE BOUCHER, marquis DE MARTIGNY, officier au régiment de Boulonnais, né à Saint-Maurice-sur-l'Averon, dans le Gatinais-Orléanais, le 16 mai 1757 ; † 16 thermidor, Vannes. *Em.* Voir ci-dessus p. 20 [3].

LEBRETON (Guillaume-René). *Lire*, LE BRETON, capitaine au régiment de

---

[1] Un frère de ces deux victimes, le comte du Garreau de la Seinie, était, sous la Restauration, chef de bataillon au 3ᵉ régiment d'infanterie de la garde. Il avait épousé la fille de l'amiral Blanquet du Chayla, dont il n'a pas laissé d'enfants. L'arrêt donne pour mère aux deux condamnés *Valérie* de Neuvy.

[2] Il était le second fils de *Charles-Henri*, capitaine au régiment d'Aubusson, cavalerie, et de *Marie-Anne* de la Laurencie, sa cousine, et frère de *Charles-Eutrope*, évêque de Nantes. Un autre de ses frères, *Jean-Henri*, était, comme lui, commandeur de l'ordre de Malte. On raconte de la victime de Quiberon que, portée dans une ferme, avec ses deux jambes brisées par un boulet, elle s'y fit mettre dans un tonneau de farine et y attendit la mort, le pistolet au poing, pour le cas où se présenterait l'ennemi.

[3] Cette famille existe toujours, et est aujourd'hui encore représentée dans l'armée.

Vexin, chevalier de Saint-Louis, né dans la commune de Perriers (Manche), vers 1750; + 14 thermidor, Vannes. *Em.*

LECLERC (Louis). *Lire*, LE CLERC, 28 ans, Tentigny (Brabant); + 9 fructidor, Auray.

LECUN (Guillaume). *Lire*, LE CUN, chantre à la cathédrale de Tréguier, né à Trédarzec (Côtes-du-Nord), le 13 avril 1745; + 12 thermidor, Auray. *Em.*

LEFEBVRE (Jacques). *Lire*, LE FEBVRE, volontaire dans *Périgord*, né à Baucé (Orne), en 1772; + 11 thermidor, Auray. *Em.* [1].

LEFEBVRE (Florent). *Aj.*, 20 ans, Erny (Pas-de-Calais); + 15 thermidor, Quiberon. *Réfractaire.*

LEFLOCH (Jean). *Aj.*, marin, 20 ans, Port-Navalo (Morbihan); + 9 fructidor, Auray. *Ins.*

LEFORT (Marie-Louis). *Aj.*, 29 ans, Saintes (Charente-Inférieure); + 13 thermidor, Vannes. *Em.*

LEFRANC (Mathurin). *Aj.*, domestique, 38 ans, Quédillac (Ille-et-Vilaine); + 8 fructidor, Vannes. *Em.*

LEGALL (Louis-Raymond-Pierre). *Aj.*, prêtre, 31 ans, Bréal (Ille-et-Vilaine); + 9 thermidor, Auray; exécuté le 10 à Vannes. *Em.*

LEGO (Charles). *Aj.*, cordonnier, 43 ans, Auray (Morbihan); + 18 thermidor, Quiberon. *Ins.*

LEGRAND (François). *Aj.*, tisserand, 27 ans, Liévin (Pas-de-Calais); + 10 thermidor, Quiberon. *Em.*

LEGRIS (Jean-Nicolas). *Aj.*, sergent au régiment de *Vexin*, puis au régiment de *Damas*, 34 ans, Aulnay-aux-Planches (Marne); + 11 thermidor, Auray. *Em.* [2].

LEINEVEN (Pierre). Combat du 21.

LELARGUE (René-Antoine). *Lire*, LE LART, ancien mousquetaire, né à Ploërmel le 21 avril 1741; + 13 thermidor, Vannes. *Em.* Voir ci-dessus, p. 35.

---

[1] Fils de *François* Le Febvre et de *Jacqueline-Élisabeth* du Bois-Tesselin, qui se trouva être à la fois tante, sœur et mère de victimes de Quiberon. La sœur de *Jacques* Le Febvre épousa M. de Corday du Chalonge, parent des Corday, de Quiberon.

[2] Nous avons reproduit un récit de M. de Noyelle dans lequel sont rapportées d'énergiques paroles de Legris à un condamné qui demandait grâce (voir ci-dessus, p. 15). On ne peut douter que ces paroles n'aient été dites; mais elles n'ont pu l'être en marchant au supplice, Legris ayant été fusillé le 11 thermidor, à Auray, et non le 13 à Vannes, comme cela résulterait du récit de M. de Noyelle. Si la date est exacte, elles ont été prononcées par un autre que par lui. Il était assurément facile, dans un pareil moment, et lorsqu'on formait une longue file, de se tromper sur l'identité d'un individu ou sur l'accent d'une voix.

LELEU (Nicolas). *Aj.*, militaire, 21 ans, Douai (Nord); ✝ 14 thermidor, Auray. *Em.*

LELIÈVRE (René). *Aj.*, maître d'école, né à Saint-Clément-de-Craon (Mayenne) le 30 décembre 1749; ✝ 9 fructidor, Auray. *Em.*

LEMAGNET (Nicolas). *Aj.*, tailleur (Côtes-du-Nord). N° 296 de l'État.

LEMAITRE (François). *Lire*, LE MAITRE D'ANNOVILLE, 26 ans, Mesnil-Aubert (Manche); ✝ 13 thermidor, Vannes. *Em.*

LENINAN (Jh). Combat du 21 juillet.

LENORMAND GARAT (DE) (René). *Lire*, LE NORMAND DE GARAT, séminariste, né à Saint-Jean de la Haize, près d'Avranches, vers 1770; ✝ 9 fructidor, Auray. *Em.* [1].

LENORMAND GARAT (DE) (René-Anne). *Lire*, LE NORMAND DE GARAT, frère aîné du précédent, officier de marine, né à Avranches, vers 1768; ✝ 9 fructidor, Auray. *Em.*

LEROUX (Jn). *Aj.*, laboureur, 27 ans, Vannes; ✝ 8 fructidor, Vannes. *Ins.*

LESAUSSE (Ju). *Aj.*, marchand, 32 ans, Auray; ✝ 18 thermidor, Quiberon. *Ins.*

LÉTAT (René). *Aj.*, 38 ans (Mayenne); ✝ 13 thermidor, Vannes. *Em.*

LETHIEC (Pierre). *Aj.*, laboureur, 31 ans, Marzan (Morbihan), ✝ 6 vendémiaire IV, Vannes. *Ins.*

LETI (Louis). *Aj.*, marchand, Auray. N° 116 de l'État.

LETORT (Louis). *Aj.*, charbonnier, né à la Prenessaye (Côtes-du-Nord). *Réfractaire.* N° 709 de l'État.

LETOUZE (Mathurin). *Aj.*, tisserand, 21 ans, Landévant (Morbihan); ✝ 25 fructidor, Auray. *Ins.*

LEVÊQUE (Jn). *Aj.*, domestique de M. de Tronjoly, né à Landéhen (Côtes-du-Nord) le 8 avril 1736; ✝ 8 fructidor, Vannes. *Em.*

DE LEZEREC (G.-T.). *Lire*, Guillaume-Marie DE TREDERN, chevalier DE LEZEREC, lieutenant de vaisseau, officier dans *Hector*, né à Crozon (Finistère) le 14 mars 1745; ✝ 14 thermidor, Vannes. *Em.* [2].

DE LICHY. Combat du 16 juillet.

DE LIEURAY (Louis-Pierre). Combat du 21 [3].

DE LOMBARD (L.-A.-J.). *Aj.*, capitaine de vaisseau, capitaine dans *Hector*, 60 ans, Bordeaux; ✝ 13 thermidor, Vannes. *Em.*

---

[1] Ces deux frères étaient fils de René Le Normand de Garat et d'*Anne* de la Morinière. La branche de Garat est aujourd'hui éteinte.

[2] Son père, *Louis-Marcel* de Tredern de Lezerec, ancien sénéchal du comté de Crozon, avait épousé *Jeanne-Urbane* de Kerguelen de Kermathéano, dont il avait eu deux fils et deux filles.

[3] C'était, sans doute, *Louis-Philippe-Christophe* de Lieuray, né le 29 avril 1765, du mariage du baron de Lieuray, maréchal de camp, écuyer de main de Madame Adélaïde et de N. de Mazières. (Voir La Chesnaye-des-Bois.)

DE LORIAC (J.-P.). *Lire*, Jean-Philippe DE LA ROCHE DE LORIAC, garde-du-corps, soldat aux vétérans émigrés, 50 ans, Brain (Gers); + 15 thermidor, Quiberon. *Em.*

DE LOSTENDE (O.-Bin). *Lire*, Othon-Benjamin BENOIT DE LOSTENDE, lieutenant au régiment de *Rohan*, 40 ans, Limoges (Haute-Vienne); + 15 thermidor, Quiberon. *Em.* [1].

LOUET (Georges). *Aj.*, DE LA ROMANERIE, 21 ans, Angers; + 9 fructidor, Auray. *Em.*

LOYER (Jn). *Aj.*, laboureur, 22 ans, Plescop (Morbihan); + 29 nivôse IV, Vannes. *Ins.*

LOYER (Louis). *Aj.*, laboureur, 25 ans, Plescop (Morbihan); + 29 nivôse IV, Vannes. *Ins.*

LUARD. Combat du 16 juillet [2].

LUBERT (Jn). *Aj.*, laboureur, 20 ans, Noyal-Musillac (Morbihan); + 26 nivôse IV, Vannes. *Ins.*

DE SAINT-LUC (A.). *Lire*, Ange-Marie-Louis-René-Joseph CONEN DE SAINT-LUC, officier aux dragons de *Deux-Ponts*, volontaire dans *Rohan*, né à Rennes le 23 juillet 1767; + 13 thermidor, Vannes. *Em.* [3].

LULBIN (Jn). *Aj.*, cordonnier, 22 ans, Saint-Gonéry (Morbihan); + 8 fructidor, Vannes. *Ins.*

DE LUSIGNAN (L.). *Lire*, Louis COUHÉ DE LUSIGNAN, ancien lieutenant aux chasseurs des Vosges, chevalier de Saint-Louis, vétéran dans *Loyal-Emigrant*, né le 7 novembre 1737 à Saint-Savin (Vienne); + 15 thermidor, Vannes. *Em.* [4].

DE LUSTRAC (Jean-Joseph). *Aj.*, capitaine au régiment d'Agenois, cheva-

---

[1] Cette famille était représentée, sous la Restauration, par un chef d'escadron d'état-major, aide-de-camp du général Guilleminot.

[2] Serait-ce Le Gras du Luart? Nous n'avons aucune donnée sur ce point.

[3] Il était le fils aîné de *Gilles-René*, président à mortier au Parlement de Bretagne, et de *Marie-Françoise* du Bot, guillotinés l'un et l'autre à Paris, avec leur fille aînée, religieuse de la Retraite, en juillet 1794. La postérité a été continuée par son frère *Athanase-Marie-François de Sales*, député et préfet sous la Restauration, marié en 1804 à *Jeanne-Rose* de Plœuc. La victime avait, en outre, trois sœurs, Mmes de Silguy, de Lantivy-Kerveno et Le Saulx de Toulencoat. La vie de sa sœur aînée, qui mourut sur l'échafaud révolutionnaire, a été écrite par l'abbé Carron.

[4] Son père, *François de Couhé de Lusignan*, avait épousé *Marie-Marguerite* de Drac et lui-même *Marie* de Scourions de Boismênard, dont il n'avait pas d'enfant. Ayant prié un officier de l'escorte, lorsqu'il allait à la mort, de faire parvenir sa croix de Saint-Louis à son neveu, il n'obtint qu'un refus.

lier de Saint-Louis, soldat aux vétérans émigrés, né le 29 novembre 1733 à Lias (Gers) ; ✝ 15 thermidor, Quiberon. *Em.* [1].

Du Lys. *Aj.*, officier d'artillerie, chargé de la conduite des munitions, noyé le 21 juillet en cherchant à s'embarquer [2].

Madec (Jean-Marie). *Aj.*, Baden (Morbihan). *Réfractaire.* N° 702 de l'État.

Madec (Pierre). *Aj.*, laboureur, 30 ans, Auray ; ✝ 8 pluviôse IV, Vannes. *Ins.*

De La Madeleine (F.-D.). *Lire*, François-Dominique Castin de Guérin de La Magdeleine, chanoine et grand-vicaire de Saintes, né aux Touches-de-Périgny (Charente-Inférieure) vers 1743 ; ✝ 9 thermidor, Auray, exécuté le 10 à Vannes. *Em.* [3].

De Madre (Louis). *Aj.*, tué ou noyé le 21 juillet.

Magro (J.). *Aj.*, domestique, 44 ans, Thionville (Moselle) ; ✝ 20 fructidor, Vannes. *Em.*

Mahr (J.). *Aj.*, laboureur, 21 ans, Ambon (Morbihan) ; ✝ 21 nivôse, Vannes. *Ins.*

Le Maignand, tué ou noyé le 21 juillet.

Mailhaud (François). *Aj.*, 20 ans, Saint-Guillaume, près de Loudéac (Côtes-du-Nord). *Réfractaire.* N° 710 de l'État.

De Maillet (Jean-Baptiste-Bernardin). *Aj.*, 30 ans, Priardel (Calvados) ; ✝ 13 thermidor, Auray. *Em.*

De Mainard (Joseph-Antoine). *Aj.*, lieutenant au régiment du roi, 31 ans, La Rochelle ; ✝ 14 fructidor, Auray. *Em.* [4].

De Malherbe (Guillaume). *Aj.*, militaire, 35 ans, Briquebec (Manche) ; ✝ 19 thermidor, Quiberon. *Em.*

[1] Fils de *Clément*, baron de Lias, et de *Géralde* Claverie. Il avait un frère aîné garde-du-corps, qui a continué la famille.

[2] Il était marié à la Martinique, où il avait deux filles. La postérité de son frère s'est fondue dans Gouyon de Beaucorps.

[3] Il était fils de *Maurice* Castin de Guérin de la Magdeleine et de N. de Lescours, nièce de M⁰ de La Rochefoucault, évêque de Saintes, qui fut massacré aux Carmes, le 2 septembre. L'abbé de la Magdeleine jouissait d'une haute considération. Il se reprochait son émigration, qui l'éloignait de tant de malheureux sans pasteur, et saisit avec empressement l'occasion de revenir en France. Plus tard, il ne voulut pas se sauver, bien qu'on lui en offrît les moyens. Voir la *Biographie saintongeoise*, par P. Rainguet, et les *Martyrs de la Foi*, par l'abbé Aimé Guillon.

[4] Fils de *Pierre-Cosme* de Mainard, seigneur de Saint-Michel, capitaine au régiment de Touraine, et de *Julie-Marie* de Mazière. Son frère aîné a continué la filiation.

MALHERBE (François). *Aj.*, domestique du comte de Sainneville, 36 ans, Soulangy (Calvados) ; + 13 fructidor, Auray. *Em.* [1]

DE MANNES (Antoine). *Aj.*, 35 ans, Québec (Canada) ; + 20 vendémiaire IV, Vannes. *Em.*

DES MANNY (Paul). *Lire*, DE MANNY, chevau-léger de la garde du roi, officier dans *Béon*, né à Charmant (Charente), le 17 octobre 1762 ; + 13 thermidor, Vannes. *Em.* [2]

DE MANOITE (Antoine). *Aj.*, né au Blanc (Indre). *Em.* (N° 475 de l'État).

— DES MARAIS. — Voir THIBAULT. Double emploi.

DES MARAIS. *Aj.*, combat du 21.

MARCHÉ (Jⁿ). *Aj.*, 26 ans, Archon (Aisne) ; + 13 thermidor, Auray. *Déserteur.*

DE MARÉCHAL. *Aj.*, combat du 10 juillet.

MARET (Félix). *Aj.*, domestique, 23 ans (Nord) ; + 12 thermidor, Auray. *Em.*

DE MAREUIL. *Aj.*, dernier combat.

MARINE (Michel). *Aj.*, laboureur, 30 ans, Pluvigner (Morbihan) ; + 17 fructidor, Auray. *Ins.*

MARIOTTE (Nicolas). *Aj.*, volontaire dans *Béon*, 32 ans, Nancy (Meurthe) ; + 10 thermidor, Quiberon. *Em.*

MARTIN (Antoine). *Aj.*, soldat, 48 ans, Lodève (Hérault) ; + 10 fructidor, Vannes. *Em.* [3]

MARTIN (François). *Aj.*, étudiant, 25 ans, Tarascon (Ariége) ; + 13 fructidor, Auray. *Em.*

MARTIN (Joseph). *Aj.*, volontaire en *Damas*, 23 ans, Lodève (Hérault) ; + 11 thermidor, Auray. *Em.*

MARY (Joseph). *Aj.*, 28 ans (Yonne) ; + 15 thermidor, Vannes. *Em.*

— DU MASNADAU (Jⁿ-François). Double emploi. — Voir COUSTIN.

---

[1] Nous avons raconté, pp. 18 et 61, d'après M. Nettement, que cet humble domestique s'était fait l'apôtre des prisonniers. Il put sans doute leur donner l'exemple, mais nous nous sommes assuré que ce qu'on raconte de son apostolat doit s'appliquer à Brodier.

[2] Il était fils de *Joseph* de Manny et de *Marie* du Souchet de Locoudre. Son frère aîné servait avec lui dans *Béon*. Il parvint à se sauver et fut nommé maréchal de camp en 1815.

[3] Il y avait à Clermont-Lodève un *Antoine Martin*, s^r de la Louréze, fils de Pierre Martin, secrétaire du roi. Il avait épousé *Marie-Élisabeth* de Salase. Serait-ce lui ? serait-ce un des siens ?

DE MASQUILIER (Louis). 35 ans, Mons (Jemmappes) ; ✝ 13 fructidor, Auray. *Em.*

C**er** DE MASSON. *Lire,* René MASSON dit *le chevalier* DE MASSON, vétéran
dans *Loyal-Émigrant,* né à Saint-Denis-la-Chevasse (Vendée)
vers 1746 ; ✝ 14 thermidor, Vannes. *Em.* [1].

DE MAUBERT (Joseph-Alexandre). *Lire,* BOUHIER DE MAUBERT, capitaine
de canonniers garde-côtes, lieutenant dans *Hector,* né à Noirmou-
tiers le 20 novembre 1744 ; ✝ 15 thermidor, Quiberon. *Em.* [2].

MAUBERT (Mathurin). *Aj.,* maréchal, 42 ans, Pluvigner (Morbihan) ; ✝ 24
thermidor, Auray. *Ins.*

MAURICE (Nicolas-Mathurin). *Aj.,* domestique de M. de la Houssaye, 25 ans,
Guingamp ; ✝ 12 thermidor, Quiberon. *Em.*

MAUROY (Jean-Marie) ou MONROUARD, sergent de grenadiers en du *Dresnay,* 49 ans, Gibles (Saône-et-Loire) ; ✝ 15 thermidor, Vannes.
Em.

— DE MAURVILLE (Michel-Félix). Double emploi. — Voir Hippolyte
MOURVILLE.

DE MAUVISSE (A.). *Lire,* DE MAUVISE, lieutenant de vaisseau, né au Blanc
(Indre), le 4 septembre 1768 ; ✝ 12 thermidor, Quiberon. *Em.* [3].

DU MEILLET. *Aj.,* combat du 16.

DE MELESSE (PICQUET). *Lire,* Antoine-Louis PICQUET DE MELESSE, né le
27 février 1761, lieutenant de vaisseau, blessé le 16 juillet, mort
de ses blessures le 21 ou le 22. *Em.* [4].

DU MELLENGER (Louis-A**in**). *Aj.,* officier au régiment de Conti, 37 ans, Alençon (Orne) ; ✝ 12 thermidor, Auray. *Em.* [5].

---

[1] L'un de ses frères et son cousin-germain, M. Masson de la Fumoire, avaient
émigré avec lui et ont péri comme lui dans les guerres de l'émigration. La famille
aujourd'hui est éteinte.

[2] Son père, *Luc Bouhier de la Davière,* major des canonniers garde-côtes, et sa
mère, *Louise Barré,* avaient eu quatre fils et quatre filles. La famille aujourd'hui est
éteinte. On raconte qu'après la catastrophe de Quiberon le général Josnet, qui était
de Machecoul, voulut se faire reconnaître par M. de Maubert, peut-être pour lui
être utile. — « J'ai bien connu quelqu'un de votre nom, lui répondit le vieil officier, mais il est impossible qu'il se trouve parmi les défenseurs de la République. »

[3] Famille poitevine qui compte aujourd'hui encore de nombreux représentants;
mais la branche de Villiers s'est éteinte dans la personne de la victime.

[4] De la famille de l'illustre La Motte-Piquet. Son père était prévôt-général de la
maréchaussée en Bretagne.

[5] L'arrêt porte René *Dumellenguy,* mais le contrôle du régiment de Conti porte
du Mellenger.

De Mellot (Césaire). *Lire*, Césaire-Victor-Alphonse Vas de Mello de la
Métérie, volontaire dans *Béon*, né au Poiré (Vendée) le 27 août
1771; ✝ 15 thermidor, Quiberon. *Em.* (Voir p. 95) [1].

Bon de Menou (René-Marie), major de vaisseau, capitaine dans *Hector*,
né à Nantes le 12 septembre 1754, tué le 16 juillet. *Em.* [2]. .

De Méoux (le Mouton) (J.). *Lire*, Le Mouton de Néhou, lieutenant du
génie, 22 ans, Paris; ✝ 15 thermidor, Vannes. *Em.*

De Méricourt (Le Roy) (F.-M.). *Aj.*, soldat aux vétérans émigrés, 64 ans,
Boulogne (Pas-de-Calais); ✝ 15 thermidor, Quiberon. *Em.*

De Mervé (Fontaines) ou de Fontaine-Mervé, blessé le 16 juillet et
mort de ses blessures [3].

De Mesillac (Pierre). *Aj.*, sous-lieutenant en d'*Hervilly*.

De la Meuvrerie (P.-J.-S.). *Lire*, Manion de la Meuvrerie, avocat, Lille
(Nord). (N° 699 de l'*État*).

Michel (Nicolas). *Aj.*, laboureur, 20 ans, Landaul (Morbihan); ✝ 26
nivôse, Vannes. *Ins.*

De Saint-Michel. *Lire*, Vincent Guyot de Saint-Michel, 18 ans, Langres
(Haute-Marne); ✝ 9 fructidor, Vannes. *Em.*

Mignaux (Louis). *Aj.*, marin, 23 ans, Carnac (Morbihan); ✝ 17 fructidor,
Port-Louis. *Ins.*

De Milon (Pierre). *Lire*, Pierre-Hyacinte de Milon de la Touche-Au-

[1] Après la mort de Césaire, la famille Vas de Mello ne fut plus représentée que
par une cousine, *Marie-Victoire-Catherine* Vas de Mello, mariée vers 1780 à *Pierre-
Remy-Joseph* de Récourt, officier d'infanterie, dont un fils, *Théodore* de Récourt.

[2] Il était le troisième fils de *Louis-Joseph* comte de Menou, baron de Pontchâteau,
lieutenant du roi, pour la ville et le château de Nantes, et de *Bonne-Émilie* Cochon
de Maurepas. Son père et l'un de ses frères, colonel, chevalier de Saint-Louis, furent
du nombre des cent-trente-deux Nantais que Carrier envoya à Paris, en novembre
1793, comme *anti-montagnards, enragés fanatiques, muscadins, égoïstes*, etc., pour
être jugés par la Convention. L'un et l'autre moururent, dans les cachots de la Force,
d'épuisement et de souffrances. La branche des barons de Pontchâteau a été continuée par *Louis-Henri-Amédée*, vicomte de Menou, neveu de la victime, marié à
Marie-Angélique-Juliette Le Clerc de Vezins, et par son fils aîné, *Louis*, comte de
Menou, marié à *Berthe* Hay des Netumières. Deux autres branches tiennent de près
à la victime : la branche de *Boussay*, dont le chef, *François*, marquis de Menou,
épousa, après la Révolution, l'une des petites-filles du dernier maréchal, duc de Broglie; il descendait d'un oncle du combattant de Quiberon; et la branche du *Mée*,
dont le représentant actuel a épousé une petite-nièce de la victime.

[3] Nous trouvons, sur l'*Annuaire de la marine* de 1781, un chevalier de Mervé
lieutenant de vaisseau de la promotion de 1778. C'était, sans doute, la victime. La
famille de Fontaine-Mervé habite les environs de Dinan. Elle comptait un maréchal-
des-logis des gardes-du-corps, compagnie de Luxembourg, sous la Restauration.

Pnou, né à Lhommaizé (Vienne) vers 1752 ; + 16 thermidor, Quiberon. *Em.* [1].

DE MINÉ (Charles). *Aj.*, 24 ans, Somme ; + 13 thermidor. Vannes. *Em.*

MIRLAVAUD. *Aj.*, Combat du 16.

DE MOCOURT (François). *Aj.*, 66 ans, Stenal (Meuse) ; + 15 thermidor, Vannes. *Em.*

LE MOINE. *Lire*, Jean-Denis LE MOINE, dit ADOLPHE, domestique du comte Bozon de Périgord, 28 ans, Rosny-sur-Seine ; + 10 thermidor, Quiberon. *Em.* [2].

LE MOITON (René). *Aj.*, palefrenier du comte Archambaud de Périgord, 17 ans 1[2, Rosny-sur-Seine ; + 10 thermidor, Quiberon. *Em.*

MOLGAT (Jacques). *Aj.*, laboureur, Theix (Morbihan). N° 252 de l'État.

DE MONDION (Pierre). *Aj.*, sergent dans *Hector*, 34 ans, Limoges (Haute-Vienne) ; + 10 thermidor, Quiberon. *Em.*

DE MONTARNAL (François). *Aj.*, ancien capitaine aux dragons de *Noailles*, 30 ans, Senergues (Aveyron) ; + 13 thermidor, Vannes. *Em.*

DU MONTEIL (François). *Lire*, DU MONTEL DE MALUSSES, garde-du-corps, né à Saint-Julien (Haute-Vienne) vers 1735 ; + 14 thermidor, Auray. *Em.* [3].

DU MONTEL. *Aj.*, combat du 21.

DE MONTENANT (Paul). *Lire*, LE POULLETIER DE MONTENANT, volontaire dans *Damas*, 23 ans, Rouen (Seine-Inférieure) ; + 11 thermidor, Auray. *Em.* [4].

DE MONTESQUIOU. *Aj.*, combat du 16 [5].

[1] Il avait servi, en émigration, dans le régiment de Mortemart et ne laissait point d'enfant de sa femme N. de la Faire.

[2] Nous avons attribué à Adolphe Lemoine (p. 40), d'après quelques historiens, un mot sublime qui doit avoir été prononcé par un autre. Lemoine était, en effet, séparé de son maître, le comte Boson de Périgord, qui était parvenu à se sauver le 21. Ce qui résulte, dans tous les cas, de son interrogatoire, c'est qu'il n'accus nullement son maître de l'avoir forcé de le suivre, comme il eût été de son intérêt de le faire pour obtenir l'indulgence de ses juges.

[3] Famille d'origine belge, représentée aujourd'hui par le marquis de Montel de Malusses, neveu ou petit-neveu de la victime.

[4] Il était fils de *Laurent-Paul*, conseiller-maître à la cour des Aides de Normandie et de *Catherine* Mouchard de la Corbière. Un de ses frères périt sur l'échafaud ; un autre a continué la postérité sous le nom de *Le Poulletier d'Auffay*.

[5] La généalogie des Montesquiou n'indique aucun d'eux comme ayant péri à Quiberon. Peut-être la victime appartenait-elle aux Montesquiou (de la Boullène), famille qui prétendait remonter à la branche de Montesquiou-Saintrailles. Elle était représentée, en 1739, par deux gardes-du-corps, *François-Joseph* et *Jean-Henri*, et par un élève de la marine, *Joseph-Nicolas*.

DE MONTFORT (Pierre-François-Hugues). *Lire*, BURGAULT DE MONTFORT, lieutenant dans *Damas*, né à Gacé (Orne) le 29 août 1750 ; + 15 thermidor, Quiberon. *Em.* [1].

DE MONTLEZUN (François-Marie). *Aj.*, capitaine au régiment *Dauphin*, infanterie, officier dans *Périgord*. *Em.*

DE MONTLEZUN (Henri). *Aj.*, officier au régiment *Dauphin*, infanterie, volontaire dans *Périgord*, 36 ans, Duravel (Lot) ; + 13 thermidor, Vannes. *Em.* Condamné sous le nom de MOLEUN [2].

DE MONTJOYE (Famille alsacienne représentée en 1788 par quatre frères : Jean-Népomucène-Simon-Joseph, né en 1763 ; Henri-Maximilien, né en 1765 ; Gustave-Bruno, né en 1766, chevalier de Malte, et Eugène, né en 1770). Premiers combats.

DE MONTRONAND. Combat du 16.

MOREL (H[te]). *Lire*, Sébastien-Marie-Hyacinthe, clerc de procureur, né à Fougeray (Ille-et-Vilaine) le 4 janvier 1750 ; + 14 fructidor, Auray. *Em.*

DE MORIENCOURT (François-Eugène). *Lire*, LENGLÉ DE MORIENCOURT, colonel du génie, 63 ans, Cassel (Nord) ; + 15 thermidor, Vannes. *Em.*

DE SAINT-MORIS (P.-J.-B.). *Lire*, BOURGEVIN DE VIALART, comte DE SAINT-MORYS, ancien conseiller au Parlement de Paris, intendant général de l'armée [3].

[1] Il était fils de *Jacques* Burgault, seigneur de Montfort, et de *Madeleine-Charlotte* de Bardois de Tournay, et avait quatre frères et une sœur. Aujourd'hui le nom n'est plus soutenu que par des parents éloignés.

[2] D'après M. de Villeneuve La Roche-Barnaud, ils étaient trois frères du nom de Montlezun à Quiberon. L'aîné parvint à dissimuler son état ; les deux autres se refusèrent à tout compromis. Ils servaient avant 1789 dans le régiment *Dauphin*, infanterie. Pihan ajoute au nom du dernier le titre de *chevalier de Cours* ; nous croyons que c'est à tort. On trouve des *de Cours Montlezun* parmi les gentilshommes de la sénéchaussée de Lectoure ; on en trouve dans le régiment de *Rouergue* ; mais ceux du régiment *Dauphin* sont désignés par le seul nom de Montlezun. Sous la Restauration un marquis de Montlezun était maréchal-de-camp, et un comte de Montlezun ambassadeur à Carlsruhe.

[3] Suivant M. de Villeneuve La Roche-Barnaud, il se serait sauvé le 21 ; mais suivant la *Biographie universelle*, il aurait péri à Quiberon. Son fils avait épousé, l'année précédente, Mlle de Valicour, nièce du ministre de Calonne. Il se distingua à l'armée de Condé, et fut nommé en 1814, lieutenant des gardes-du-corps et maréchal de camp. On sait sa mort funeste, le 21 juillet 1817, dans un duel pour cause politique avec le célèbre duelliste, colonel Barbier Dufay. Il ne laissait qu'une fille, Mme de Gaudechart. La famille est aujourd'hui représentée par les Bourgevin de Valiart, Mis de Moligny.

— Cher DE MOUSSON. Double emploi. Voir BASSETIÈRE.

LA MOTTE (Pierre). *Aj.*, 20 ans, Aurillac (Cantal); ✝ 13 thermidor, Vannes. *Déserteur.*

DE LA MOTHE (Prosper). *Aj.*, 34 ans, Mézin (Haute-Garonne); ✝ 13 thermidor, Vannes. *Em.* [1].

DE MOUCHERON (Claude-Henri-Alexandre). *Aj.*, lieutenant au régiment de Flandre, volontaire dans *Damas*, 30 ans, Moutier (Nièvre); ✝ 11 thermidor, Auray. *Em.*

DE MOUCHERON (Jean-Marie Guillaume). *Aj.*, sous-lieutenant dans Berry, infanterie, volontaire dans *Damas*, né à Quimper, en 1764; ✝ 11 thermidor, Auray. *Em.* [2].

Cte DE MOUILLEMUSE. (Ne se trouve ni sur l'État du général Lemoine, ni sur le répertoire du greffe) [3].

MOULAIS (N.). *Aj.*, laboureur, 34 ans, Mercelly (Bourgogne). No 684 de l'État.

MOULIN (J.-G.). *Aj.*, 37 ans, Paris; ✝ 10 thermidor, Quiberon. *Déserteur.*

MOUREAUD (T.-E.). *Lire*, Toussaint-Étienne MOURAUD, ancien soldat, sergent dans *Hector*, né à Saint-Gildas-des-Bois (Loire-Inférieure); ✝ 10 thermidor. Quiberon. *Em.* [4].

MOUREVILLE (H.). *Lire*, Hippolyte-Alain BIDÉ DE MAURVILLE DE LA FUNE-LIÈRE, lieutenant de vaisseau, chevalier de Saint-Louis, 38 ans, Rochefort; ✝ 15 thermidor, Vannes. *Em.* [5].

[1] Fils de *Prosper* de la Mothe, maire de Mézin, et de *M... de la Mothe*, sa cousine.

[2] Fils de *Guillaume-Armel*, lieutenant de vaisseau, et de *Marie-Claude-Renée Le Gouverneur*. Leurs enfants étaient au nombre de quatre dont aucun n'a laissé de postérité.

[3] Le nom des *Mouillemuse* est Viart. Un Viart de Mouillemuse faisait partie, comme chef du canton de Mordelles, de l'armée royale dans l'Ille-et-Vilaine. Vint-il à Quiberon ? y fut-il tué ? Nous l'ignorons. N'a-t-on pas voulu, par la désignation du C*te* de *Mouillemuse*, indiquer le C*te* de *Viart*, major de vaisseau, qui fut réellement tué le 16? Mais cet officier n'est désigné, sur tous les contrôles, que par le seul nom de *Viart*. Il était, d'ailleurs, *Viart de la Mothe d'Usseau* et non Viart de Mouillemuse. — Voir plus loin VIART.

[4] Fils d'*Étienne Mouraud* cultivateur et de *Renée* Posché. L'acte de baptême est du 1er janvier 1755, mais il ne mentionne pas le jour de la naissance.

[5] Troisième fils d'*Hippolyte-Bernard*, grand-croix de Saint-Louis, lieutenant-général des armées navales, et de *Marie-Anne-Louise* de Brach. Marié lui-même à N. de Ligeac, il n'a pas laissé de postérité. Son dernier frère, *Antoine-Germain*, devint contre-amiral et grand-croix de Saint-Louis sous la Restauration. — Famille éteinte.

LE MOURROUX (Vincent). Combat du 21.

M¹ˢ DE LA MOUSSAYE. *Lire,* Casimir DE LA MOUSSAYE, capitaine en *Loyal-Emigrant.* Combat du 16 ¹.

DE MOUTERBAN. *Lire,* DE MONTERBAN, disparu le 21 juillet.

DU MOUTIER (Antoine-Jean). *Aj.,* 37 ans, Bazincourt (Eure); + 15 thermidor, Auray. *Em.*

Cher DE NASSAL. *Lire,* Charles DE NASSAL. (Ne serait-ce pas le même que *Charles de Navaille* qui est écrit *Navale* sur l'arrêt de mort? Voir à la fin de la liste du Mausolée.)

NÉE (Pierre-Marie). *Aj.,* domestique, 25 ans (Loir-et-Cher); + 16 fructidor, Vannes. *Em.*

DE NEUVILLE (L'). *Lire,* Alexandre-Armand-Florent DE NŒUFVILLE DE BRUNY-AU-BOIS, sous-lieutenant aux grenadiers royaux, né à Alquines (Pas-de-Calais) en juillet 1769; + 13 thermidor, Vannes. *Em.* ².

NOEL (Jean). *Lire,* NOELL, armurier au régiment de *Damas,* 51 ans, Perpignan; + 18 fructidor, Vannes. *Em.*

NOEL (Nicolas-Joseph). *Aj.,* militaire, 55 ans, Pont-à-Mousson; + 15 thermidor, Quiberon. *Em.*

NOURRY (J.-B. P.). *Aj.,* domestique du chevalier de Beaufort, 55 ans, Saisseval (Somme); + 15 thermidor, Quiberon. *Em.*

DE NOYON. Tué ou noyé le 21 juillet.

OLLIER (Joseph). *Aj.,* cultivateur, 40 ans, Hennebont (Morbihan); + 16 thermidor, Auray.

D'ORCET (Pierre-Gabriel). *Lire,* D'ARRAGONNÈS D'ORCET, officier de marine, lieutenant dans *Hector,* né en Auvergne vers 1760. Nº 895 de l'État du général Lemoine ³.

DE SAINT-ORENT. Tué ou noyé le 21.

D'ORVILLIERS (François). *Lire,* GUILLOUET D'ORVILLIERS, lieutenant de

---

¹ Fils aîné de *Victor-Francis-Gervais,* titré *marquis* par lettres-patentes du 7 mars 1818, et de *Sainte-Louise* des Cognets. Son frère puîné, pair de France sous la Restauration, avait épousé *Alexandrine* de la Rochefoucauld-Cousson, dont postérité.

² Il était fils de *Florent* de Nœufville, capitaine aux grenadiers-royaux de Picardie, et d'*Emilie* de Caboche.

³ « Quel homme que ce d'Orcet! écrivait plus tard un de ses camarades (Henri de la Roche-Saint-André); douceur, piété, résignation, il n'y avait rien d'humain chez lui. »

vaisseau, lieutenant en *du Dresnay*, né à Cayenne (Amérique) vers 1763; + 15 thermidor, Vannes. *Em.* [1].

OUGBAN. *Aj.*, laboureur, 28 ans (Morbihan); + 15 ventôse IV, Vannes. *Ins.*

OUMÈS (Yves-Marie). *Lire*, ONNÈS, maître d'école, Lannion (Côtes-du-Nord); + 12 thermidor, Auray.

PALESPONT (J.-B.). *Aj.*, 23 ans, Basses-Pyrénées; + 13 thermidor, Vannes. *Em.*

— PALLOUET (Vincent). Nantes (Loire-Inférieure). Erreur et double emploi. — Voir TALHOUET.

DE PANTHOU (Guillaume-Marie-Joseph). *Aj.*, garde-du-corps, lieutenant en *du Dresnay*, né le 4 avril 1741 à Évreux (Calvados); + 14 thermidor, Vannes. *Em.* [2].

DE PARFOURRU (Louis). *Lire*, Louis-Henri, né à Caen (Calvados), le 15 mars 1773; + 12 fructidor, Auray. *Em.* [3].

DU PARC DE LOCMARIA (Gabriel). *Lire*, Charles-Louis-Gabriel, lieutenant au régiment de *Colonel-Général* infanterie, capitaine dans *Rohan*, né le 22 avril 1760, au château du Hellegoet, commune de Serignac (Finistère), blessé le 16 juillet; + 15 thermidor, Quiberon. *Em.* [4].

DE PARFUNTUN (Henri-Charles). *Lire*, DU DRÉZIT DE PENFUNTUN, officier, 40 ans, Brest; + 13 thermidor, Auray, *Em.* [5].

PARIS (Jacques). *Aj.*, domestique de M. de Sainte-Suzanne, 37 ans, Normandie; + 10 thermidor, Quiberon. *Em.*

---

[1] Neveu du lieutenant-général des armées navales et fils de *Gilbert* d'Orvilliers, gouverneur de Cayenne, et de *Renée-Justine* de Brach; il avait deux sœurs, dont l'une épousa *Paul-François* Dubois des Orailles, garde-du-corps, chevalier de Saint-Louis, dont une fille unique; et l'autre *Claude-Étienne-Joseph* Carré de Margorie, capitaine au régiment de Vivarais, dont postérité. Lui-même était célibataire.

[2] Fils aîné de *Joseph-François-Lanfranc*, s[r] des Ifs, et de *Marguerite-Perrine* Boulin. Il avait un frère lieutenant aux grenadiers royaux de Bretagne, marié à *Marie-Anne* de Chantepie.

[3] Fils de *Jean-François-René* de Parfourru et d'*Anne-Louise* de Llénard. La filiation a été continuée par son frère, marié le 26 septembre 1799, à *Marie-Élise-Charlotte* Boscal de Réals, fille du chef d'escadre de ce nom.

[4] Il était fils d'*Alain-Joseph* du Parc de Penanguer et de *Louise-Marie-Josèphe* de Kermorial de Kermorvan et avait dix frères et sœurs. Lui-même avait épousé *Agathe-Marie* des Loges de Kerouvel dont il n'a pas laissé d'enfant.

[5] Famille éteinte.

PASCAL (Joseph). *Lire*, Joseph-Tanguy-Marie PASCAL DE CHATEAULAURENT, lieutenant de canonniers garde-côtes, né à Roscoff (Finistère) le 7 décembre 1768 ; + 13 thermidor, Vannes. *Em.* [1].

DE PASSAC (Pierre). *Lire*, Pierre-Alexandre-Adrien, né à Vouvray-sur-Loire (Indre-et-Loire) le 27 janvier 1761 ; + 15 thermidor, Auray. *Em.* [2].

DE PATY (Adrien-Raymond). *Lire*, DE PATY DE LURIÈS, lieutenant de vaisseau, sous-lieutenant dans *Hector*, 28 ans, Gironde, blessé le 16, + 12 thermidor, Quiberon. *Em.*

Vᵗᵉ DE PATY (Léonard). *Lire*, DE PATY DE LURIÈS, capitaine de vaisseau, capitaine dans *Hector*, 45 ans, Bordeaux, blessé le 16 ; + 14 thermidor, Auray. *Em.*

DE PÉCHOLIER (Antoine). *Aj.*, sous-aide-major dans *Hervilly*, 38 ans, Lot ; + 16 thermidor, Vannes. *Em.*

DE PELISSIER père (Jᵇ-Lⁱˢ). *Aj.*, capitaine au régiment de *Royal-Piémont* cavalerie, né à Simiane (Basses-Alpes) vers 1754 ; + 14 thermidor, Vannes. *Em.* [3].

DE PELISSIER fils (Jᵇ-Mᶜᵉ-Aᵗᵒ). *Aj.*, né à Aix (Bouches-du-Rhône), le 3 août 1778 ; + 8 fructidor, Vannes. *Em.*

DE PELLETIER (Jⁿ). *Aj.*, domestique, 40 ans, La Loyère (Saône-et-Loire); + 8 fructidor, Vannes. *Em.*

PENNEGUIN (Pierre-Joseph). *Lire*, PENNEQUIN, 35 ans, L'Écluse (Nord) ; + 13 fructidor, Auray. *Em.*

PERANNE (Jean). *Lire*, Jean-Marie-Louis PERONNE, armurier, né à Avignon le 26 mai 1778 ; + 3 nivôse IV, Vannes. *Em.*

DE PERCY (René-Charles). *Aj.*, officier aux mousquetaires, lieutenant en du *Dresnay*, né vers 1758 à Tonneville, près de Cherbourg ; + 11 thermidor, Vannes. *Em.*

DE PERDREAUVILLE (J.-D.). *Lire*, Jean DAVID DE PERDREAUVILLE, lieute-

---

[1] Il était fils de *Tanguy-François-Marie*, ancien capitaine au régiment de Limousin, et de *Marie-Thérèse-Jeanne* Le Guillou de Keranroy.

[2] Il était fils de *Pierre-Alexandre*, seigneur de Pinchat, ancien officier au régiment de Tournaisis, lieutenant des maréchaux de France à Tours, et veuf, sans enfant de N. de Rossal. Son frère, qui servait dans l'artillerie de Rotalier, n'a lui-même laissé qu'une fille. La famille est éteinte.

[3] Fils de *Barthélemy-Joseph-Ignace* Pélissier, sⁱ des Granges, mestre de camp de cavalerie, gouverneur de la grosse tour de Toulon, et de *Catherine-Louise* Aguenin. Lui-même avait épousé, le 31 janvier 1777, *Marie-Françoise* de la Font, dont *Joseph-Marie-Auguste* Pélissier, fusillé à Vannes ainsi que son père.

nant en d'*Herrilly*, 36 ans, Nonancourt (Eure) ; ✝ 13 thermidor, Vannes, *Em.* [1].

PÉRION (Florimond-Marie). *Aj.*, capitaine chouan, né à Rostrenen (Côtes-du-Nord). *Ins.* No 703 de l'État. — (Voir p. 52).

PÉRON (P.-L.). *Aj.*, cordonnier, volontaire dans *Béon*, 24 ans, Pas-de-Calais ; ✝ 10 thermidor, Quiberon. *Em.*

PERRAUT ou PÉRIAC (Vincent), cordonnier, Vannes, 21 ans ; ✝ 8 fructidor. Vannes. *Ins.*

— LE PERRAY ou LE PÉRERAY (René). De Saint-Denis-la-Chevasse (Vendée). Double emploi. Voir Cer DE MASSON [2].

PERRIGEAUX (Mathurin). *Lire,* PERRIGAULT, domestique du comte de Botherel, 35 ans, Iffendic (Ille-et-Vilaine) ; ✝ 12 thermidor, Quiberon. *Em.* [3].

Cer DE LA PEYROUSE. *Lire,* GALAUP DE LA PÉROUSE, ancien capitaine au régiment d'Auxerrois infanterie, officier dans *Loyal-Émigrant*, Alby (Tarn), tué le 16 juillet. *Em.* [4].

PESSEL (Jn). *Aj.*, laboureur, 33 ans, Pluvigner (Morbihan) ; ✝ 16 thermidor, Auray. *Ins.*

PETIT (Marie-Charles). *Aj.*, 16 ans, Vaucluse ; ✝ 20 thermidor, Auray. *Em.*

PETIT (René). *Aj.*, 47 ans, Champigny-en-Beauce (Loir-et-Cher) ; ✝ 13 thermidor, Vannes. *Déserteur.*

PETIT-GUYOT (François). *Lire,* PETITGUYOT, ancien garde-du-corps du roi Stanislas, chevalier de Saint-Louis, né à Apremont (Haute-Saône),

---

[1] Famille représentée dernièrement en Normandie par *François-Ambroise*, lieutenant-colonel, chevalier de Saint-Louis, marié en 1821 à *Joséphine* de Cheux, dont il n'a laissé qu'une fille, Mme Artaud de la Ferrière.

[2] René *Le Peray* ou *Le Péreray*, comme l'appelle Pihan, ne figure ni sur l'État du général Lemoine, ni sur le répertoire du greffe. Mais Pihan dit LE PÉRERAY MASSON, et toutes ses indications s'appliquent au chevalier de Masson.

[3] Il alla relever, sous le feu des républicains, M. de la Noue, blessé à l'affaire du 16 juillet.

[4] D'après M. de Villeneuve La Roche-Barnaud, il était frère de l'illustre navigateur. Nous avons dû, en conséquence, reproduire son premier nom et rectifier l'orthographe du second. Le célèbre La Pérouse était fils de *Victor-Joseph* Galaup et de *Marguerite* de Rességuier. Marié lui-même, le 17 juin 1782, à *Louise-Éléonore* Branden, il n'en eut que deux filles, Mmes *Barthès* et *Dalmas*, dont les enfants ont relevé le nom de La Pérouse.

le 9 décembre 1732 ; + 9 thermidor, Auray, exécuté le lendemain
à Vannes. *Em.* (Voir p. 85) [1].

PENNEVERT (J.-F.-P.). *Lire,* Jean-François-Paul DU PERENNO DE PENVERN,
cadet dans *Rohan*, 24 ans, Vannes ; + 13 thermidor, Vannes. *Em.*
(Voir ci-dessus p. 30).

PHARAON (Guillaume). *Aj.,* jardinier, Lesneven (Finistère). *Em.* (N° 243
de l'État.)

DE PHÉLIPPEAUX (Louis). *Aj.,* disparu le 21 [2].

DE PICQUES (Guillaume-Pierre). *Lire,* PIC DE LA MIRANDOLE, volontaire en
Damas, né à Châteauneuf-du-Faou (Finistère), le 8 février 1759 ;
+ 11 thermidor, Auray. *Em.* [3].

Cte DE SAINT-PIERRE (MEHERENC). *Lire,* René-Auguste-Anicet DE MEHE-
RENC, comte DE SAINT-PIERRE, major de vaisseau, chevalier de
Saint-Louis, né à Lesneven le 17 avril 1747, tué le 16 juillet à
l'attaque des lignes de Sainte-Barbe. *Em.* [4].

[1] François Petitguyot était un des plus beaux hommes de son temps. Chantant
bien, d'une société charmante, il était aimé et recherché et fit longtemps les délices
de la petite cour de Lunéville. Agé déjà de 60 ans à l'époque de la Révolution, il
n'hésita pas à émigrer, et ce noble vieillard tomba fusillé près de Mgr de Hercé et de
M. de Sombreuil. Il était fils de *Claude-Antoine* Petitguyot et de *Anne-Claude* Por-
chet. Son père avait trois frères curés dans le diocèse de Besançon. Lui-même avait
plusieurs frères et de nombreux neveux dont trois sont morts de blessures ou de
fatigues durant nos longues guerres.

[2] Le prénom de cette victime, *Louis*, semble indiquer un fils de *Louis* Le Picart de
Phélippeaux, seigneur de la Salle, lieutenant au régiment de Fleury, qui avait épousé
Marie-Louise de la Châtre. Dans ce cas, il s'agirait d'un frère du célèbre Phélippeaux
qui, après avoir été le rival souvent heureux de Bonaparte à Brienne, devait plus
tard lui faire lever le siége de Saint-Jean-d'Acre. L'illustre famille des Phélippeaux de
Pontchartrain, de Maurepas et de la Vrillière, n'existait plus que dans l'aînée de ses
branches, celle d'Herbaut, qui venait de produire un archevêque de Bourges, mais ne
comptait alors qu'un représentant âgé, et, s'il avait des fils, des fils fort jeunes.

[3] Il était fils de *François-Hyacinthe*, sénéchal de Châteauneuf, dont la famille, établie
à Blaye, dans le Bordelais, depuis la seconde moitié du XVIe siècle, se rattachait, dit-
on, aux comtes de la Mirandole et de Concordia, en Italie. Sa mère se nommait *Renée-
Mauricette* de la Boissière de Kerret. Lui-même avait épousé *Hyacinthe-Charlotte* Le
Judé, dont il avait cinq enfants. Aucun d'eux, croyons-nous, n'a laissé de postérité.
Les sœurs de son père s'étaient alliées dans les familles de Kervegant, Tanouarn, du
Largéz et de Castillon.

[4] Il était fils de *Joseph-Henri*, lieutenant des maréchaux de France à Saint-Pol-
de-Léon, et de *Marie-Guillemette* de Kerangar. Lui-même avait épousé, en 1781,
Marie-Josèphe-Anne Champion de Marsilly et en avait deux filles, mariées depuis
au marquis de Coqueray et au comte de Rossollin.

Vᵗᵉ DE SAINT-PIERRE (MEHERENC). *Lire*, Auguste-Henri DE MEHERENC, vicomte DE SAINT-PIERRE, major au régiment de Conti-Dragons, chevalier de Saint-Louis, capitaine en *du Dresnay*, né au château du Bois-de-la-Salle, en Pleguien (Côtes-du-Nord), le 17 octobre 1742. N° 430 de l'État [1].

PIEUSSEN. *Aj.*, adjudant-major dans *Hervilly*, tué le 16 juillet. *Em.*

PINEL (François). *Lire*, François-Joseph PINEL DE LA VILLEROBERT, volontaire dans *Rohan*, né à la Malhoure (Côtes-du-Nord) le 3 janvier 1773; + 10 thermidor, Quiberon. *Em.* [2].

PINTEL (Augustin). *Aj.*, journalier, 24 ans (Pas-de-Calais); + 10 thermidor, Quiberon. *Em.*

PINTEL (Dominique). *Aj.*, journalier, volontaire dans *Béon*, 26 ans (Pas-de-Calais); + 10 thermidor, Quiberon. *Em.*

DE LA PISSE. *Aj.*, combat du 16 juillet. (L'école du génie de Mézières était commandée, en 1789, par M. de la Pisse de la Mothe. Le même nom s'est retrouvé de nos jours dans l'arme du génie.)

DE LA PLANCHE (Gilles). *Aj.*, couvreur, puis domestique, né à Guipel (Ille-et-Vilaine) le 7 janvier 1752; + 16 thermidor, Quiberon. *Em.*

DU PLÉCI (Louis-François). *Aj.*, 35 ans, Sainte-Foi; + 13 thermidor, Vannes. *Em.* [3].

DU PLESSIS (Claude). *Aj.*, soldat aux vétérans émigrés, 55 ans, Vertus (Marne); + 15 thermidor, Quiberon. *Em.*

DU PLESSIS (Pierre). *Aj.*, 18 ans, Saint-Aubin (Lot-et-Garonne); + 13 fructidor, Auray. *Em.*

DU PLESSIS (Théodore-Barthélemy). *Aj.*, ancien capitaine au 52ᵉ, soldat

---

[1] Il était fils de *Jean-Michel*, marquis de Saint-Pierre, et de *Jeanne-Émilie* Desclos. De ce mariage étaient issus vingt-deux enfants, dont huit vivaient au moment de la Révolution, deux fils et six filles. Avant de mourir, il écrivit à l'une de ses sœurs une lettre touchante par laquelle il abjurait les principes d'une *fausse philosophie*, ne cherchant de consolation que dans la foi. Il était frère du contre-amiral, marquis de Saint-Pierre. Sa famille réside toujours au Bois-de-la-Salle.

[2] Il avait un frère, officier au régiment de *Bourbonnais*, qui fit toutes les campagnes de l'armée de Condé et est mort célibataire. La famille aujourd'hui est éteinte.

[3] Probablement *du Plessis*; mais nous n'avons pu obtenir aucun renseignement sur cette victime. Elle est complétement inconnue à Sainte-Foi, que l'arrêt place à tort dans la Charente, et elle l'est également dans ce département.

aux vétérans émigrés, 56 ans, Vertus (Marne); + 15 thermidor, Quiberon. *Em.*

POCHE (Yves). *Aj.*, domestique de M. de la Monneraye-Bourgneuf, né à Perros-Guirec (Côtes-du-Nord) le 13 mars 1759. N° 295 de l'État.

DE PONSAY (Jérôme). *Lire,* Honoré-Henri-Jérôme GORRIN, chevalier DU PONSAY, ancien lieutenant de vaisseau, né au château de Ponsay, commune de Saint-Mars-des-Prés (Vendée) le 30 septembre 1744, volontaire dans *Hector*; + 15 thermidor, Quiberon. *Em.* [1].

DU PONT (Pierre-François). *Aj.*, 26 ans (Calvados); + 13 thermidor, Vannes. *Em.*

DU PONTICH DE ROIG (Joseph). *Aj.*, ancien volontaire de Royal-Roussillon, 27 ans, Thuir (Pyrénées-Orientales); + 17 thermidor, Vannes. *Em.* [2].

DU PORTAL (Jean-Louis). *Lire,* Antoine-Jean-Louis, major du génie, chevalier de Saint-Louis, né à Strasbourg le 10 avril 1745; + 15 thermidor, Vannes. *Em.* [3].

LA PORTE (Jean-Baptiste). *Aj.*, volontaire, 60 ans, Excideuil (Dordogne); + 15 thermidor, Quiberon. *Em.*

DE PORTZAMPARC (Louis-Hippolyte-Marie). *Lire,* URVOY DE PORTZAMPARC, lieutenant de vaisseau, chevalier de Saint-Louis, né au château de Portzamparc, en Plounevez-Moëdec (Côtes-du-Nord) le 18 juin 1754, blessé à l'attaque de Sainte-Barbe; + 15 thermidor, Auray. *Em.* [4].

[1] Il était fils de *François Gorrin*, chevalier, seigneur de Ponsay, capitaine au régiment de Bourgogne, infanterie, chevalier de Saint-Louis, et de *Marie-Anne-Renée* Roblin de Dinchin. Lui-même avait épousé *Marguerite-Émilie* Bourdeau de Brillac, dont il avait deux filles, qui moururent de maladie pendant les souffrances de la guerre de la Vendée. Son frère aîné, ancien gendarme de la garde du roi, avait été fait prisonnier à la bataille du Mans, et était mort au Mans peu de temps après. De son mariage avec *Lydie-Émilie-Henriette* de Gourdeau était né un fils qui a continué la postérité. Trois Ponsay et une de leurs sœurs périrent dans le désastre du Mans.

[2] L'arrêt porte : *Joseph-Jean-François-Thomas* Roing, fils de *Thomas* et de feue *Pontiluc.* La signature est également *Roing.* Un ch. de Pontich était capitaine dans *Royal-Limousin* et un de Roig capitaine dans *Médoc.*

[3] Fils de *Jean-Jacques*, lieutenant-général, directeur des fortifications de la Normandie et des îles sous le Vent, et de *Louise* de Ramsault et petit-fils d'*Antoine*, également lieutenant-général, et de N. de Tarade. La victime de Quiberon était célibataire; sa famille, nous écrit M** la comtesse de Retz, sa petite-nièce, est aujourd'hui éteinte.

[4] Il avait épousé, à Brest, le 23 septembre 1782, *Julie-Louise* Le Carlier d'Herlye, dont il avait quatre enfants, deux fils et deux filles. Ses fils ont pris alliance dans les maisons de Penfuntenlou de Kervereguin, Bergevin, Trogoff de Coatlolio, et la

POULAIN (François). *Aj.*, palefrenier de M. de Saint-Cren, 45 ans, Halé (Maine-et-Loire); ✝ 10 thermidor, Quiberon, *Em.*

POULAIN (Jacques-Amable). *Aj.*, né à Esteville (Seine-Inférieure). *Em.* N° 216 de l'État.

POULLAIN (Paul-Pierre). *Aj.*, 51 ans, Plouguenoël (Côtes-du-Nord); ✝ 14 thermidor, Vannes. *Em.*

DE POULPIQUET. *Aj.*, Alexandre-Marie, sergent-major dans *du Dresnay*, né le 13 juillet 1775, au château de Lanveguen en Gouëzec (Finistère); ✝ 12 brumaire an IV, Quimperlé. *Em.* Voir t. XXXV, p. 44.

DE PRESSAC (Th.). *Aj.*, lieutenant au régiment de *Damas*, 64 ans, Coutras (Gironde); ✝ 15 thermidor, Quiberon. *Em.* [1].

DE PRÉVILLE (Charles-Hyacinthe). *Aj.*, capitaine en d'*Hervilly*, tué le 21. *Em.* [2].

DE PRÉVOST (Louis-Frédéric). *Aj.*, 26 ans, Argenteuil; ✝ 13 thermidor, Vannes. *Em.*

DE PRÉVOT (Louis-André). *Aj.*, 10 ans, Heusse (Orne); ✝ 8 fructidor, Vannes. *Em.*

Vte DE PRIELLEY. *Aj.*, capitaine en d'*Hervilly*, blessé le 7. *Em.* [3].

PRIEZ (Jean-Baptiste). *Aj.*, ouvrier, volontaire dans *Béon*, 20 ans, Marolles (Nord); ✝ 10 thermidor, Quiberon. *Em.*

LE PRINCE (Simon). *Lire*, Aimé-Simon LE PRINCE, volontaire dans *Loyal-Emigrant*, né à Dieppe en 1776; ✝ 12 fructidor, Auray. *Em.* [4].

PUJOULY (Louis), ou PUYOULLY, conducteur de voitures, Nismes (Gard). N° 83 de l'État. *Em.*

PUNIET (Charles) *Aj.*, 20 ans, Lauzes (Lot); ✝ 9 fructidor, Auray. *Em.*

---

seule de ses filles qui se soit mariée dans la maison de Kersauson. Le testament de M. de Portzampare, daté d'Aix-la-Chapelle, le 12 juillet 1794, est un admirable monument de foi, de tendresse et de loyauté.

[1] *Henri-Thomas-Charles* de Pressac, né en 1763, marquis d'Escignac, duc de Fienarcon, pair de France en 1819, devait sans doute lui appartenir. La famille existe toujours.

[2] Il avait été page du roi, puis officier dans *Belsunce*, dragons. Son père, *Jean-Claude-Henri*, seigneur de Menetou, avait épousé N. Tullier de Marigny.

[3] Le contrôle d'*Hervilly* ajoute *fusillé*. Son arrêt de mort ne se retrouve pas. Probablement il mourut de ses blessures.

[4] Il était fils de *Simon-Aimé*, lieutenant-général civil et criminel du bailliage d'Arques, et de *Anne-Jeanne* Bouleuc. Un de ses frères est mort de ses blessures en Russie. Un autre a continué la famille. Simon Le Prince avait quitté le collège pour émigrer. Lorsqu'il marchait à la mort, on l'avait lié avec M. Berthier de Grandry. Un officier républicain coupe tout à coup la corde et retire M. de Grandry. Le jeune Le Prince fait un mouvement pour suivre son camarade : — Non, il n'y a que lui, — lui fut-il répondu, et Le Prince poursuivit sa marche avec le plus grand courage.

De Puyferré (Gabriel). *Aj.*, volontaire dans *Rohan*, né à Plouescat
(Finistère) le 4 février 1744 ; + 13 thermidor, Vannes. *Em.* [1].

Pynyot (Cr). *Lire*, Clair Pynyot de la Girandière, né à Bournezeau
(Vendée) vers 1773 ; + 12 thermidor, Quiberon. *Em.* [2].

Quegnec (Jean). *Lire*, Queinec, domestique, 44 ans, Morlaix ; + 8 fructidor, Vannes. *Em.*

Cher du Quengo (du Rocher) (J.-L.). *Lire*, Jean-Baptiste-Louis du Rocher
du Quengo, né au château du Quengo, en Brusvily (Côtes-du-Nord)
le 25 juin 1769, sous-lieutenant dans *Hector ;* + 15 thermidor,
Quiberon. *Em.*

Cte du Quengo (du Rocher) (J.-P.-L.). *Lire*, Gabriel-Pierre-Louis du
Rocher du Quengo, lieutenant de vaisseau, lieutenant dans *du
Dresnay*, né au Quengo, en Brusvily (Côtes-du-Nord) le 3 février
1761 ; + 14 thermidor, Vannes. *Em.* [3].

Querolan (P.-F.). *Lire*, Paul-François-Marie du Bahuno de Kerolain,
lieutenant au régiment de Boulonnais, cadet dans *Rohan*, né au
château de Kerolain, en Lanvaudan (Morbihan) le 17 décembre
1765 ; + 13 thermidor, Vannes. *Em.* [4].

De Quilien (Jean-Louis). *Lire*, Le Merdy de Quillien, ancien capitaine
au 5e dragons, capitaine en *du Dresnay*, blessé le 16 juillet,
50 ans, Tréguier ; + 15 fructidor, Auray. *Em.*

De Quincarnon (Armand). *Aj.*, ancien maréchal-des-logis de la maison
du roi, soldat aux vétérans émigrés, 56 ans, Le Plessis-Grohan
(Eure) ; + 10 thermidor, Quiberon. *Em.* [5].

Raffler (Jacob). *Aj.*, boucher, 29 ans, Strasbourg ; + 25 fructidor,
Vannes. *Em.*

De Raillères (D.-R.). *Lire*, Donatien-Rogatien Rouault des Raillères,

[1] Il était fils de *Jean-Marie* de Puyferré et de *Marie-Jeanne* La Fleur de Kermeu-
gan. Il avait deux frères prêtres et un cousin, capitaine de vaisseau, qui a laissé postérité.

[2] Il était fils d'*Abraham-Isaac*, seigneur de la Girardière, et n'avait qu'une sœur ;
mais un de ses cousins, marié à *Victoire* Baudry d'Asson, a continué la famille.

[3] Ces deux frères étaient fils de *Gabriel-Hon.-Alexis* du Rocher, seigneur du
Quengo, et de *Marie-Anne* de la Marche, nièce du dernier évêque de Léon. Ils avaient
été treize enfants. Aujourd'hui la branche aînée qu'ils représentent est éteinte. —
Voir ci-dessus, p. 19.

[4] Fils de *François-Jacques-Fortuné* du Bahuno de Kerolain et d'*Anne-Josèphe* du
Bahuno du Liscoët. Il était célibataire et son frère n'a eu de son mariage avec *Pau-
line-Anne-Marie* du Coëtlosquet, sœur des victimes de ce nom, que deux filles,
Mmes *Louis* de Kersauson et *Arthur* de Perrieu.

[5] Septième enfant de *Louis-Jean-Baptiste* de Quincarnon et de *Marie-Angélique*
Gouhier.

volontaire dans *Damas*, né aux Rallières, commune de Challans (Vendée), blessé à Quiberon, mort à Southampton de ses bles-sures. *Em.* [1].

DE RAOUL. *Lire*, Joseph-Henri RAOUL DU SOULIER, page d'Orléans, volon-taire dans la compagnie des élèves de la marine, né au château du Soulier, près de Châtillon-sur-Sèvre, en 1777; + 9 fructidor, Auray. *Em.* [2].

RÉCHIN (Jean-Louis). *Aj.*, domestique de M. de Royrand, 32 ans, Montaigu (Vendée); + 12 thermidor, Quiberon. *Em.*

— DE LA REGNAUDE (Jean-Michel). Double emploi. Voir DU CROZET.

REGUIDEL (Bln-Marie). *Aj.*, drapier, 21 ans, Vannes. N° 604 de l'État.

REMY (J.-Baptiste). *Aj.*, domestique, 19 ans, Verdun (Meuse); + 14 thermidor, Auray. *Em.*

RENEGOT (Guillaume). *Aj.*, cordonnier, 29 ans, Vannes; + 8 fructidor, Vannes. *Ins.*

DE REUSSEC (François-Pierre). *Lire*, RIEUSSEC, vicaire général de Luçon, né à Lyon, en 1754; + 9 thermidor, Auray, exécuté le 10 à Vannes. *Em.*

REVILLE (René-Marie). *Lire*, René MARIE DE REVILLE, volontaire dans *Béon*, né à la Ferté-Macé (Orne) le 21 juillet 1773; + 12 fructi-dor, Auray. *Em.* [3].

LA REYRANGLADE (Henri-Pascal). *Aj.*, ancien officier aux dragons de Chartres, capitaine en d'*Hervilly*, 38 ans, Nismes (Gard); + 10 thermidor, Vannes. *Em.*

RIBOCHON (Jean). *Aj.*, laboureur, 17 ans, Grandchamp (Morbihan); + 17 fructidor, Auray. *Ins.*

RICOT (Pierre). *Aj.*, laboureur, 20 ans, Péaule (Morbihan); + 30 pluviôse IV, Vannes. *Ins.*

---

[1] Il était fils de *Claude-Pierre* et de *Françoise-Suzanne-Perrine* de la Ville. Un de ses frères est mort capitaine de frégate et chevalier de Saint-Louis; un autre, capi-taine de la marine marchande; un troisième, négociant à Pittsburg. Ce dernier seul a peut-être laissé postérité.

[2] Son père, *Charles-Philippe*, ancien officier au régiment de Chartres, infanterie, avait épousé *Marie-Julie-Henriette* Chevalleau de Boisragon, demi-sœur du marquis de ce nom.

[3] Son père, *René-François*, ancien officier au régiment de Mestre-de-Camp, dragons, avait épousé, en Champagne, *Marie-Louise* de Villers. Un oncle de la victime, M. Marie du Rocher, a continué la filiation.

Ridant (Jean-Marie). *Aj.*, domestique, 22 ans, Sarzeau (Morbihan); ✝ 26 nivôse, Vannes. ·

Cte de Rieux. *Lire*, Louis-Charles-Marie, lieutenant dans *Rohan*, né à Paris, le 11 septembre 1768, ✝ 9 fructidor, Auray. *Em.* Voir ci-dessus, p. 27.

De la Rigale. (Ne se trouve ni sur l'État du général Lemoine, ni sur le répertoire du greffe; probablement mort dans les combats [1]).

Rio (Jean-Pierre). *Aj.*, laboureur, 19 ans, Marzan (Morbihan). N° 692 de l'État.

Riou (Yves). *Aj.*, domestique, 30 ans, Louargat (Côtes-du-Nord); ✝ 8 fructidor, Vannes. *Em.*

Cte de Robecq. *Lire*, Guy-Marie-Charles, ancien officier de dragons, né à Morlaix, le 26 juin 1756; ✝ 12 thermidor, Auray. *Em.* [2].

Robert (Étienne), *Aj.*, domestique, 46 ans, Sauve (Gard); 15 thermidor, Quiberon. *Em.*

Robert (François). Disparu le 21.

Robert (Henri). *Lire*, le chevalier Henri Robert de Boisfossé, volontaire dans *Damas*, né à Machecoul (Loire-Inférieure), le 28 avril 1767; 11 thermidor, Auray. *Em.* [3].

Robin (Joseph). *Aj.*, tailleur, 28 ans, Lannion (Côtes-du-Nord); ✝ 12 thermidor, Auray.

Du Roch. (Porté comme capitaine sur le contrôle du régiment d'*Hervilly*, sous le nom de *Duroc*). Combat du 21.

De la Roche-Aymon (Jacques). *Lire*, la Roche-Aymon de la Roussie, né le 1er septembre 1732, à Périgné (Dordogne), ancien maréchal-des-logis des gardes-du-corps; ✝ 14 thermidor, Vannes. *Em.* [4].

---

[1] Une branche de la famille Saint-Aulaire possédait un fief du nom de *la Rigale*. Nous ne savons si c'est à elle qu'appartenait la victime. Peut-être, dans ce cas, y aurait-il double emploi.

[2] Il était fils de *Charles* Robecq de Pallière, dont la famille était originaire du Milanais, et de *Marie-Aimée* de Kersaintgilly de Saint-Gilles. Lui-même avait épousé, en 1782, *Marie-Anne-Ignace-Françoise* Le Grand, dont il n'a laissé que deux filles, Mmes de Saint-Gilles et Huon de Kermadec.

[3] Fils de *Louis-Philippe*, seigneur de Boisfossé, et de *Marie-Éléonore* Robert de Lézardière; il avait deux frères et sept sœurs. Sa mère fut guillotinée à Nantes, après la prise de Machecoul par les républicains; deux de ses sœurs furent massacrées dans la guerre de la Vendée; il ne reste aujourd'hui de cette famille qu'un neveu de la victime, marié et ayant des enfants.

[4] Son arrêt de condamnation le dit fils d'*Antoine* et de *Catherine* Huard de la Chabanne. Cette branche des La Roche-Aymon est éteinte.

DE LA ROCHE-BARNAUD (François). *Lire*, DE VILLENEUVE LA ROCHE-BAR-
NAUD, lieutenant dans *Rohan*, 32 ans, Saint-Péray (Ardèche); +
15 thermidor, Quiberon. *Em.*

DE LA ROCHE-BARNAUD (J.-P.-A.). *Lire*, Jean-Louis-Alexis DE VILLENEUVE
LA ROCHE-BARNAUD, volontaire dans *Damas*, 34 ans, Saint-Perray
(Ardèche) + 15 thermidor, Quiberon. *Em.* [1].

DE LA ROCHEFOUCAULD (René-Claude). *Lire*, DE LA ROCHEFOUCAULD-BAYERS,
sous-lieutenant des gardes-du-corps dans la compagnie de Noailles,
né au château de Boilivière, commune d'Apremont (Vendée), le
8 août 1760; + 13 thermidor, Vannes. *Em.* [2].

DE LA ROCHE-SAINT-ANDRÉ (Victor-Alexandre). *Aj.*, sous-lieutenant dans
Hector, né à Montaigu (Vendée), en septembre 1767. Il eut une
jambe emportée le 16 juillet et fut massacré sur le champ de
bataille [3].

DU ROCHER (G.-F.-L.). *Lire*, Yves-Claude François DU ROCHER DU ROUVRE,
cadet dans *Rohan*, né à Nantes, le 3 octobre 1770; + 9 fructidor,
Auray. *Em.* [4].

— DU ROCHER (DU QUENGO) (J.-L.). Double emploi; voir ci-dessus J.-L. Cher
du Quengo.

DES ROCHES (Pierre-Joseph). *Lire*, DE BOLINARD DES ROCHES, 55 ans,
Rançon (Haute-Vienne); + 15 thermidor, Vannes. *Em.* [5].

DE ROGNAND (Charles-César). *Lire*, DE ROYRAND, officier de marine, sous-
lieutenant dans *Hector*, né à Montaigu (Vendée) en 1765, blessé
le 16 juillet; + 12 thermidor, Quiberon. *Em.* [6].

[1] Un frère de ces deux victimes, échappé au massacre, a publié en 1819 et 1822,
deux volumes de *Mémoires* sur Quiberon. Ils étaient fils de *Jean-Louis-Alexis* de
Villeneuve La Roche-Barnaud, maréchal-des-logis des gardes-du-corps, et de N.
Deschabert, nièce du chevalier Deschabert, maréchal-de-camp et cordon-rouge sous
la Restauration.

[2] Il était le cinquième fils de *Jacques-Louis* de la Rochefoucauld, et de *Suzanne*
Poitevin du Plessis-Landri, qui fut guillotinée aux Sables-d'Olonne, pendant la Révolution, et frère cadet de *Jean*, baron de la Rochefoucauld, aide-major-général à
l'armée de Condé, puis lieutenant-général et pair de France depuis 1814, mort le
1er février 1834 et marié en émigration à *Denise-Jeanne-Catherine* de Mauroy.

[3] Il était fils de *Charles* de la Roche et de *Marquette* de Goulard, sa troisième
femme, et frère de *Victor-Alexandre*, qui fut blessé, lui aussi, le 16 juillet, mais se
sauva le 21.

[4] Il était fils d'*Yves-Françoise* et de *Marie-Françoise* Blanchard.

[5] On trouve un Bolinard brigadier des gardes d'Artois, en 1789.

[6] Il avait épousé *Émilie* de Suzaunet, dont il n'a pas eu d'enfant, et avait une sœur
mariée à *Charles-François* Guerry de Beauregard, chevalier de Malte.

De Royrand. *Aj.*, de la Roussière (Charles-Augustin), vétéran dans *Loyal-Emigrant*, oncle du précédent, né à Montaigu (Vendée), vers 1732 ; + 15 thermidor, Vannes. *Em.*

Bon de Roquefeuil. *Aj.*, Charles-Balthazard, chevalier de Malte, capitaine de vaisseau, capitaine en *du Dresnay*, né au château de Livers, commune de Salles (Tarn), le 29 septembre 1752 ; + 14 thermidor, Vannes. *Em.* [1]. (Voir p. 87.)

De Roquefeuil (Pierre-François). *Aj.*, volontaire dans *Damas*, 30 ans, né à Valence, demeurant à Villefranche-de-Rouergue ; + 11 thermidor, Auray. *Em.* [2].

De Rossel (G.-Cher). *Lire*, Christophe-Colomban, comte de Rossel, maréchal-de-camp, chevalier de Saint-Louis, ancien colonel aux carabiniers, commandant les vétérans, né le 16 juin 1726, à Sens (Yonne) ; + 13 thermidor, Auray. *Em.* [3].

De Rossel (L.-C.). *Aj.*, volontaire, né le 13 février 1774, à Sens (Yonne) ; + 8 fructidor, Vannes. *Em.* [4].

Cte de Rouault (de Gamache). *Lire*, Charles-Constant-Fortuné, colonel en second de *Damas*, 36 ans ; + 15 thermidor, Quiberon. *Em.* [5].

De Rouche. *Aj.*, combat du 16.

[1] Il était fils de *Jacques-Philippe-Joseph*, seigneur de Cahuzac et Livers, et de *Madeleine* de Boisset de Glassac. De son mariage avec *Marie-Jeanne* de Roquefeuil étaient nés trois fils et une fille. L'aîné de ses fils, *Aymar-Louis*, fut colonel du 40ᵉ de ligne, sous la Restauration. Le baron de Roquefeuil avait, en outre, trois frères et un beau-frère, également du nom de Roquefeuil. Ce dernier et l'aîné des frères ont laissé postérité. Mᵐᵉ la baronne de Roquefeuil se remaria, en 1802, avec *Jacques-Antoine-Marie* de Cazalès, le célèbre orateur de la Constituante, ci-devant capitaine au régiment de *Deux-Ponts* (dragons), et en eut un fils, l'abbé de Cazalès, représentant du peuple, pour Tarn-et-Garonne, en 1848 et 1849, et écrivain distingué.

[2] Il était fils, d'après l'arrêt, de *Jean-Baptiste* et de *Louise* Quanterie. Nous n'avons aucune donnée sur cette victime, qui n'appartenait ni aux Roquefeuil de Cahuzac, dont était le précédent, ni aux Roquefeuil des environs d'Espalion, dont était sa femme.

[3] Fils de *Charles-Christophe* de Rossel et de *Colombane* Hemard de Paron. Lui-même avait épousé *Elisabeth-Jacqueline* L'Hermite de Chambertrand.

[4] Neveu du précédent, fils de son dernier frère, *Charles-Christophe*, lieutenant de vaisseau, et de *Catherine* de Rossel, sa cousine.

[5] Il était le second fils de *Charles-Joachim*, marquis de Gamaches, colonel des grenadiers de France, et de *Jeanne Gabrielle* de La Mothe-Houdancourt, fille du maréchal de ce nom. La famille est aujourd'hui éteinte. Il n'existe aucun arrêt de condamnation au nom de Rouault ; mais il en existe un portant le nom de *Charles* Genhault, avec l'indication de colonel en second de *Damas*, qui ne peut s'appliquer qu'au comte de Rouault, et une origine suisse qu'il avait en effet alléguée pour éviter une condamnation. Des déserteurs signalèrent son rang et son grade.

De Rouche (Pierre). *Lire*, Pierre Rouch, 64 ans; ✝ 15 thermidor, Vannes. *Em.*

De la Roussille (Jacques). *Lire*, Carmemtran de la Roussille, 19 ans, Riom (Puy-de-Dôme) ; ✝ 9 fructidor, Auray. *Em.* [1].

De Rouvenac. *Lire*, Jacques L'Huillier de Rouvenac, 50 ans, Rouvenac (Aude); ✝ 13 thermidor, Auray. *Em.*

Comte de Rouvenac. *Lire*, L'Huillier, comte de Rouvenac, ancien offi-
• cier aux Gardes françaises, capitaine en *Béon*, tué le 21 juillet [2].

Cher de Roux. *Aj.*, tué ou noyé le 21.

De Rouxville (René-Charles). *Aj.*, 25 ans, Thorigny (Manche) ; ✝ 10 thermidor, Vannes. *Em.*

Le Royer (R.-E.-P.). *Lire*, René-François-Prudent, volontaire dans *Rohan*, né à Saint-Nazaire (Loire-Inférieure), le 10 avril 1773 ; ✝ 13 thermidor, Vannes. *Em.* [3].

De Russey (Pierre). *Lire*, Boucheron de Russey, capitaine d'artillerie, 45 ans, Beaune (Côte-d'Or), blessé au front par une balle, le 21 ; ✝ 15 thermidor, Auray. *Em.*

Cte de Saineville. *Lire*, Nicolas-Anne Baudot, comte puis marquis de Sainneville, chef de division des armées navales, commandeur de l'ordre de Saint-Louis, membre de l'association de Cincinnatus, 57 ans, Sainneville-sur-Seine, (Seine-Inférieure); ✝ 14 thermidor, Auray [4].

De Salvard (Jean). *Lire*, Falvard, 19 ans (Puy-de-Dôme; ✝ 9 fructidor, Auray. *Em.*

De Salvard (Jean-Jacques). *Aj.*, greffier de Berné (Morbihan), capitaine de chouans. État du général Lemoine, n° 713.

De Salvert (J.). *Lire*, Joseph-Marie-François Bernardeau de Salvert, maréchal-des-logis des gardes du-corps du roi, né vers 1730, à Millac, arrondissement de Montmorillon ; ✝ 14 thermidor, Vannes. *Em.* [5].

[1] Famille des environs de Riom. On trouve dans le Querci des Morlhon de la Roussille.

[2] Le représentant de la noblesse pour la sénéchaussée de Limoux, aux États de 1789, était le baron de l'Huillier-Rouvenac.

[3] Un de ses frères, *Clovis-Isaïe-Modeste*, né à Saint-Nazaire, le 7 novembre 1775, avait été tué, l'année précédente, à Nimègue. Famille éteinte.

[4] Il avait épousé *Marie-Elisabeth* de Jarente de La Bruyère, sœur de l'évêque d'Or-léans, et en avait une fille unique, qui épousa le comte d'Ourches.

[5] Il était fils de *François-Hyacinthe*, lieutenant-prévôt des maréchaussées du Poitou, et de *Marie-Madeleine* Gordon de la Lande. Lui-même avait épousé, en 1758, *Madeleine-Julie* de Folloux, dont il avait quatre enfants.

SANIÉ (Louis). *Aj.*, 21 ans, Balaincourt (Pas-de-Calais); + 13 thermidor, Vannes. *Déserteur*.

SANTER (Jacques). *Aj.*, laboureur, 22 ans, Penhol (Morbihan); + 23 nivôse IV. Vannes. *Ins*.

SANTER (Jean) ou SANITER, tailleur, 19 ans, Auray (Morbihan); n° 688 de l'Etat.

DE SANZILLON (Jean). *Aj.*, garde-du-corps du roi, compagnie écossaise, volontaire dans *Damas*, né au château de Jeoffrenie, commune du Bussière-Galant (Haute-Vienne), le 10 avril 1765, porté sur l'Etat du général Lemoine, n° 333, sous le nom de *Chantilloy* [1].

DE SAUVEPLANNE. Combat du 10.

DE SAINT-SAUVEUR (J.-B.). *Aj.*, ancien capitaine des chasseurs des Ardennes, 54 ans, Allier; + 13 thermidor, Vannes. *Em*.

Cher DE SAVIGNAC, *Aj.*, capitaine au régiment de Lyonnais, 29 ans, la Jonchère (Haute-Vienne); + 11 thermidor, Auray. *Em*.

Jh DE SAVIGNAC. *Aj.*, capitaine au régiment d'Artois, lieutenant en *Damas*, 38 ans, la Jonchère (Haute-Vienne); + 15 thermidor, Quiberon. *Em*. [2].

SEGUIN (Etienne). *Aj.*, combat du 21 [3].

SEMERIS (God.). *Aj.*, domestique, 31 ans, Saint-Pern-Ligouyer (Ille-et-Vilaine); 12 thermidor, Auray. *Em*.

SÉVENEAU (Mln). *Aj.*, laboureur, 24 ans, Grandchamp (Morbihan); + 6 ventôse IV, Vannes. *Ins*.

SEVENO (Pierre). *Aj.*, imprimeur, 21 ans, Vannes; + 8 fructidor, Vannes.

---

[1] Il était fils de *Jean* et de *Marguerite* David de Ventoux, et n'avait que deux sœurs. Le colonel de Sanzillon, de la première légion de gendarmerie, sous la Restauration, était son parent éloigné.

[2] Ces deux victimes avaient pour père *Charles*, seigneur de Vaux, et pour mère *Françoise* de Brie de Soumagnac. Un de leurs frères, prêtre, fut fusillé pendant la révolution. Un autre, longtemps emprisonné, s'est marié plus tard dans la maison de Brie.

[3] Cette victime était, sans doute, *Etienne-Trophime* Seguin, marquis de Reyniès, en Provence, sous-lieutenant au régiment d'Orléans, cavalerie, en 1770. Son père, qui portait les mêmes prénoms que lui, était cornette de cavalerie à Fontenoy. Sa mère se nommait *Marie* Guy. Lui-même avait épousé, en 1780, *Marguerite-Paule* de la Porte de l'Arnagole.

SEVESTRE (Pierre). *Aj.*, étudiant, 19 ans, Tournay sur Odon (Calvados);
   + 9 fructidor, Auray. *Em.*

SICO (François). *Aj.*, domestique du comte de Périgord, 21 ans, Pont-
   l'Evêque; 10 thermidor, Quiberon. *Em.*

DE SIDONE. *Aj.*, combat du 16.

DE SILLS (Jean). *Lire*, comte de LA HAYE DE SILZ, tué au combat de Granchamp, le 28 mai 1795 [1].

Mis DE SOLANET. *Lire*, Raymond SOLANET, volontaire dans *Damas*, 28 ans,
   Rodez (Aveyron); + 11 thermidor, Auray. *Em.*

Cte DE SOMBREUIL. *Lire*, Charles-Eugène-Gabriel VIREAUX, comte DE SOM-
   BREUIL, capitaine aux hussards d'Esterhazy, lieutenant général en
   1795, né au château de Leychoisier, commune de Bonnac (Haute-
   Vienne), en 1770; + 9 thermidor, Auray; exécuté le 10 à Vannes [2].

Cte DE SOULANGE. *Lire*, Claude-René PARIS DE SOULANGE, chef d'escadre,
   chevalier de Saint-Louis, lieutenant colonel du régiment d'*Hector*,
   né au château de la Preuille, en Saint-Hilaire de Loulay (Vendée),
   le 18 août 1736, blessé le 16; + 13 thermidor, Auray. *Em.*
   Voir p. 92.

SOURISSOT (Jean). *Lire*, Joseph SOURISSEAU, marin, 47 ans, Toulon (Var);
   + 18 fructidor, Vannes [3].

DE SOUYN (Antoine-Louis). *Aj.*, DES TOURNELLES, 21 ans, Reims; + 9 fructidor, Vannes. *Em.* [4]

STÉVAN (François). *Aj.*, laboureur, 27 ans, Noyal-Muzillac (Morbihan); +
   29 nivôse, Vannes. *Ins.*

Victe DE SAINTE-SUZANNE. *Lire*, Bonaventure-Corentin DE MAUCONVENANT,
   vicomte DE SAINTE-SUZANNE, sous-lieutenant en *du Dresnay*, 26 ans,

---

[1]   Le combat de Granchamp avait eu lieu avant l'expédition de Quiberon. Peut-
être l'inscription vise-t-elle *Jean* de la Haye, officier de marine, né à Vannes en 1757
et condamné à Auray le 11 thermidor; mais cette victime était La Haye de Kerlouis,
et non La Haye de Silz. Nous la rétablirons au *Supplément.*

[2]   Voir p. 92. Charles de Sombreuil allait épouser Mlle de la Flache (depuis
Mme d'Haussonville) au moment de sa mort. Sa famille étant éteinte, Louis XVIII
autorisa le fils de son héroïque sœur, le comte *Jules-Gaspard-Emmanuel* de Villelume, à ajouter au nom de Villelume celui de Sombreuil.

[3]   Son père, maître serrurier, était né à Corsept (Loire-Inférieure), et s'était marié
à la Seyne, près de Toulon.

[4]   Son père était maréchal-de-camp. Lui-même n'avait que des sœurs. Famille
éteinte.

Coutances (Manche), blessé le 16 juillet, mort de ses blessures ou massacré sans jugement [1].

DE TAILLARD. Combat du 16 juillet.

DE TALHOUET père (René-Charles). *Lire*, René-Claude-Jérôme, comte de TALHOUET-GRATIONNAYE, colonel d'infanterie, chevalier de Saint-Louis, lieutenant-colonel en *du Dresnay*, né à Quimperlé le 2 février 1733, blessé le 16 juillet et massacré sur le champ de bataille. *Em.* [2].

DE TALHOUET fils (Claude-Vincent-Marie), *Lire*, Claude-Louis-Vincent-Marie de TALHOUET-GRATIONNAYE, sous-lieutenant en *du Dresnay*, né à Nantes, le 15 mars 1775; + 10 fructidor, Vannes. *Em.* [3].

TARDIVET (Jean-Baptiste). *Aj.*, enseigne au régiment de *Rohan*, 25 ans, Saint-Léonard (Haute-Vienne); + 15 thermidor, Quiberon. *Em.* [4].

DE TASSY (Auguste). *Aj.*, sous-lieutenant au régiment d'*Hervilly*, 21 ans, Marseille; + 15 thermidor, Vannes.

TEMPIÉ (J.), ou TEMPIEN. *Aj.*, conscrit de la réquisition, Josselin (Morbihan). Etat du général Lemoine, n° 704.

TEISSELIER (J.-Fr.). *Lire*, FESSELIER, étudiant, sergent en *du Dresnay*, 20 ans, Erbrée (Ille-et-Vilaine); + 10 thermidor, Quiberon. *Em.* [5].

---

[1] Son oncle, le marquis de Sainte-Suzanne, était capitaine au régiment, mais faisait partie du dépôt en Angleterre; il succéda au comte de Talhouët comme lieutenant-colonel. Le vicomte était marié et avait une fille qui s'est alliée depuis dans la maison de Choiseul-Praslin.

[2] Voir p. 93. Le comte du Bourblanc, un des blessés du 16, nous a conservé un mot du comte de Talhouët, dans cette journée néfaste où il devait trouver la mort. Quelques jeunes officiers réclamant, comme un privilège de leur âge, les postes les plus périlleux : « Nous sommes tous du même âge aujourd'hui », leur répondit le vieux colonel. Trois des enfants du comte de Talhouët ont laissé postérité, savoir : 1° *Henri-Jacques-Louis-Marie*, marié, le 25 novembre 1818, à *Olympe-Charlotte* Guerry de Beauregard, nièce par son père et par sa mère, *Pélagie* de Royrand, de quatre victimes de Quiberon; 2° *Marie-Catherine-Julie*, née le 6 mars 1776, mariée, le 6 mars 1802, à *Jacques-Antoine* Maillard de la Gournerie; et 3° *Anne-Marie-Agathe-Justine*, né le 28 janvier 1791, mariée, le 19 janvier 1813, à *Adrien* de Mauduit du Plessis. — Trois des descendants du comte de Talhouët ont été mortellement frappés, comme lui, sur des champs de bataille : *Paul* de la Gournerie, dans la Kabylie, le 13 mai 1851; *Paul* de Mauduit et *Antoine* de la Gournerie, à Loigny et à Droué, les 2 et 17 décembre 1870.

[3] Fils aîné du précédent. Voir pp. 33, 35 et 201.

[4] On le croit frère du garde-du-corps *du Repaire*, dont le nom était *Tardivet*, qui sauva la reine au 6 octobre et devint maréchal-de-camp sous la Restauration.

[5] Il avait émigré avec le curé et le vicaire d'Erbrée, et servait comme sous-officier à Quiberon. Sa famille existe encore.

TESSIER (Jacques). *Aj.*, menuisier, volontaire dans *Périgord*, 27 ans, Dordogne ; + 11 thermidor, Auray. *Em.*

DE THERME (François-Louis). *Lire*, DE LA BARTHE DE THERMES, né le 13 septembre 1756, à Mirande (Gers) ; + 13 thermidor, Auray. *Em.* [1].

DE THERMES (J[h]). *Lire*, DE LA BARTHE DE THERMES, lieutenant au régiment d'Aquitaine, 18 ans, Simorre (Gers) ; + 13 thermidor, Auray. *Em.* [2].

THEVENON (Jean). *Aj.*, cultivateur, 27 ans, Isère ; + 11 thermidor, Auray. *Em.*

THIBAULT (B.-E.-D.). *Lire*, Amé-François-Dominique THIBAULT-MARAIS, garde-du-corps, 40 ans, Martigny (Calvados) ; 11 thermidor, Vannes. *Em* [3].

THOMAS (Jean-Baptiste). *Aj.*, imprimeur, 36 ans, Caen (Calvados) ; + 21 nivôse IV, Vannes.

THOMAS (Jean-Baptiste). 21 ans, Saint-Pol (Pas-de-Calais), 13 fructidor, Auray. *Em.*

THOMASSIN (Jean). *Aj.*, militaire 30 ans, Saint-Ouen-la-Rouërie (Ille-et-Vilaine) ; + 23 nivôse IV, Vannes. *Em.*

THOMAZEAU (Jacques). *Aj.*, maréchal-ferrant, 30 ans, Baden (Morbihan) ; + 6 vendémiaire IV, Vannes. *Ins.*

THOMAZEAU (Michel). *Aj.*, maréchal-ferrant, 60 ans, Baden (Morbihan) ; + 6 vendémiaire IV, Vannes. *Ins.*

Cte DE TINTÉNIAC. *Aj.*, Vincent, ancien chevau-léger de la garde du roi, tué au combat de Coëtlogon, le 18 juillet 1795 [4].

TISSOT (François). *Aj.*, 21 ans, Savoie ; 9 fructidor, Vannes. *Em.*

TOSSENE (Etienne). *Aj.*, 17 ans, Vannes ; + 8 fructidor, Vannes. *Ins.*

---

[1] Fils d'*Antoine* de la Barthe, comte de Thermes et de *Claude* de Brethous.

[2] Fils de *Joseph*, s[r] de Valentine, et de *Marie-Marguerite* de la Hitte. Les deux La Barthe de Thermes étaient cousins éloignés.

[3] Son arrêt de condamnation le dit fils de *René-Elie* et de *Fleury de Suerrié*.

[4] *Vincent* de Tinténiac était le second fils de *René-Auguste*, marquis de Tinténiac, capitaine aux gardes françaises, et d'*Anne-Antoinette* de Kersulguen. Il avait pour frère aîné *Hyacinthe-Joseph-Jacques*, marquis de Tinténiac, lieutenant-général et cordon-rouge en 1819, marié à *Marie-Yvonne-Xaverine-Guillemette* de Kersauson, dont un fils et quatre filles : Mesdames de Quélen, Le Bihan du Pennelé, de Saint-Roman et de Moyria. Une sœur de *Vincent* de Tinténiac, nommée *Anne-Josèphe*, avait épousé en 1772 *Guillaume-Bonaventure* du Breil de Rais. Ses descendants habitent Quimerc'h, près de Banalec.

DE LA TOUR (J.-L.). *Lire*, Jean-Etienne GINOUVEZ DE LA TOUR, caporal dans *Loyal-Emigrant*, 33 ans, Clermont (Hérault); ✝ 15 thermidor, Quiberon. *Em.*

DE TRAISSAC. *Aj.*, François, lieutenant au régiment d'*Hervilly*. *Em.*

TRAVAILLÉ (Guy). *Aj.*, conscrit de la réquisition, La Prenessaye (Côtes-du-Nord). *Ins.* N° 706 de l'État.

TRÉ (Mathurin). *Aj.*, tisserand, 28 ans, Plumélin (Morbihan); ✝ 26 nivôse, Vannes. *Ins.*

DE TRÉCESSON. *Lire*, CARNÉ DE TRÉCESSON, capitaine de vaisseau, chevalier de Saint-Louis, commandant la compagnie des élèves de la marine au régiment d'*Hector*, tué le 16 juillet. *Em.* [1].

DE TREION. *Aj.*, tué ou noyé le 21. *Em.*

DE TRÉVOU (J^h). *Lire*, Joseph-Jean-Baptiste DU TRÉVOU, lieutenant de vaisseau, lieutenant dans *Hector*, né au château de Trofuntenion, en Ploujean (Finistère), le 1er juin 1764; ✝ 14 thermidor, Vannes. *Em.* [2].

DE TRÉOURET. *Lire*, Toussaint LE BIHAN DE TRÉOURET, lieutenant de vaisseau, lieutenant en *du Dresnay*, 38 ans, Morlaix, blessé le 16 juillet, mort de ses blessures. *Em.*

DE TRISTAN L'HERMITE. Volontaire dans *Périgord*, tué le 21 juillet [3].

DE TRONJOLY (F.-V.). *Lire*, François-Urbain L'OLLIVIER DE TRONJOLY, lieutenant de vaisseau, lieutenant dans *Hector*, né au château de Tronjoly, en Gourin (Morbihan), le 6 octobre 1761, blessé le 16 juillet; ✝ 14 thermidor, Vannes, *Em.* Voir p. 64 et 65.

---

[1] *Gilles-Jacques-Pierre* de Carné-Trécesson avait épousé *Perrine*, marquise de Coëtlogon. La victime de Quiberon devait provenir de ce mariage. Cette branche de Carné avait pris, par suite d'alliance, le nom et les armes de Trécesson, depuis la fin du XVe siècle. Un autre Carné, *Louis-Marie* de Carné-Marcein, né à Brest, le 3 août 1769, se trouvait à Quiberon comme sous-lieutenant dans *du Dresnay*. Il parvint à se sauver le 21. C'était le père de M. le comte de Carné, membre de l'Académie française.

[2] Il était fils de *Joseph* du Trévou, comte de Brefeilhac, officier au régiment du roi, et de *Marguerite* Jégou de Boizalin. Son frère aîné, capitaine de vaisseau, fut emprisonné révolutionnairement au château du Taureau, dans la baie de Morlaix, et y mourut assassiné, dit-on. Deux de ses neveux, fils d'un autre frère, sont décédés sans enfants. Une de ses sœurs s'est alliée dans la maison Le Lay de Kermabain; l'autre est décédée en 1801, sans alliance. Enfin la troisième fille de Mme de Kermabain a épousé un des fils de M. de Kéréver, autre victime de Quiberon, dont postérité. Voir KÉRÉVER.

[3] Frère du célèbre chef de chouans, qui fut assassiné dans les rues de Laval, en 1795.

DE LA TROUPELINIÈRE (Nicolas). *Lire*, THOREL DE LA TROUPELINIÈRB, sous-lieutenant de vaisseau, Lisieux. N° 221 de l'État.

DE TUSSEAU. *Lire*, Charles-René DE TUSSEAU DE MAISONTIERS, capitaine de grenadiers au régiment provincial de Poitiers, chevalier de Saint-Louis, né au château de Maisontiers, canton de Saint-Loup (Deux-Sèvres), le 1er juillet 1739; blessé à Quiberon et mort de ses blessures, le 3 avril 1796. [1]

D'USTON. *Aj.*, combat du 16 [2].

LE VAILLANT (Charles-Éloi). *Aj.*, 34 ans, Beaumont-le-Roger (Calvados); ✝ 10 thermidor, Quiberon. *Em.*

LE VAILLANT (Hubert). *Aj.*, volontaire dans *Loyal-Emigrant*, 32 ans, Bezancourt (Seine-Inférieure); ✝ 11 thermidor, Auray. *Em.* [3].

LE VAILLANT (Paul). *Lire*, Paul LE VAILLANT DE LA FERRIÈRE, fils du suivant, sergent dans *du Dresnay*, 14 ans, Caen (Calvados); grièvement blessé le 16 juillet; ✝ 8 fructidor, Vannes. *Em.*

LE VAILLANT (T.-P.-H.). *Lire*, Paul-François-Hyacinthe LE VAILLANT DE LA FERRIÈRE, lieutenant en *du Dresnay*, chevalier de Saint-Louis, 45 ans, Caen (Calvados); mortellement blessé le 16 juillet (plusieurs balles dans la poit.ine).

DE VAN DÈGRE. *Aj.*, ancien sous-lieutenant aux dragons de Boufflers. Combat du 16 [4].

VANDENNE (François). *Lire*, WANDONNE, tisserand, volontaire dans *Béon*, 26 ans, Avroult (Pas-de-Calais); ✝ 10 thermidor, Quiberon. *Em.*

VANOCHE (Guillaume). *Aj.*, 24 ans, Saint-Omer (Pas-de-Calais); ✝ 13 thermidor, Vannes. *Déserteur*.

DE VANTEAUX (Matthieu). *Lire*, FAULTE DE VANTEAUX, capitaine au régiment de Picardie, chevalier de Saint-Louis, fourrier de la compagnie des vétérans de l'   aitre, né à Limoges, le 29 avril 1730, blessé, puis condamné   11 thermidor à Vannes. *Em.* [5].

[1] Fils de *Louis-Sylvain* et de *Renée-Françoise* Regnault. Il avait épousé lui-même, en 1773, *Jeanne-Nicolle* Coyreau, dont postérité.

[2] Famille languedocienne, dans laquelle s'allia l'un des frères du baron de Roquefeuil, autre victime de Quiberon.

[3] *Charles-Éloi* et *Hubert* Vaillant sont indiqués comme *verriers* par l'État du général Lemoine.

[4] Nous trouvons *François de Malet*, marquis de Vandègre, capitaine au 11e chasseurs, en 1819.

[5] Il était fils de *Pierre* Faulte, seigneur du Puy du Tour, en Limousin, et de *Marie-Thérèse* Gareil de Nedde. Lui-même avait épousé *Marie de Breties*, fille du marquis du Cros, dont il avait deux fils et une fille. On cite cette réponse de M. de Vanteaux à quelques-uns de ses camarades, qui l'engageaient à s'éloigner à cause de son âge : — « Croyez-vous que les vétérans ne puissent pas se battre et mourir? »

DE VARIN (Louis-Guillaume), garde-du-corps de Monsieur, volontaire en *Damas*, 16 ans, Bonneuil (Oise) ; + 10 thermidor, Quiberon. *Em.*

DE VASCONCELLES (Louis), capitaine au régiment de Foix, 41 ans (Eure-et-Loir) ; + 11 thermidor, Auray. *Em.*

Cher DE VASSAL. *Lire*, Armand-Augustin DE VASSAL SAINT-GÉLY, lieutenant au régiment de Rohan-Soubise, puis en d'*Hervilly*, chevalier de Saint-Lazare, né au château de Péchaurier, commune des Arques (Lot), en 1756. N° 360 de l'État. *Em.* [1]

VASSEUR (Clotaire-François), ouvrier, volontaire dans *Béon*, 20 ans, Verchin (Pas-de-Calais) ; + 10 thermidor, Quiberon. *Em.*

LE VASSOR (Etienne). *Aj.*, ancien domestique de Mgr de Lubersac, évêque de Chartres, 30 ans, Morancez (Eure-et-Loir) ; + 11 thermidor, Auray. *Em.*

DE VASSY. *Aj.*, Alexandre, major en second en d'*Hervilly*, 38 ans, Brecey (Manche) ; + 16 thermidor, Vannes. *Em.*

DE VAUCASSEL (Louis). *Aj.*, ancien capitaine dans Berry, infanterie, Avesne (Nord). N° 21 de l'État.

VAUDIN (François). *Aj.*, domestique, 43 ans, Champagne ; + 15 thermidor, Quiberon. *Em.*

DE VAUJUAS. *Lire*, Jérôme-François TRETON DE VAUJUAS, capitaine au régiment de Royal-Comtois, infanterie, capitaine dans *Rohan*, né à Mayenne, le 25 novembre 1757 ; + 15 thermidor, Quiberon, *Em.* [2]

DE VAUQUELIN (François). *Lire*, Gabriel-François, 19 ans, Anneville (Manche) ; + 13 thermidor, Vannes. *Em.*

DE VAUQUELIN (Paul). *Lire*, Paulin, 21 ans, Anneville (Manche) ; + 8 fructidor, Vannes. *Em.*

VAUTRIN. *Aj.*, lieutenant au régiment d'*Hervilly*. Combat du 16. [3]

DE VAUX (JOURDA) (Jean-Louis). *Lire*, JOURDA DE VAUX, lieutenant au

---

[1] Cinquième fils de *Pierre-Marie Vassal*, sieur de Saint-Gély et de Péchaurier, et de *Marie-Anne Le Lard de Rigoulières*, lesquels eurent onze enfants, dont trois chevaliers de Malte, trois prêtres, une chanoinesse et trois religieuses.

[2] Son père, *François Treton de Vaujuas*, avait épousé *Marguerite-Elisabeth Le Frère de Maisons*, dont il avait eu trois enfants. L'aîné, *Jacques-François-René*, major d'infanterie, chevalier de Saint-Louis, épousa *Emilie-Charlotte de Langan*, fille du marquis de Boisféurier, dont ses fils ont relevé le nom ; le second était la victime ; le troisième, *François-René-Charles*, lieutenant de vaisseau, avait péri dans l'expédition de la Pérouse.

[3] Un Vautrin servait comme lieutenant aux dragons de *Colonel-Général*.

45° régiment d'infanterie, 32 ans, Chamelière (Haute-Loire) ; ✝
13 thermidor, Auray. *Em.* [1].

De Veaucassel. *Aj.*, combat du 16. Il y avait deux capitaines de ce nom
en Berry, infanterie, en 1779.

De Vélard (L^is^). *Lire*, Louis-François-Philippe, né au château de Chaussy,
près de Pithiviers, 7 janvier 1776 ; ✝ 8 fructidor, Vannes. *Em.* [2].

De Vence (J.-B.). *Aj.*, 32 ans, Eterre (Nord) ; ✝ 11 thermidor, Auray. *Em* [3].

De Verbois. *Aj.*, combat du 21.

Du Vergier. *Aj.*, Jacques-Marie-Olivier, lieutenant de vaisseau, capitaine
de grenadiers en *du Dresnay*, né à Quimperlé, le 15 juillet 1763,
tué le 16 juillet 1795. *Em.* [4].

De Vérine (Guy). *Aj.*, combat du 16. (*L'Annuaire de la Marine* cite un
Guy de Vérine *garde du pavillon* en 1779.)

Verne. *Aj.*, combat du 16.

Cher de Verne. *Aj.*, tué ou noyé le 21.

De Verne (J. F.-G.-A). *Lire*, Jean-François-Gabriel-Achille du Verne
de Lanty, 35 ans, Jailly (Nièvre) ; ✝ 13 thermidor, Auray. *Em.*

Cte de Viart. *Lire*, Jean-Jacques-François-Catherine de Viart, major de
vaisseau, chevalier de Saint-Louis, officier dans *Hector*, né le
5 août 1745, tué le 16 juillet. *Em.* [5].

---

[1] Il était fils de *Claude* Jourda le Vaux et de *Madeleine* de la Rochenegly, et parent de *Noel* Jourda, comte de Vaux, maréchal de France en 1783. Deux branches de cette famille existent encore. L'une d'elles était représentée à Mentana par *Arthur* Jourda de Vaux de Folletier.

[2] Il était fils de *Louis-Gaspard*, seigneur de Chaussy et ancien chevau-léger, et d'*Henriette* Prouvansal de Saint-Hilaire. L'un de ses frères fut mortellement blessé à Eylau ; un autre, *Georges-Camille*, marié, en 1810, à *Anne-Honorine*, fille du marquis de Hallot, a continué la filiation.

[3] Le nom sur le répertoire du greffe est écrit *Duvenne*. Ailleurs nous lisons *de Vamme*. Rien ne semble donc indiquer que cette victime appartint à la grande famille provençale de Villeneuve-Vence.

[4] Son père, *Jean-Marie* du Vergier, s^r^ de Kerhorlay, lieutenant de vaisseau, chevalier de Saint-Louis, avait épousé *Marie-Josèphe* du Couédic. Lui-même s'était marié à une fille du capitaine de vaisseau de Baudrand, l'une des victimes de Quiberon (*Rose-Madeleine* de Baudrand), et il en avait un fils. L'un de ses frères, *Bonaventure*, se trouvait à Quiberon comme officier dans *Royal-Louis* ; il se sauva le 21, prit du service dans le régiment de *Stuart* et fut tué à Saint-Jean d'Acre. Son second frère, *Jean-Marie*, filleul de l'illustre du Couédic, a laissé plusieurs enfants qui habitent Quimperlé et Saint-Pol. *Jacques* du Vergier avait, en outre, six sœurs, dont cinq étaient religieuses ; la quatrième, *Marie-Josèphe*, est morte sans alliance.

[5] Il était fils de *Jacques-Joseph*, seigneur de la Mothe d'Usseau, et de *Marie-Michelle* du Tiers. Marié lui-même à *Marie-Henriette* Nicolas de Voutron, il en eut un fils unique, *Henri-François-Catherine*, qui viendra après son cousin.

De Viart (Charles). *Lire*, Charles-Henri DE VIART DE LA MOTHE D'USSEAU, élève de la marine, né le 11 novembre 1773, à la Mothe d'Usseau, près du Châtellerault (Vienne); + 9 fructidor, Auray. *Em.* [1].

De Viart (Henri). *Lire*, Henri-François-Catherine DE VIART, élève de la marine, né à Rochefort (Charente-Inférieure), le 21 janvier 1773; + 9 fructidor, Auray. *Em.*

Vichart (François). *Aj.*, officier. N° 331 de l'État. Il y est noté comme étant de Schélestadt (*Aveyron?*).

De Vidampierre (Jean-Joseph-Antoine). *Lire*, DE CARDON DE VIDAM-PIERRE, capitaine au régiment de Touraine, lieutenant dans *Damas*, né à Metz le 1er novembre 1758; + 15 thermidor, Quiberon. *Em.* [2].

De Videau. *Lire*, François VIDEAU DE LA BARRE, garde-du-corps, 54 ans, Veyrac (Haute-Vienne); + 15 thermidor, Vannes. *Em.* [3].

— Vido (François). Double emploi; voir le précédent.

Du Vigno jeune (Louis-Joseph). *Lire*, DU VIGNAUX le jeune, volontaire dans *Damas*, 26 ans, La Rochelle; + 11 thermidor, Auray. *Em.* [4].

De Villarcy. *Lire*, CANEL DE VILLARCY, lieutenant du génie, tué le 16. *Em.*

---

[1] Voir ci-dessus, p. 22, une admirable lettre de Charles de Viart; Henri était son cousin germain; le major de vaisseau était son oncle. Le père de Charles, vieux chevalier de Saint-Louis, est décédé, sous la Restauration, à Poitiers. Sa fille et unique héritière, *Françoise de Viart de la Mothe d'Usseau*, supérieure générale de la Congrégation de Piepus, de 1829 à 1845, a légué à sa communauté le beau château de la Mothe, à trois heures de Châtellerault, que sa famille possédait depuis le commencement du XVIII° siècle; ce château est devenu le lieu de retraite des missionnaires épuisés par les travaux de l'apostolat chez les infidèles.

[2] Il était petit-fils du gouverneur des princes de Lorraine. Son père, *Jean-Joseph-Antoine*, avait épousé *Marguerite* Floquet, dont il avait trois enfants : 1° la victime; 2° un autre fils qui, de son mariage avec *Louise-Joséphine* de Cherisey, n'a eu qu'une fille, la baronne de Morand, et 3° une fille, la vicomtesse de Béthune, morte à Pont-à-Mousson, sans enfants. La victime de Quiberon écrivit d'Auray à son oncle, le marquis de Vidampierre, à la date des 27 et 30 juillet, une lettre qui peut se résumer en ces deux mots : « Je compte peu sur les hommes; j'espère davantage en la miséricorde de Dieu. »

[3] Il avait épousé N. de Magnac-Saint-Priest, dont il n'avait pas d'enfants. Le jour même de sa mort, il écrivit à sa famille : « Je viens de terminer ma carrière, chers parents et amis, ce 2 août 1795. Je meurs sans reproches, que pour la forme, envers ma patrie. Je désire que ma fin la rende heureuse.... Je l'ai aimée et je meurs en l'aimant. Je vous recommande mon âme; je vous embrasse tous, *je suis pressé.* »

[4] Fils de *Marc-Antoine* du Vignaux, capitaine de canonniers garde-côtes, et de *Marie-Aimée* Bisson. Il y avait, en 1787, trois officiers du génie de ce nom, dont l'un, maréchal-de-camp, et un autre, du Vignau *le jeune*, sous-brigadier.

DE VILLAVICENCIO (Charles-Joseph). Ancien capitaine commandant au
régiment de Bresse, capitaine dans *Périgord*, 57 ans, département
du Nord; ✝ 13 thermidor, Vannes. *Em.* [1]. Voir p. 14.

--- DE VILLE. Double emploi; voir COLLART DE VILLE.

DE VILLEDIEU (Hippolyte). *Lire*, Jean-Baptiste-Pierre-Hippolyte DE SALVE
DE VILLEDIEU, élève de la marine, né à Manosque (Basses-Alpes), le
23 juin 1777; ✝ 12 fructidor, Auray. *Em.* [2].

VILLEGOURIO (Le Vicomte). *Lire*, Joseph-François-Toussaint-Charles LE
VICOMTE DE LA VILLEGOURIO, lieutenant de vaisseau, sous-lieutenant
dans *Hector*, né à Morieux (Côtes-du-Nord), le 1er février 1767; ✝
16 thermidor, Quiberon. *Em.* [3].

DE LA VILLEHELIO (F.-A.). *Lire*, DE COURSON DE LA VILLEHELIO, lieutenant de vaisseau, chevalier de Saint-Louis, né à Plouha (Côtes-du-
Nord), vers 1753; ✝ 15 thermidor, Vannes. *Em.* [4].

DE VILLENEUVE (Henri). *Lire*, Henri-Guillaume-Sauveur-Eutrope DE VIL-
LENEUVE-FLAMALENS, né à Lavaur (Tarn), le 30 avril 1768; ✝ 13
thermidor, Vannes. *Em.*

VILLENEUVE (Pierre). *Lire*, Jean-Baptiste-Sévère-Marcellin DE VILLENEUVE-
VERRAYON, officier au régiment d'Artois, né à Lorgues (Var), le
8 novembre 1769; ✝ 8 fructidor, Vannes. *Em.* [5].

---

[1] Famille d'origine espagnole, fixée dans la Flandre. Nous avons vainement
cherché des détails sur cette intéressante victime et sur sa courageuse femme; tout
ce que nous avons pu savoir, c'est qu'il y avait à Cambrai, en 1830, une vieille dame
de Villavicencio, qui était la seule en France, désormais, disait-elle, à porter le nom.
Elle était belle-sœur de la victime et avait eu huit enfants. Il y avait deux Villavicencio au régiment de Bresse.

[2] Son père. *Joseph-Gabriel-Pancrace*, officier supérieur d'infanterie, avait épousé
Madeleine-Jeanne-Dorothée de Gaspaud, dont il avait cinq fils. Le jeune Salve,
embarqué sur la *Perle*, et emmené par les Anglais lorsqu'ils quittèrent Toulon, s'en-
gagea ensuite dans le régiment d'*Hector*. Il eût pu se sauver en déclarant, comme
bien d'autres prisonniers de guerre, qu'il avait été enrôlé de force; il s'y refusa. Ce
que j'ai écrit à la page 51 doit être rectifié en ce sens.

[3] L'un de ses frères. *Louis-Marie*, cadet dans *Rohan*, se sauva de l'hôpital d'Auray;
ils étaient fils de *Thomas-Bernard-Toussaint* Le Vicomte, seigneur de la Villegourio,
et d'*Anne-Charlotte-Vincente* Gaibert, lesquels avaient eu onze enfants. L'un des fils
fut tué à la Moskowa, et sur cinq fils, il n'est resté de postérité masculine que d'un
seul.

[4] Il était fils de *Jean-René*, seigneur de la Villehélio, chevalier de Saint-Louis, et
de *Louise-Marcelle* de Courson de Kermenguy; il avait fait brillamment la campagne
de l'Inde. L'un de ses frères, mort contre-amiral, a continué la filiation.

[5] Il était fils d'*Antoine-François* de Villeneuve-Mons, marquis de Mons, seigneur
de Verrayon, et de *Marthe* Maunier de Sausse du Castelet. Les Villeneuve-Mons sont
une branche cadette des Villeneuve-Bargemont.

De la Villéon (Louis). *Lire*, Innocent-Anne-Louis DE LA VILLELOAYS DE LA VILLÉAN, lieutenant de vaisseau, chevalier de Saint-Louis, né à Pontivy le 20 août 1753 ; + 12 thermidor, Quiberon. *Em.* [1]

De la Villevalio (A.-L.). *Lire*, Toussaint-Léonard DE LA VILLÉON DE LA VILLEVALIO, major au régiment d'Anjou, commandant à Quiberon le régiment de *Rohan*, né à Lamballe le 30 octobre 1766 ; + 15 thermidor, Quiberon. *Em.* Voir p. 68.

Vic^to DE LA VILLEVOLETTE. *Lire*, Jean-Baptiste-Pierre-Etienne LE VICOMTE DE LA VILLEVOLETTE, lieutenant de vaisseau, lieutenant dans *Hector*, né à Saint-Brieuc le 29 décembre 1752 ; + 15 thermidor, Vannes. *Em.* [2]

Vimar (Urbain-Claude) ou Vir (Urbain-Claude), chirurgien, 58 ans, Sedan (Ardennes) ; + 11 thermidor, Auray. *Em.*

De Violaine (J.-A.-G.). *Lire*, Jean-Ambroise-Isaac, 50 ans, Mailly-la-Ville (Yonne); + 13 thermidor, Auray. *Em.* [3]

— Cher DE LA VIOLAYE. Double emploi, voir BERTHOU.

Visdelou (H^le). *Lire*, Hercule VISDELOU DE BÉDÉE, lieutenant au régiment de *Rohan*, né au château de Bédée (Ille-et-Vilaine), en 1771 ; + 13 thermidor, Auray. *Em.*

De Vissel (Pierre-Nicolas). *Lire*, DE WISSEL, officier de marine, 50 ans, Issoudun (Indre) ; + 11 thermidor, Auray. *Em.* [4]

Voisin (Jean-Louis). Brigadier au 14e régiment à cheval, Pircy (Doubs). Etat du général Lemoine, n° 705.

De la Voltais (Louis-Marie). *Lire*, PRÉVOST DE LA VOLTAIS, lieutenant de vaisseau, chevalier de Saint-Louis, sous-lieutenant dans *Hector*, 40 ans, Ploërmel, blessé le 16 ; + 12 thermidor, Quiberon. *Em.* Voir p. 38.

Voumard. *Aj.*, combat du 21.

Wamelle (J.-F.). *Aj.*, D'ENNEVAL, 70 ans, Vimoutier (Orne); + 25 fructidor, Vannes. *Em.*

---

[1] Il était fils de *Jean-Marie* de la Villeloays, ancien sénéchal de Rostrenen, et de *Reine* Baron du Taya. De deux frères et trois sœurs qu'il avait, il ne reste aujourd'hui que la descendance d'une sœur, Mme Le Métayer de Kerdaniel. Voir p. 23.

[2] De la même famille que les Le Vicomte de la Houssaye et de la Villegourio. Il était fils de *Jean-Baptiste* et de *Reine* de Triac.

[3] Un zouave pontifical de ce nom, plus tard officier aux mobiles du Loiret, dont la famille habite le château de l'Augerie, près de Lorris.

[4] Famille d'origine allemande fixée dans le Berry et qui y était représentée, sous la Restauration, par *Charles-Henri-Hubert*, baron de Wissel, officier des gardes-du-corps, marié à *Madeleine-Antoinette-Albine* de la Mire-Mory, dont postérité.

WAREIN (Pierre). *Aj.*, cultivateur, 26 ans, Merville (Nord) ; ✝ 13 thermidor, Vannes. *Em.*

WIBAUX (Honoré). *Aj.*, laboureur, 23 ans, Eterpigny (Pas-de-Calais) ; ✝ 12 thermidor, Auray. *Em.*

WOLF (Jean-Nicolas). *Aj.*, domestique du comte de Rochebrune, 44 ans, Dieuze (Meurthe) ; ✝ 11 thermidor, Auray. *Em.*

YOT (Pierre). *Aj.*, marin, 31 ans, Ploërmel ; ✝ 13 thermidor, Vannes. *Ins.*

Les noms suivants forment appendice sur le mausolée.

PROUX (Pierre). *Aj.*, ancien huissier à Auray, 37 ans ; ✝ 12 thermidor, Auray. *Ins.*

— Deux frères DE BOTCOUARD. — Double et triple emploi. Voir AUBIN.

DE BRAY (Hⁱ-Mⁱⁿ). *Aj.*, militaire, 26 ans, Amiens (Somme); ✝ 15 thermidor, Quiberon. *Em.*

— DE CARHEIL. Double emploi ; voir au *C.*

DE FALVARD (François). *Aj.*, combat du 21.

— DE KERLEREC Jean-Marie-Joseph). Double emploi ; voir KERLEREC.

Ch^{er} DE NAVAILLES (Charles). *Aj.*, capitaine au régiment d'Orléans, cavalerie, major en d'*Hercilly*, 28 ans ; ✝ 15 thermidor, Vannes. *Em.* [1].

DE PRÉSEAU (Ferdinand-Joseph). Disparu le 21. [2].

— L'Abbé DE LA HEUSE. Double emploi ; voir P.-A. DE LA HEUSE.

---

[1] Son frère, *Paul-Elisabeth*, comte de Navailles, seigneur de Labatut en Béarn, avait épousé, le 27 juillet 1788, *Pauline* de Clappier de Grasse-Cabris, nièce du vicomte de Mirabeau.

[2] L'annuaire de 1789 porte un Préseau de Dompierre parmi les inspecteurs-généraux de la maréchaussée. Une famille angevine de ce nom s'était alliée, en 1700, aux Rougé. Le même nom avait été porté par une famille nantaise, qui comptait un chevalier de Malte en 1585.

SUPPLÉMENT A LA LISTE DU MAUSOLÉE

—

Cher DU BOISBOISSEL, élève de la marine, de Guingamp (Côtes-du-Nord); blessé mortellement le 16 juillet [1].

DE BRIE (THOMAS), 23 ans, La Roche (Dordogne); + 10 thermidor, — Quiberon. *Em.*

CAQUERAY DE L'ORME, blessé à Quiberon, mort à Jersey. *Em.* [2].

LE CAUCHOIS (Jacques), 21 ans. Aumale (Seine-Inférieure); + 11 thermidor, Auray. *Em.* N° 120 de l'Etat.

CHEVALIER (François), laboureur, 19 ans, Marzan (Morbihan); + 26 fructidor, Vannes.

DE COURSON DE LA BELLE-ISSUE (François), né le 20 janvier 1762, au château de la Belle-Issue (Côtes-du-Nord); + 15 thermidor, Vannes. *Em.* Porté sur l'État, au n° 222, sous le nom de François *Courchon* [3].

CROELER (Vincent), laboureur, 27 ans, Sarzeau (Morbihan); + 29 fructidor, Vannes.

DENNEBY (Michel), laboureur, 19 ans, Ver (Calvados); + 8 fructidor, Vannes. *Em.*

---

[1] « Le chevalier du Boishoissel avait reçu une balle dans la tête, qui lui avait ôté la parole: il fut sauvé, mais périt à bord d'un transport dans la traversée de Quiberon à Southampton. Boisboissel est mort à mes côtés. Il avait conservé toutes ses facultés morales et se faisait comprendre par signes. » (*Lettre de M. de Gouzillon*, en date du 18 février 1833). La famille du Boishoissel compte aujourd'hui parmi ses représentants un honorable député des Côtes-du-Nord.

[2] *Mémoires sur l'expédition de Quiberon*, par Louis-Gabriel de Villeneuve La Roche-Barnaud, t. Iᵉʳ, p. 183. Pour les autres Caqueray, voir BAVIÈRE et CAQUERAY.

[3] Voir ci-dessus KERNESCOP et VILLEHÉLIO. François avait pour père *François*, seigneur de la Belle-Issue, en Plouha, et pour mère *Jeanne* de Marbré. Les communes de Plouha, Trémeloir, Plélo, avaient beaucoup de fiefs appartenant aux Courson, et notamment le fief de la Villeneuve, dont le nom est porté par une branche que représentent aujourd'hui un général d'état-major et l'un de nos érudits bretons les plus distingués.

DE LA HAYE (Jean-Louis), officier de marine, né à Vannes, le 4 février 1761; + 11 thermidor, Auray. *Em.* [1].

JOUSBERT DE ROMANGLY (Jacques-Charles), né à Aizenay (Vendée), vers 1754, sous-lieutenant en *Périgord*, mort en combattant [2].

DE KEROUARTZ (Alexandre-Mathurin-Auguste), capitaine de vaisseau, capitaine dans *Hector*, mortellement blessé le 16 juillet, décédé à Gosport (Angleterre) [3].

LE LART (Armand-Marie), né à Quimper, en février 1780, fusillé en fructidor, à Vannes. *Em.* Voir p. 35. [4].

LEQUIN (René), domestique, 35 ans, Saint-Lormel (Côtes-du-Nord); + 8 fructidor, Vannes. *Em*. N° 636 de l'État.

LIBRANT ou ZIBRANT (Jean-Baptiste), charpentier, 27 ans, La Capelle-Marival (Lot); + 10 thermidor, Auray. *Em.*

MAISE (Adam), tisserand, 35 ans, Alsace; + 24 nivôse an IV, Vannes.

PANOU DE FAYMOREAU (Jacques-Dominique-Armand), cadet en d'*Hervilly*, né à Nantes, le 9 février 1774 [5].

PÉDIT (Maurice), Riom (Puy-de-Dome). N° 571 de l'État.

---

[1] Fils de *Jean-Félix* de la Haye et de *Marie-Madeleine-Rose-Charlotte* de Chauvry. Il avait sept frères et quatre sœurs; de cette nombreuse famille, il ne reste aujourd'hui que les descendants de la plus jeune des sœurs, *Jeanne-Françoise*, mariée, en 1808, à *Marie-Pierre-Jacques* de Chandebois, dont elle n'eut qu'une fille, mariée elle-même, en 1831, à *Louis-Joseph-Bonaventure* Le Saulnier de la Pinelais. Jean de la Haye parait avoir été confondu, sur le monument, avec le comte de la Haye de Silz. Il appartenait aux La Haye de Kerlois ou Kerlouis. Son frère aîné était mort, missionnaire, au commencement de la Révolution.

[2] Il avait épousé une des sœurs de *René-Claude* de la Rochefoucauld, qui fut fusillé le 13 thermidor à Vannes. Sa femme était en rade, sur la flotte, lorsqu'il périt. Elle a laissé un fils, né cinq mois après la mort de son père, et deux filles.

[3] Deux de ses sœurs avaient épousé les comtes d'Hector et de Soulange. Le marquis du Kerouartz, son frère aîné, marié à N. du Cleuz du Gage, petite-fille du vice-amiral de Roquefeuil, a continué la filiation. Voir ci-dessus KEROUARTZ.

[4] Son nom ne se trouve ni sur l'État du général Lemoine, ni sur le répertoire du greffe; mais Mᵐᵉ de Keréner (née de Lantivy), qui était sur les lieux et qui l'avait vu en prison, atteste qu'il fut, avec *René-Joseph* de Lantivy, son frère, du nombre des fusillés du jour de la Saint-Louis. (Lettre du 15 juillet 1832). — N'avons-nous pas vu MM. de Noyelle et du Buat conduits au lieu du supplice sans arrêts de mort?

[5] Ne se trouve ni sur l'État du général Lemoine, ni sur le répertoire du greffe, mais faisait partie de l'expédition et fut du nombre des prisonniers, ainsi que le constate M. de Noyelle. (Voir p. 50). Il serait mort de ses blessures, suivant sa famille. Son frère, nous l'avons dit, fut condamné le 9 fructidor à Vannes. Voir p. 39.

REYNARD (Charles), 19 ans, Péronne (Somme) ; + 12 fructidor, Auray. *Em.*

SIBOUR (Pierre-Louis-Aulide), condamné sous le nom de *Cibour*, le 15 thermidor, à Vannes. Il était né à Saint-Paul-Trois-Châteaux (Drôme), vers 1750. *Em.* [1]

SAINTE-SUZANNE. *Lire*, Jean Baptiste-François LE CONTE, dit le chevalier de SAINTE-SUZANNE, volontaire de la marine, cadet dans *Loyal-Emigrant*, né à Torigny (Manche), en 1772, fusillé à Quiberon. *Em.* [2]

THERBRUGHE (Louis), étudiant, 23 ans, Lille (Nord) ; + 15 thermidor, Quiberon, *Em.* Porté sous le nom de *Berbrughe* au n° 500 de l'État.

TESTUT-DELGUO (Jean-Joseph), ancien gendarme de la garde du roi, vétéran dans *Loyal-Emigrant*, né à Argentat (Corrèze), en 1751, condamné le 11 thermidor, à Vannes. *Em.* L'État du général Lemoine le porte au n° 401, sous le nom de *L'Etadelguot* [3]

LE VALLOIS DE LA MARIÈRE, né à Moyon (Manche), fusillé à Quiberon [4].

VILLEMER (Pierre), 40 ans, Lausanne (Suisse), condamné le 13 thermidor, à Vannes. *Déserteur.*

[1] Oncle de feu M⁹ʳ Sibour, archevêque de Paris. C'était un officier très-distingué. La famille Sibour n'est plus aujourd'hui représentée que par le petit-fils d'un frère de la victime, le capitaine de frégate Sibour, et par les petites-filles d'un autre frère : M⁹ᵉˢ Curnier, femme du trésorier-payeur-général d'Arras, Brémond, Bonnefoy et de Cabarrus.

[2] Ne se trouve ni sur l'État du général Lemoine, ni sur le répertoire du greffe, mais sa mort fut attestée par deux soldats présents à l'exécution. L'un d'eux, Le Guédois, devenu depuis capitaine, et qui était de Condé-sur-Vire, près de Torigny, s'était chargé, sur sa demande, de porter une lettre à ses parents, et la porta, en effet : — « Votre fils, leur dit-il, est mort en héros. » — L'autre soldat, nommé Le Marié, de la commune de Fervaches, peu distante de Torigny, mort depuis 1842, déclarait à tout le monde avoir été de ceux qui tirèrent sur lui. Le chevalier de Sainte-Suzanne avait deux frères, dont un seul a laissé postérité, et deux sœurs, M⁹ᵉˢ de Quigny et Edmond Duchâtel. Le père de la victime était seigneur de *Sainte-Suzanne-sur-Vire*, tandis que le vicomte de Sainte-Suzanne, du nom de *Mauconvenant*, qui périt également à Quiberon, appartenait à l'élection de Carentan, dans laquelle se trouve, en effet, une commune de *Sainte-Suzanne*.

[3] De son mariage avec *Henriette* de Soulage, il avait deux fils et trois filles. Le plus jeune de ses fils est mort à la bataille de la Moskowa.

[4] Il était du nombre de ceux qui furent fusillés avec le chevalier de Sainte-Suzanne, et sa mort fut attestée par les mêmes témoins.

En résumé, la liste du monument, nous l'avons dit, comprend 952 noms. De ce nombre, 34 sont à défalquer pour erreurs ou doubles emplois. Restent 918. Ajoutant à ce chiffre les 24 noms du *Supplément*, nous avons un total de 942 victimes. Le nombre des morts fut certainement beaucoup plus grand; mais la plupart de ceux qui manquent sont désormais introuvables. Qui pourra jamais nous dire les noms des simples soldats et des paysans tués dans les combats? Près de 800 périrent ainsi pour leur foi, la foi la plus désintéressée, et il est triste de penser que leur souvenir est perdu pour jamais.

Les officiers ont été plus heureux; mais, parmi eux, il y a sans doute encore des oublis; nous croyons toutefois qu'ils sont en petit nombre. M. de la Morinerie cite, dans ses *Recherches sur la noblesse d'Aunis et de Saintonge*, comme ayant été fusillé, un membre de la famille NICOLAS DE VOUTRON, famille qui comptait un chef d'escadre et dans laquelle s'était allié le comte de Viart. M. Pol de Courcy nomme, de son côté, un jeune Champenois, du nom de DU VERGER DE CUY, officier au régiment d'Angoumois, et dont la famille est devenue bretonne par le mariage de son frère avec la dernière héritière *du Poulmic* [1]. M. le comte de Brémond d'Ars nous désigne un Henri BUREAU DU BOURDET, fils, nous dit-il, de *Charles* du Bourdet et de *Marguerite* Bréjon. Nous reproduisons ces noms, qui ont pour eux la garantie d'érudits sérieux; mais n'ayant, par devers nous, aucun document contemporain qui les concerne, nous n'avons pu les inscrire sur la liste. M. Théodore Muret en donne quelques autres; mais quels sont leurs titres? il ne le dit pas, ce qui ôte à ces additions toute importance.

Enfin, une dernière liste, publiée récemment dans le *Char-*

---

[1] Au nom de M. de Courcy, nous devons joindre celui de M. de la Pilorgerie, dont une sœur a épousé un neveu de la victime. Les du Verger de Cuy étaient de Bar-sur-Aube. Le père de la victime était capitaine aide-major au régiment de Champagne.

trier français, a dû attirer spécialement notre attention[1]. Le titre en est un peu long ; le voici :

« Liste des officiers nobles, sous-officiers et soldats à la solde de l'Angleterre, descendus en France les 25 juin et 16 juillet 1795, manquant aux appels des 22 juillet et 18 août, d'après les rapports des officiers réfugiés à la suite de l'affaire du 21 juillet 1795. »

Rapport à l'amirauté par le capitaine Keath et le commodore sir John Warren des 30 août et 2 septembre 1795.

Aucun document ne pouvait, à coup sûr, mériter plus d'intérêt. C'était une pièce authentique et, si bien des erreurs pouvaient s'y être glissées, comme il arrive toujours dans les divers récits qui suivent un désastre, les noms, du moins, devaient être fidèlement reproduits. Or ces noms étaient au nombre de 1.258 ; aucune liste, jusque-là, n'avait approché d'un tel chiffre. Mais quelle n'a pas été notre surprise de trouver dans ce rapport officiel présenté au gouvernement anglais, dit-on, les 30 août et 2 septembre 1795, beaucoup des erreurs commises par le général Lemoine dans la rédaction de son *Etat*, qui ne fut arrêté cependant que le 26 nivôse de l'an IV (16 janvier 1796), c'est-à-dire quatre mois et demi plus tard ! Le fait paraît incroyable, et cependant il est vrai. Ainsi nous lisons *Cibour* au lieu de *Sibour*, *Chantilloy* pour *Sansillon*, *Folle de Venter* pour *Faulte de Vanteaux*, *Genhault* pour *Rouault*, *Querolan* pour *Kerolain*, etc., etc.

Quelquefois les erreurs sont corrigées, mais remplacées par des erreurs non moins fortes. Ainsi J.-B. *Pallet d'Antraize* n'est plus J.-B. *Palais* comme sur l'Etat du général Lemoine, mais J.-B. *d'Antresse* à l'A, et J.-B. *de Sainte-Palais* au P. Les doubles emplois que nous avons signalés sur le monument, dont l'inauguration n'eut lieu qu'en 1829, et sur les listes postérieures, se retrouvent ainsi, par anticipation, sur cette prétendue liste de 1795. Ils y sont même plus nombreux et, ce qui

---

[1] *Chartrier français.* — Orléans, Paul Masson. — Années 1870 et 1871, pp. 182-200.

14

ajoute à l'étrangeté du fait, c'est que le sort des victimes n'est pas le même sous un de leurs noms que sous l'autre. Le comte Baudot de Sainneville, par exemple, est porté comme *fusillé* sous le nom de *Baudot* et comme *manquant le 16*, sous celui de *Senneville* (sic) [1]. M. de Sanzillon est porté comme *manquant le 16*, sous le nom de *Sanzillon*, et comme *fusillé* sous celui de *Chantilloy* [2]. Ces contradictions s'expliquent très-facilement. Les arrêts qui condamnent MM. de Sainneville et de Sanzillon portent les noms de *Baudot* et de *Chantilloy*. Aussi les a-t-on mis *fusillés* sous ces deux noms; puis on a rencontré sur le monument un *Sainneville* et un *Sanzillon*, chez lesquels on n'a pas su reconnaître les mêmes victimes, et, ne les trouvant pas dans les arrêts de mort, on les a fait mourir dans les combats. Je cite ces deux noms, je pourrais en citer vingt autres qui présentent également les contradictions les plus bizarres.

Les victimes sont d'ailleurs multipliées à plaisir par le *Chartrier*. Au lieu des deux Talhouët qui périrent à Quiberon, on en met quatre: trois sous le nom de *Talhouët* et un dernier, sous celui de *Pallouet*, qui est le nom donné par *l'État*. Au lieu de deux *Corday*, on en met *trois*; au lieu de deux *Guerry de Beauregard*, on en met quatre au nom de *Guerry* et deux au nom de *Beauregard*. Je n'en finirais pas, si je voulais relever toutes les erreurs de ce genre. Datent-elles de 1795 et ont-elles pu être commises dans un rapport adressé au gouvernement anglais, qui possédait certainement les contrôles des régiments à sa solde? Cela est difficile à croire.

Quant aux notes qui accompagnent quelques-uns des noms, elles ne méritent guère plus de créance. Je lis, par exemple, au sujet du chevalier d'Espagne, premier lieutenant dans *Loyal-*

---

[1] Comment M. de Sainneville a-t-il pu manquer le 16, lui qui, depuis le débarquement jusqu'à la catastrophe, ne cessa pas de commander la presqu'île? Je remarque encore, parmi les manquants du 16, M. de Berthier de Grandry, qui ne manqua pas un seul jour; sa relation l'atteste.

[2] Si on nous demande à quels signes nous reconnaissons que *Sanzillon* et *Chantilloy* indiquent la même victime, nous répondrons: Au prénom, à l'âge, au lieu de naissance et aux témoignages des personnes du pays.

Emigrant : Manque le 21 ; il fut tué par ses soldats. Le chevalier d'Espagne fut mortellement blessé le 16, et non le 21. Nous le savons par deux de ses camarades, MM. de la Roche-Barnaud et Cazotte. Ajoutons que les coups qu'il reçut vinrent des ennemis et nullement de ses soldats. *Loyal-Emigrant* ne contenait point de prisonniers républicains ; aussi n'eut-il pas un seul traître.

A la suite du nom de *Soulange* on lit : « Il fut fusillé adossé contre le mur de la chapelle des congréganistes d'Auray, ses blessures l'empêchant de se rendre, avec ses dix-neuf compagnons d'armes, sur la prairie de Tréauray. » Nous n'avons trouvé sur les lieux aucune trace de cette légende. La blessure du comte de Soulange était d'ailleurs à la mâchoire et ne l'empêchait pas de marcher.

Le nom de *Danic*, portefaix à Auray, est accompagné de la note suivante : « Il fut fusillé, et les enfants d'Auray l'achevèrent à coups de pied sur la gorge. Son supplice dura trois heures. » A cela nous n'avons qu'un mot à répondre : c'est que Danic était parfaitement vivant à l'époque où l'on prétend que le rapport a été présenté au gouvernement anglais. Il ne fut condamné que le 28 nivôse an IV (18 janvier 1796), et il le fut, non à Auray, mais à Vannes.

Comment enfin expliquer la note relative à Joseph Cognet, sous-lieutenant en d'*Hervilly* : « Fusillé, il fut laissé trois jours sur le terrain et mourut de faim » ? Mais qui donc a pu dire qu'il soit mort de faim ? Ceux qui l'ont dit ont-ils donc refusé de le secourir ?

Que ces divers bruits aient couru en 1795 et que des réfugiés les aient portés en Angleterre, la chose est possible. On sait combien facilement se forment les légendes, à la suite des catastrophes ; nous en avons trouvé de toute nature dans les lettres des survivants et fort souvent nous ne nous y sommes pas arrêté, parce qu'elles n'étaient pas ou même ne pouvaient pas être authentiques. Nul doute d'ailleurs que l'auteur de la liste du *Chartrier français* n'ait eu des notes, probablement quelques feuilles d'appel, et, à ce titre, sa liste mérite d'être con-

sultée. Nous lui avons emprunté quelquefois l'indication du
combat où était mort tel ou tel officier, mais toujours avec
réserve, et lorsque cette indication n'était contredite par rien,
car plusieurs d'entre elles sont certainement inexactes. Nous
avons tenu, en outre, à distinguer ces indications de celles qui
offrent toute certitude. Ainsi nous disons simplement : *Combat
du 16, combat du 21*, et lorsqu'il y a certitude absolue : *tué le
16, tué le 21*.

La liste du *Chartrier*, avons-nous dit, comprend 1,258 noms,
c'est 316 de plus que la nôtre. Beaucoup d'évadés s'y trouvent
avec les victimes; nous y remarquons, en outre, non-seulement
des répétitions sans nombre, mais une foule de noms nouveaux dont l'insertion dans un document aussi peu sérieux
ne peut faire autorité. Si notre œuvre laisse à désirer, nous es-
pérons du moins que ce ne sera pas du côté de l'exactitude ; ne
pouvant être complet, nous avons tenu à être exact. Nous avons
fait, comme les premiers chrétiens, qui n'inscrivaient sur les
ossuaires de leurs martyrs que les noms dont ils étaient sûrs,
puis ajoutaient simplement : « Et cent, deux cents, que Dieu
sait ; *quorum nomina scit Deus.* »

INDICATIONS ET RENVOIS

Un certain nombre de victimes se trouvant inexactement ou imparfaitement désignées sur le mausolée, quelques indications deviennent nécessaires. Disons d'abord que les noms précédés de la qualification de *saint* ou de *sainte*, se trouvent au nom du saint ou de la sainte : *Saint-Aulaire* à AULAIRE, *Saint-Georges* à GEORGES, etc.

DE NAVAILLES. — Voir p. 188.

PIC DE LA MIRANDOLE. — Voir DE PICQUES.

LE POULLETIER. — Voir MONTEMANT.

DE PRESEAU. — Voir p. 188.

DE S/ .. 'TE. — Voir DE GENOUILLÉ.

SIBOUR. — Voir le *Supplément*, p. 191.

TESTUT-DELGUO. — Voir le *Supplément*, p. 191.

LE VICOMTE. — Voir LA HOUSSAYE, VILLEGOURIO et VILLEVOLETTE.

DE LA VILLELOAYS. — Voir VILLÉON.

DE LA VILLÉON. — Voir VILLEVALIO.

APPENDICE

LE SURSIS

Il est sans cesse question du *sursis*, dans l'histoire des péri-·
péties que subit le sort des victimes de Quiberon ; mais l'histoire même de ce sursis n'a pas toujours été fidèlement
racontée. M. de Villeneuve la Roche-Barnaud est l'auteur dont
la narration est la plus précise ; la voici :

« On devait le sursis au représentant Blad, qui l'avait
accordé à Mme de Talhouët. Cette mère affligée, d'après les
conseils et les instructions de M. Ulysse (Brachet), alla se jeter
aux pieds du représentant Blad ; il passait pour être un homme
moins dur que Tallien. Ses larmes le touchèrent : — Madame,
lui dit-il, je ferai pour vous tout ce que ma position peut me
permettre, mais je ne puis être juste à demi. Je vais, en conséquence, prendre un arrêté portant sursis au jugement de tous
ceux qui ont émigré avant l'âge de seize ans. — Ce sursis fut
transmis, sur-le-champ, à toutes les commissions militaires [1]. »

Le fond est vrai, les détails ne le sont pas. Qu'on nous permette de les rétablir dans leur complète exactitude.

Mme de Talhouët, veuve depuis le combat du 16, et dont un
fils se trouvait parmi les captifs, se présenta avec sa fille
aînée, à la geôle, pour voir ce fils dont le sort lui inspirait les
plus tristes pressentiments [2]. L'impression que lui fit cette
visite fut telle qu'elle ne put songer à aller à Vannes ; mais elle

---

[1] *Mémoires sur l'expédition de Quiberon*, t. II, p. 198.
[2] Voir *La Roche-Barnaud*. T. II, p. 163, et Crétineau-Joly, *Vendée militaire*, t. III,
pp. 339, 340.

y envoya sa fille [1], sous la conduite d'une de ses parentes, Mme de Bocozel, dont le mari était, lui aussi, au nombre des prisonniers. Ces deux dames se rendirent chez un des membres les plus distingués et les plus estimés du barreau de Vannes, M. Jollivet [2], qui rédigea à chacune d'elles, une pétition, sans dissimuler à Mme de Bocozel que la position de Louis de Talhouët, émigré fort jeune avec son père, était beaucoup plus favorable que celle de son mari, ancien capitaine et chevalier de Saint-Louis. Un mineur est toujours censé agir sous l'influence de l'autorité paternelle.

Munies de ces pièces, Mme de Bocozel et sa jeune parente, se rendirent chez le représentant du peuple Blad, qu'elles trouvèrent dans sa cour, occupé, avec quelques *citoyens*, à examiner un cheval. A leur vue, Blad se détacha du groupe et l'on monta en silence. Blad avait voté la mort de Louis XVI, mais avec sursis jusqu'au moment de l'expulsion des Bourbons; depuis lors, il avait été incarcéré comme fédéraliste et avait connu, en prison, le vieux comte de Sombreuil, son fils aîné et son héroïque fille. La pétition que lui présenta Mlle de Talhouet parut l'émouvoir. — « Quelle triste mission m'a laissée Tallien ! dit il; j'ai été prisonnier avec le père et le frère de M. de Sombreuil; j'ai eu beaucoup de rapports avec eux, et c'est moi qui le fais fusiller! Mademoiselle, ajouta-t-il, j'accorde un sursis à tous les jeunes gens qui ont émigré avant l'âge de seize ans. »

Mme de Bocozel présenta, à son tour, sa requête: — « Je ne puis rien, répondit Blad, je vous tromperais si je vous donnais de l'espoir; mais la commission est humaine, je le sais; elle pourra sauver quelque infortuné. »

De retour à Auray, Mlle de Talhouët rendit compte à sa mère

---

[1] *Marie-Catherine-Julie*, née le 6 mars 1776.

[2] Je ne puis prononcer le nom de M. Jollivet, sans remercier son gendre, l'obligeant et savant M. Lallemand, de l'aide qu'il a bien voulu me prêter dans mes recherches. Je dois les mêmes remerciments à l'un des jeunes érudits les plus distingués de Vannes, M. l'abbé Chauffler.

du succès de sa mission. Elle le fit en présence de M. Ulysse Brachet, lieutenant au bataillon du Bec-d'Ambez, qui montra, dans toutes ces circonstances, le dévouement le plus généreux. — « On vous abuse, dit-il; l'ordre de sursis n'est point arrivé. La commission militaire est cassée, mais remplacée par quatre autres qui vont juger, l'une à Auray, deux à Vannes et la quatrième à Quiberon. »

Mlle de Talhouët repart aussitôt pour Vannes, non plus avec Mme de Bocozel, mais avec quelques autres infortunées. Elles vont ensemble chez le représentant du peuple. On leur refuse la porte; elles insistent vivement; Blad ouvre au bruit. Mlle de Talhouët se précipite dans la chambre, malgré un officier qui veut la retenir par le bras. — « Qu'avez-vous, ma petite demoiselle? lui dit Blad. — Ce que j'ai, grand Dieu! vous me promettez un sursis et l'ordre de surseoir n'est pas arrivé! Vous parlez de l'humanité de la commission, vous y applaudissez, et la commission est cassée, et quatre nouvelles prennent sa place! »

Blad assura que le sursis aurait lieu : — « Mais on juge, on juge! » s'écria Mlle de Talhouët. Blad la conduisit alors au bureau de ses secrétaires. — « Veuillez bien, lui dit-il, leur dicter l'ordre de sursis. Le général Lemoine le fera exécuter; quant à moi, je pars pour Nantes. » — Cette scène se passait le 11 thermidor (29 juillet), lendemain de l'exécution de Mgr de Hercé, du comte de Sombreuil et de leur quinze compagnons de martyre.

On sait quel fut le résultat du sursis : vingt-cinq jours d'attente et d'espérance que devait suivre la plus cruelle déception. Il rendit du moins quelques évasions possibles. Celle de Louis de Talhouët eût dû être aisée, car tout le monde s'intéressait à lui, et le général Lemoine, lui-même, n'était pas insensible aux malheurs de sa famille. Nous avons dit, qu'étant tombé malade, il lui fut permis d'aller se faire soigner par les siens, chez Mme de Besné, sa parente. Le planton, qui lui fut donné pour gardien, était un excellent homme qui le surveil-

lait fort peu rigoureusement. Malgré l'état de souffrance de
Louis et, plus tard, malgré son extrême faiblesse, il était donc
naturel d'espérer qu'on pourrait le faire évader ; mais toute
idée de ce genre fut repoussée par lui ; il ne voulait à aucun
prix compromettre personne, et surtout sa mère. Lorsque le
sursis fut révoqué, les gendarmes l'ayant retrouvé chez Mlle de
Besné, le général Lemoine en témoigna une certaine surprise
mêlée de regret. Il n'en fit pas moins reconduire en prison le
malheureux jeune homme, mais il chercha à faciliter une évasion. Malheureusement le général, ne voulant pas être soup-
çonné, se refusait à agir directement, et les moyens qu'il pro-
curait demandaient un peu de temps pour qu'on pût s'assurer
un complice. Le temps manqua, car les commissions militaires
allaient vite, l'évasion ne put avoir lieu.

Trente ans après, en 1825, me trouvant à Paris, pour mes
études, le général Lemoine vint, un jour, frapper à la porte de
mon modeste appartement. Il eût désiré que la famille de Talhouët témoignât de l'intérêt qu'il lui avait manifesté. C'était
beaucoup demander à un frère et à des sœurs dont il avait fait
fusiller le frère. Tenant néanmoins à dire toujours la vérité
complète, j'ai cru devoir consigner ces détails ici [1].

¹ Le général Lemoine est mort, à Paris, le 23 janvier 1842. Il était né à Saumur
le 23 novembre 1762.

ERRATA ET ADDENDA.

P. 6. L. 5. et p. 11. LL. 22 et 25. — *Senneville.* — Lire: « Sainneville. »

P. 6. L. 15. — *Dupaty.* — Lire: « De Paty. »

P. 6. L. 31. — *Dans les premiers jours d'août.* — Lire: « Le 30 août. »

P. 9. N. 2. L. 5. — *Despinville ou d'Espinville.* — Lire : « Glué d'Espinville. »

P. 9. N. 2. L. 6. — Supprimer *où des Folles.*

P. 13. L. 16. — *Un seul, René Le Lièvre, fut laissé à Auray.* — René Le Lièvre avait comparu, avec les seize autres, devant la Commission militaire, mais il fut, cette première fois, simplement ajourné; sa condamnation n'eut lieu que le 9 fructidor (26 août), à Auray.

P. 13. N. 2. L. 10. — *Amputé d'une jambe.* — Lire: « Amputé d'un bras. »

P. 14. LL. 23 et 35 et p. 16. L. 31. — *D'Antresse.* — Lire: « D'Antraize. »

P. 23. N. 1. — Supprimer: *Charles de Viart eût pu profiter du sursis en se rajeunissant de quelques mois.*

P. 23. N. 1. — *Son oncle, le comte de Viart, mourut avec eux.* — Lire: « Avait été tué le 16. »

P. 34. N. 1. — Ajouter: « Marie-Ursule-Claude-Henriette Feydeau de Vaugien était fille de Marie-Thérèse Renée de Talhouët-Grationnaye, sœur de la victime de ce nom. Plusieurs de ses descendantes se sont alliées, de leur côté, à des familles de Quiberon. Ainsi, une fille de son fils aîné, *Cyprien* Hersart de la Villemarqué, marié à la dernière héritière de la maison de Cornouaille, a épousé un des représentants du nom de *Kerguern,* qui rappelle une des plus nobles victimes du combat du 16 juillet, et les deux filles de son second fils, *Théodore,* membre de l'Institut, et de Clémence Tarbé des Sablons, ont épousé deux *Bréart de Boisanger* dont le grand-oncle fut fusillé au *Champ des Martyrs.*

P. 38. N. 1. — *Enseigne.* — Lire : « Lieutenant. »

P. 38. N. 1. — *Né en 1772.* — Lire : « Vers 1760. »

P. 39. N. 6. — *On comptait trois la Cherière à Quiberon.* -- On en comptait quatre. Voir p. 112.

P. 51. L. 3. — *Vos deux frères ont péri dans l'expédition.* — Ils avaient été fusillés à Quiberon, le 2 août. Voir dans l'ouvrage de M. de la Roche-Barnaud (*Mémoires sur l'expédition de Quiberon*, T. II, pp. 250-273), le récit détaillé de son évasion.

P. 86. L. 25. — *Villavicieuso.* — Lire : « Villavicencio. »

P. 100. L. 11. — *Cibour.* — Lire : « Sibour. »

P. 104. L. 19. — Supprimer *T. XXXIV, p. 189.* — et mettre : « P. 13. »

P. 109. L. 23. — Ajouter : « N. 663 de l'État. »

P. 111. Article *Boisanger*, ajouter : — « La filiation a été continuée par un frère de la victime, marié dans la famille Mauduit.

P. 118. N. 1. L. 2. — *Voir. p. 106.* — Lire : « P. 107. »

P. 120. L. 13. — *Ancien lieutenant dans Hervilly.* — Lire : « Ancien lieutenant de vaisseau. »

P. 121. N. 1. L. 2. — *Du* Cuillé. — Lire : « De Cuillé. »

P. 125. N. 2. — Notre excellent ami, M. du Fougeroux, n'ayant eu que trois filles : Mesdames de Rochebrune, de la Roche-Saint-André et de Talhouët-Boisorhant, le nom de *Grellier* n'est malheureusement pas destiné à lui survivre.

P. 132. L. 10. — *De Flisèle,* (H. M.) — Supprimer *tué ou noyé le 21.* D'après Pihan. *Henri Maximilien* de Flisèle et *Henri Maximilien* de Bray (p. 188), ne sont qu'une seule et même victime.

P. 134. L. 20. — LE GAUCHE. — Ajouter : « 24 ans, Somme, $+$ 13 thermidor, Vannes. *Em.* Porté sur l'État sous le nom de *Gochet.*

P. 139. L. 5. — DU GLET (*François*). — Ajouter : « N. 247 de l'État. »

P. 144. L. 15. — JEHANNO (*Julien*). — Ajouter : « Se sauva d'Auray, se cacha à Pluvigner, fut dénoncé par un de ses compatriotes de Landévant, et fusillé à Vannes. »

P. 150. N. 3. — Ajouter : « Cette famille compte encore des représentants, notamment à Tours. »

P. 151. N. 1. L. 9. — *Le Dourguy.* — Lire : « Le Dourguy. »

P. 155. Article de *Lostende*, N. 1, après les mots *Chef d'escadron d'état-major,* ajouter : « Devenu plus tard maréchal de camp, et dont le gendre, M. Mercier *de Lostende*, a été ambassadeur de France en Espagne.

P. 159. N. 1. L. 2. — Supprimer: *vers 1780*.

P. 161. N. 3. L. 8. — *Valiart*. — Lire: « Vialart. »

P. 170. L. 3. — POULAIN (*J. Amable*). — Ajouter: « Prêtre, voir. p. 17. »

P. 170. L. 9. — Supprimer: *T. XXXV*.

P. 170. N. 1. L. 2. — *Fiernacon*. — Lire: « Fimarcon. »

P. 170. N. 4. L. 2. — *Bouleuc*. — Lire: « Boulenc. »

P. 173. L. 22. — DU ROCH. — Ajouter: « Nom représenté aujourd'hui dans la marine par un capitaine de vaisseau en retraite.

P. 174. N. 3. L. 2. — *Victor-Alexandre*. — Lire: « Charles-Henri. »

P. 176. L. 3. — *Carmemtran*. — Lire: « Carmantran. »

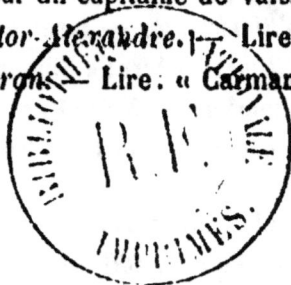

TABLE DES MATIÈRES